データ保護法
ガイドブック

グローバル・コンプライアンス・プログラム指針

ロタ・ディターマン Lothar Determann 著
渡邊由美／井上乾介／久保田寛也 訳

Determann's Field Guide to Data Privacy Law
International Corporate Compliance, Third Edition

勁草書房

まえがき

　本書の第 2 版が 2015 年に発行されて以後、プライバシーを取り巻く世界の立法状況は大きく様変わりしました。欧州連合（EU）も遂に 20 年以上の時を経て初めてデータ保護法を改正しました。2016 年に EU は一般データ保護規則（いわゆる GDPR）を制定し、2018 年に施行されました。EU 司法裁判所は、2015 年にセーフ・ハーバー・プログラムに基づく米国への個人データの移転に関する十分性認定を無効とし、EU 委員会は、後継のプログラムとして 2016 年に EU－米国間プライバシー・シールドを承認しました。その間、データ保護監督機関は、データ保護のための審査や執行をますます強化しています。ロシア、カザフスタン、インドネシア、中国およびドイツは、企業に対し、現地政府機関がよりアクセスしやすいよう、個人情報を現地に保管すること（所謂データローカリゼーション）を求める法律を制定しました。米国では、原告の代理人弁護士が、企業や政府に対し、データプライバシーおよびセキュリティ侵害に関し、多数の集団訴訟を提起しました。米国連邦取引委員会は、裁判所における一般的な不正競争防止法に基づく異議申立ておよび判決を通じて、そのデータプライバシーおよびセキュリティ法の実質的な策定につき防御することに成功しました。主要な IT 企業が本拠地を構えるカリフォルニア州では、新たな脅威や濫用に対応して積極的に新しい法律を制定しています。これらの進展により、大部分の実務的ガイダンスや一般的な方向性は変わらないものの、本書も多数の改訂が必要になりました。著者は、本書の第 1 版と第 2 版に対するご関心やご意見、ご感想に大変感謝しており、本書の利用者の方々との継続的な対話を楽しみにしています。

謝辞

　著者は、本書第3版に貴重な編集および貢献をしてくださったBethany Lewis氏（CIPP/US, CIPP/E, Privacy Project Manager, The Nielsen Company）、並びに、Ron A. Dolin氏、Diana Francis氏、Susan Freiwald氏、Emmanuel Fua氏、Sarah Jain氏、Sebastian Kraska氏およびChristoph Rittweger氏を始めとする旧版にご協力くださったすべての方々に感謝いたします。

　また、日本語版を出版するにあたり、多大なご支援を賜り、お言葉も寄せてくださった新保史生慶應義塾大学教授（法学博士）、日本語版についての様々なご助言・ご協力を頂いた勁草書房編集部山田政弘氏、日本語版の翻訳にご協力くださった東京オフィスの同僚の渡邊由美弁護士並びに著者のバークレー校におけるLLM講座の元学生である井上乾介弁護士および久保田寛也裁判官にも心より感謝申し上げます。

　なお、本書の誤謬、遺漏については、著者が一切の責任を負います。

日本語版への序文

1 本書の特色

　個人情報保護法や諸外国のデータ保護法の逐条解説や解説書は数多く存在する。しかし、法律実務家や企業の法務担当者など、実務において GDPR をはじめとする国外のデータ保護法への対応が求められる担当者向けの実践的な解説書で、かつ、体系的にわかりやすく記されている書籍が少ないことが、GDPR 対応のような高度な個人情報保護への取り組みが面倒であると思われている要因と考えられる。

　これから GDPR をはじめとする個人データ保護対応を実施しようとしている担当者は、基礎から実務的な知識に至るまでの総合的な解説を必要としている。既に対応を実施している担当者にとっては、個人データ保護への取り組みはスパイラルアップが求められるものの、そのための取り組みを継続するためには相当な労力を要するため、より効率的な個人データ保護対応のあり方を確認する術や新たな知見を得たいというニーズが高い。本書は、そのような要求に応えるために基礎的な解説から高度な取り組みに対応して体系的な解説がなされている。さらに、個人データ保護における取り組みにあたって直面する問題を A～Z で具体例を提示して解説しており、画一的な解説書とは異なり実務に対応した事例を理解し新たな知見を得ることができる内容となっている。

2 本書を理解する上での若干の背景知識

　GDPR をはじめとする国外のデータ保護法制に基づく個人情報の取扱いを

行うにあたっては、EU のデータ保護制度の特徴を最低限理解していることが前提となる。EU の制度は、個人の基本的権利としての個人データ保護という考えに立脚する制度である。日本の個人情報保護制度も、個人情報の保護と適正な利用にあたって個人の権利利益を保護することを目的としているが、EU の制度とは異なり、個人情報保護が基本的権利として個人情報保護法に明記されているわけではない。また、EU 域外へのデータ移転の制限が設けられてきたことをはじめ、EU 各国の法制度では、監督機関への登録義務を国内法に基づいて課していたり、プライバシー・バイ・デフォルト、バイ・デザインといった事前規制的な取り組みや、プロファイリングに関する手続について定めるなど先進的な個人情報保護への取り組みがなされてきた。

EU のデータ保護制度は、「個人データ保護」を目的としており、①データ保護に係る基本的権利の保障、②加盟国間における自由な個人データの流通の保証、の二つを掲げた取り組みが 1995 年の EU データ保護指令 1 条 1 項に示されて以来、現在に至るまで詳細なデータ保護ルールが定められてきた。

基本的権利としてのデータ保護については、欧州連合基本権憲章（Charter of Fundamental Rights of the European Union（2000））第 8 条が個人データの保護を権利と明記している。欧州連合の機能に関する条約（EU 機能条約）(Treaty on the Functioning of European Union: TFEU）第 16 条 1 項（旧欧州連合条約（TEC）286 条）においても、何人も自らに関する個人データの保護が権利として保障されると定め、同条 2 項が個人データの保護に関するルールの採択の法的基礎を示し、個人データ保護が個人の権利として位置づけられている。

さらに、欧州司法裁判所は、基本権憲章第 7 条の私生活の保護と密接な関係を有するものとして、個人データの処理に関して個人のプライバシーの権利が保障されることを示している。

2018 年 5 月 25 日に適用が開始された GDPR は、EU の個人データ保護指令から規則へと変更されたものである。一つの大陸（one continent）、一つの法律（one law）、一つに集中（one-stop-shop）をキーワードに検討が進められ、①協調性ある法的取り組みの保障、②実効的かつ包括的な法的手続、③ EU 域内における保護レベルの均一化を軸に規制の一元化を目指している。

GDPR の主たる目的は、①包括的な取り組みの充実、②個人の権利保障の

強化、③域内市場の一層の活性化及びデータ保護規則に基づく執行の向上、④グローバル化への対応強化からなる。

3　日本とEUの制度の相違点

　日本の個人情報保護制度とEUのデータ保護制度の両者の制度の違いを実感することは難しい。その前提となる法制度や文化的背景も含めた違いを理解した上で、データ保護法制の趣旨を理解する必要があるからである。例えば、EUにおける「データ保護」と日本での「個人情報保護」という用語の違いについて、両者とも個人に関する情報の保護を目的とした制度であるとはいえ、その意図するところや趣旨は異なる面が多い。EUでは個人データの範囲は広く定義がなされており、クッキーなどその情報単独では日本の個人情報保護法の定義の解釈において個人情報にならないデータについても、データ保護の対象に明確に含める規律となっている。

　この点は、日本の個人情報保護法が定義する「個人情報」に関する解説において、「氏名、住所、生年月日」などが個人情報であると単純化されて解説されていることが多々あることと比較すると、国内における個人情報保護法対応における「個人情報の範囲」に関する理解のまま、EUのGDPR対応を試みると適切に対応することができないことを意味する。個人情報とは、氏名、住所、生年月日、性別などのいわゆる四情報のことを指すと日本国内では安易に考える風潮があるが、そのような理解こそが国際的な個人情報保護への取り組みを行うにあたって、日本の個人情報保護レベルが低いとの誤解を生み出す要因にもなっている。

　個人情報とは、個人を特定することができる情報にとどまらず、個人に関する属性、評価などの情報や、他の情報と容易に照合することで特定の個人を識別できる情報などを含むものである。日本の個人情報保護法においても適正な取扱いと保護の対象となる個人情報について適切に理解することは、GDPR対応への前提となる。

　このような制度的な背景の違いについては、学術書ではその相違点が詳細に解説されているが、およそ実務に役立つ解説とは言えない面があることは否め

ない。例えるならば、電子ファイルに記録された個人情報を安全に送信するために、ファイルにパスワードを設定してメールで送信するか、ファイル共有サービスに暗号化された通信方式を用いてファイルをアップロードするか、いずれを選択すべきか検討を行う際に、暗号理論の専門書を参考にしてどちらの方式が安全かを検討するようなものである。

4　本書の活用方法

　法体系を理解した上で解釈に至るまで詳細な対応について理解することは、膨大な量の解説書を読み込まなければならない。個人情報保護を担当する管理者にとっては、日々の業務に加えて、理解すべき事項が多岐に渡り、それらすべてを理解した上で具体的な対応に着手しなければならないため相当な労力を要する。
　そのため、個人情報保護への対応を短時間で理解することができる解説を売りにしている書籍が散見される。基本的な事柄を短時間で理解することは可能であろう。しかし、GDPRのように、理解すべき事項が多岐に渡り、具体的な対応も複雑かつ詳細に対応しなければならないものを短時間で理解することは困難と言わざるを得ない。
　本書の構成は、基本から応用に至るまで全てを理解するために必要な記述部分、既に何らかの取り組みを実施し、具体的な文書の作成や法令遵守のための詳細な取り組みを実行する段階に参考にすることができる部分に分けて記述されている。対応の進捗状況や、管理者の習熟及び理解度に応じて、確認を行うことが必要な部分を効率的に読み進めることができる構成となっている。

5　最初の検討事項

　個人情報保護への取り組みにおいて最も基本的かつ最初に検討を行うこととして、誰をその管理者や担当者として任命するのかが問題となる。個人情報保護に知見を有する者が選任されることが望ましいが、限られた人材リソースの中で、そのような担当者を任命することができる機会に恵まれている事業者は

少ないといえよう。

　プライバシーマークを取得する事業者のように、個人情報保護管理者を置いている国内の事業者は存在する。しかし、その担当者は、あくまで自主的に任命されているにすぎない。日本の個人情報保護法では、そのような管理者を任命することは義務付けられていないためである。

　一方、GDPR では、データ保護オフィサー（DPO）の選任が必要となる。とりわけ、データ保護に関する法令としては最も厳しいといわれるドイツのデータ保護法に基づいて個人情報を取り扱うにあたって、DPO の任命にあたって事業者はどのような点に注意すべきなのかを認識することができる機会は乏しい。本書は、事業者内部で適任の担当者がいない場合、従業者以外の者に DPO を依頼することが認められるのかといった基本的な疑問についても、コンプライアンスプログラムの策定にあたっての最初のステップとして解説している。

　さらに、EU 域内においても、DPO の選任方法は各国のデータ保護機関ごとに手続きが異なる。例えば、フランスでは、DPO の選任が義務付けられてはいるものの、多国籍企業においては当該 DPO の選任までは要求していないため、フランス国内では正式に DPO を選任しないという選択肢があり得ることを本書は示している。

6　各国のデータ保護機関の特徴と適用される法令について

　日本の事業者が国外において個人データの取り扱いを行う際には、どの国のどの法律を遵守しなければならないのか当然のことながら確認をしなければならない。また、遵守すべき法令を制定している国のデータ保護法がどのような特徴があるのかを理解することが重要ではあるものの容易な作業ではない。いわゆる、まとめサイトのように、各国法令に関する情報が集約されているウェブサイトは存在するため、そのようなサイトで各国法令を検索して表示することは可能である。しかし、それらの法令の特色を理解するには、個別の法令の内容を詳細に確認しなければならない。本書は、米国と EU の法令の特色を数ページで理解することができるような記述となっている。

7 データ移転や同意取得のための手続

　日本のみならず世界の事業者にとって、EU のデータ保護制度における最大の関心事は、EU から域外へのデータ移転に関する手続きである。EU では、データ移転を原則制限した上で、一定の手続きによりデータ移転が認められる仕組みとなっている。

　本書は、データ移転に当たって事業者が選択できる手続をわかりやすく解説した上で、移転制限を克服するための方法を解説している。

　実務上、様々な明示文書を作成する際に、同意の取得方法について、どのように同意を取得することで、GDPR に対応した同意要件を充足することができるのか、具体的な要件を確認することも難しいと考えられている。

　とりわけ、日本の個人情報保護法では包括同意によって同意を取得するだけで有効な同意と認められることも多いため、日本の個人情報保護法に基づいて取得した同意が、GDPR に基づく同意として有効なのか明確に判断することができないこともある。

　その結果、要配慮個人情報の取得以外の個人情報の取り扱いについてはオプトインを前提としていない日本の個人情報保護法に基づいて、目的外利用や第三者提供に係る法定の同意取得要件も含めて、EU の GDPR において本人同意として認められるレベルはどの程度なのか疑心暗鬼になっている事業者も多いと思われる。

　本書では、同意の取得方法について具体的にどのようなレベルで、どのような方法によれば同意を取得したとみなされるのか詳細に解説をしている。

8　本書を読み進めるにあたって

　本書の筆者は、世界で初めてデータ保護に関する法整備を行ったドイツのヘッセン州の出身であることから、ドイツの法制度を熟知した上での解説となっている点も他の類書とは一線を画するところである。

　データ保護法制は、情報の自由な流通を基調とするものだが、ドイツのデー

タ保護法制は、原則として個人データの取り扱いを制限した上で、本人の同意または法定の適用除外事由に該当しないとデータを処理すること自体ができないという極めて厳格な制度である。日本の個人情報保護制度は、原則として本人の同意に基づく取り扱いを求めておらず、本人同意を義務づけているのは目的外利用、要配慮個人情報の取得、第三者提供などの一部の手続のみであることからすると、ドイツの制度はいかに厳しい制度であることがわかる。

そのような厳しい制度のもとで長年に渡りデータ保護への実務的な取り組みと研究を行ってきた本書の筆者の知見は、国際的なデータ保護への対応を検討しなければならない日本の個人情報取扱事業者の担当者にとって、その取り組みが容易なものではないことを改めて認識する機会を提供するとともに、CDPRに基づくデータ保護のあり方から米国をはじめとする国際的なデータ保護への適切な対応のあり方を理解するために必要な情報を与えてくれるものである。

慶應義塾大学総合政策学部
教授　新保　史生

目　次

まえがき
謝辞
日本語版への序文（新保史生）
はじめに　*1*
主な用語　*5*
主な概念　*9*
　　対象分野：データ保護、プライバシーおよびセキュリティ　*9*
　　対象地域：欧米および世界のその他の地域　*12*
　　対象情報：個人データ、個人識別情報（PII）および機微データ　*15*
　　対象活動：移転およびその他の処理　*18*
　　対象者：データ管理者、処理者　*20*
　　監督者：データ保護監督機関（DPA）、データ保護責任者（DPO）　*21*

本文　*23*
第1章　コンプライアンス・プログラムを始めるにあたって　*24*
　　1.1　責任の所在　*24*
　　1.2　社内の関係者および外部アドバイザーとの協働　*26*
　　1.3　データ保護責任者の選任　*28*
　　1.4　作業工程表の作成　*35*
　　1.5　作業の遂行　*53*
第2章　データの越境移転——コンプライアンス措置の選択　*54*
　　2.1　3つのハードル　*56*
　　2.2　第3のハードル——越境移転の禁止を克服するための選択肢　*61*
　　2.3　コンプライアンス措置の比較　*66*
　　2.4　実施　*80*
　　2.5　他の裁判管轄からのデータ移転　*85*
第3章　文書の作成　*88*

3.1　なぜ文書を作成するのか？　*88*
3.2　名宛人は誰か？　*92*
3.3　文書の種類および具体例　*94*
3.4　通知　*99*
3.5　同意　*110*
3.6　有効な同意の取得方法　*113*
3.7　オプト・イン、オプト・アウトおよびその中間　*115*
3.8　事前の同意に加えて　*119*
3.9　同意書の作成に関するその他の留意点　*121*
3.10　契約　*124*
3.11　実施要項　*130*
3.12　アンケートおよびデータ提出フォーム　*131*
3.13　決定事項およびコンプライアンスの取組みの文書化　*132*
3.14　監督機関への通知、承認　*133*

第4章　コンプライアンス・プログラムの維持管理および監査　*136*

第5章　データ保護のA to Z　*141*

　A.　広告（Advertising）　*141*
　B.　Brexit、GDPR、eプライバシーおよびプライバシー・シールド　*142*
　C.　クラウド・コンピューティング（Cloud Computing）　*144*
　D.　データの保有およびローカリゼーションに関する要件（Data Retention And Residency Requirements）　*159*
　E.　従業員データおよびモニタリング（Employee Data And Monitoring）　*163*
　F.　財務情報（Financial Information）　*176*
　G.　政府機関による調査、情報開示請求（Government investigations, information requests）　*177*
　H.　健康情報（Health Information）　*180*
　I.　IoE、ビッグデータ、データブローカー（Internet of Everything, Big Data, Data Brokers）　*182*
　J.　裁判管轄（Jurisdiction）　*185*

- K. 契約（K—Contracts） *187*
- L. 位置情報（Location Data） *188*
- M. 未成年者（Minors） *189*
- N. データセキュリティ侵害通知（Notification Of Data Security Breaches） *190*
- O. 所有権（Ownership） *194*
- P. プライバシー・バイ・デザイン（Privacy by Design） *195*
- Q. アンケート（Questionnaires） *196*
- R. 権利、救済手段、執行（Rights, Remedies, Enforcement） *197*
- S. ソーシャル・メディア（Social Media） *201*
- T. トラッキング（Tracking） *203*
- U. 未承諾の通信（迷惑メール、勧誘電話等）（Unsolicited Communications (Spam Email, Cold Calls, Etc.)） *209*
- V. 委託先の管理（Vendor Management） *215*
- W. 盗聴（Wiretapping） *217*
- X. X線、遺伝子、指紋、顔等の生体データ *218*
- Y. なぜデータプライバシーを保護するのか？（Y—Why Protect Data Privacy?） *220*
- Z. 郵便番号、IPアドレスおよびその他の番号（ZIP Codes, IP Addresses And Other Numbers） *223*

チェックリスト　*227*
参考文献　*231*
略語　*235*
あとがき　*239*
索引　*240*

はじめに

　本書は、単なる概説書ではなく、近年ますます複雑化する法規制およびテクノロジーの世界に関するガイドブックです。企業法務担当者、弁護士、データ保護責任者（DPO）、IT業界の開発者、マーケティング責任者およびその他大勢の人々が、近年、より頻繁にデータプライバシーやセキュリティの問題に直面しています。大量の情報が公開されており、その多くは無料です。しかしながら、実務的な問題に対し、迅速に、かつ、詳細について方向性を見失うことなく、対処するのは難しいのが実情です。

　本書は、問題点を特定する手助けをするとともに、実践的な概要を端的に指摘し、疑問点を明確にし、解決に導きます。本書が十分な解答を提供できない場合には、簡単に検索できる用語集を提示し、容易にアクセスできるより詳細な資料について案内しています。本書は、勉学用ではなく、実務で使用することを念頭に置いているため、米国Bluebookに準拠した引用等は省略しています。

　例えば、本書には、重要なコンプライアンスの要件やその要件を効率的な方法で充足するための実務的提案を含んだチェックリストがあります。また、グローバル企業がこの分野で遭遇する可能性の高い特定の裁判管轄に特有の詳細な具体例を挙げていますが、これはあくまで例示であり、190以上のあらゆる国々に当てはまるものではありません。ご自身の置かれた立場を確認し、該当する国や状況に応じて適用のある項目、例えば、中国においてデータ保護責任者（DPO）を選任しなければならないか否かについて決定したい場合には、本書の巻末に列挙する60ヵ国以上を網羅する無料のBaker & McKenzieの2018年版Global Privacy Handbook等、他の資料を参照するよう案内しています。

本書の使い方として、例えば、新たにデータ保護コンプライアンス・プログラムを作成・実施する責任を負っている場合には、まず「主な用語」と「主な概念」から読み始め、次に、本書の主要な本文である第1章～5章をナビゲーションとして用いることができます。単に特定の問題について素早く知識を得たい場合には、本書末尾の索引から該当箇所を検索することもできます。また、特定の責務に直面した場合には、以下のリストの中から探してみることもできます。

課題・問題点	該当箇所
プライバシーポリシーの作成	第3.1―3.8章
データセキュリティ侵害への対処	第5章―データセキュリティ侵害通知
クラウド・サービスの導入・提供	第5章―クラウド・コンピューティング、委託先の管理 第3.9章―契約
データ保護責任者（DPO）の選任	第1.1―1.2章
データの越境移転に関する法令遵守	第2章
データ保護監督機関（DPA）への届出の準備	第3.12章
買収対象会社・取引先のデューデリジェンスの実施	第4章
ネットワーク・従業員モニタリングツールの選択	第5章―従業員データおよびモニタリング、盗聴
適法なCookie（クッキー）およびトラッキング機能の使用	第5章―広告、トラッキング
迷惑メール防止法の遵守	第5章―未承諾の通信
商品、データ処理またはサービスの開発	第5章―プライバシー・バイ・デザイン

経営陣からの支援の獲得	第5章―権利、救済手段、執行 Y―なぜデータプライバシーを保護するのか？

主な用語

　各法規制において、独自の用語、略称、その他の略語および専門用語が作り出されています。データ保護法もこの点で特別なところはありません。素早く参照でき平易な書物にするために、このガイドブックでは、専門用語や略語の使用を最少限にし、実用的な日常用語を使用しました。ただし、以下の7つの主な用語は、データプライバシーの文脈では不可避なものであるため、本書全体を通じて使用されています。

個人データ　　　特定の個人を識別可能な情報を意味し、名前やパスポート番号などの個人識別情報の他、写真や電話番号などの情報も含みます。ヨーロッパのデータ保護法は、あらゆる個人データを含む傾向がありますが、米国型のデータプライバシー法は、より制限的な特定の機微データの類いに限られる傾向があります。

処理　　　　　　データに関するあらゆる活動を意味し、収集、保管、変更、開示および削除を含みます。

データ主体　　　データが識別・関係する個人を意味します。

データ管理者　　データ処理の目的や方法を決定する者を意味し、例えば、従業員データに関するその雇用主です。

データ処理者　　データ管理者に代わって個人データを処理する者を意味し、

	例えば、雇用主を補助する会計処理業務や給与計算業務の代行サービス業者です。
移転	例えば、遠隔地からインターネットなどを介して、他の組織や国に対して、データを送信したり、データへのアクセスを可能にしたりすることです。
データ保護法	データ主体である個人が自己の情報をコントロールする権利を保護することを意図した法律を意味し、ヨーロッパ型のデータ保護法（あらゆる個人データの処理に対する規制）やコモンローにおけるプライバシー法（他人、組織および政府から一人にさせてもらう合理的な期待の保護）などが含まれます。

　次の章の「主な概念」では、より詳細な定義について述べています。略語については、巻末に定義しています。
　前記の用語以外にも慎重かつ控えめに使用されるべき用語がいくつかあります。ITエンジニアや事業者の中には「クラウド」や「ビッグデータ」といった用語を多用し過ぎて、その意味を周辺的な製品にまで広げ、その否定的な意味合いを見過ごしてしまうこともあります。SaaS事業者やユーザーが「クラウド」について語る時、彼らは、処理能力やコスト削減、24時間サポート、接続性、携帯性およびその他の利点の積極的な利活用について考えます。「クラウド」の語源は、テクニカルチャートのデザイナーがインターネット、グローバルネットワークサーバー、ケーブル、衛星回線、ルーター、スイッチおよびその他の電気通信設備について語る際に使用するシンボルに由来します。多くの主要な「クラウド」提供者の本社があるシリコンバレーでは、カリフォルニアが、雨があまり降らないことに苦しむことで悪名高いことから、「クラウド」という単語には肯定的な意味合いがあります。しかしながら、雨の多いヨーロッパでは、データ保護責任者（DPO）や政治家が「クラウド」という言葉を聞くと、どこにデータが保存されているのか、誰がそれにアクセスできるのか、といった点に関する不透明性について思いを馳せるようです。同様に、研

究者の中にも、「ビッグデータ」に関する機会に興奮し、大きな政府、大企業、潰すには大き過ぎる銀行等に対する人々の、強いていえば、支持の低さも一部に存在することを忘れているケースもあるように思われます。もしあなたの会社がサービスや機能の販売等のビジネスチャンスを見い出そうとする際には、これらの流行語に頼る前に、まずは自社の顧客について意識してみるとよいでしょう。

主な概念

　具体的な検討に入る前に、主な概念や用語について概観・想起しておくことは、方向性を見極める上で有用です。略称や略語も巻末で確認できます。

対象分野：データ保護、プライバシーおよびセキュリティ

　「データプライバシー」と「データ保護」という用語は、特に英米法系のデータプライバシー法と大陸法系のヨーロッパのデータ保護法とを対比する文脈において、しばしば区別なく使用されています。しかしながら、実際には、これら2つの用語やその立法趣旨は、大きく異なる由来や目的をもっています。これらの簡単な概要は次のとおりです。

◆データ保護

　データ保護は、人々の情報の保護に関するものです。人ではなく、人に関するデータの保護に主眼があります。個人データを保護することにより、自動化されたデータ処理の効果から人々（データ主体）を保護することを意図する法律です。ヨーロッパのデータ保護法を理解または遵守しようとする場合、原則的なルールが「禁止（ドイツ語：verboten／英語：forbidden）」であることに留意しなければなりません。会社その他の組織は、データ主体から同意を取得するかまたは法定の適用除外事由に当たらない限り、一般的に個人データを処理することを禁止されています。ヨーロッパのデータ保護法は、とりわけ個人データが公開されている場合に、何よりもまず、当該個人データの自動処理を規制および縮減させることを意図しています。私の出身地であるドイツのヘッセン州では、データの自動処理が個人の自由に及ぼす危険性に対する懸念から、

1970年に世界初のデータ保護法を制定しました。市民や政治家は、ジョージ・オーウェル（George Orwell）の1984年の予想が現実になることを恐れていました。それは、ガラス張りの市民生活が独裁者たる「ビッグブラザー」即ち国家によって監視および操作されるというものです。より最近では、このような懸念は、「リトルブラザー」即ち私企業が、事業目的のためにデータやデータベースを大量に収集すること、さらにそれが都合よく政府や犯罪者によって濫用され得ることに対する懸念を伴っています。

　このような懸念から、立法府は、他のリスクを伴う行為と同様に、自動データ処理を規制することを決定しました。ヘッセン州のデータ保護法並びにその他のドイツの州およびヨーロッパの国々の法律は、個人データの処理に関する一般的禁止や規制体制を確立しました。ヨーロッパ型のデータ保護法の主な特徴の一つは、データの最小化の要件です。かかる要件に関し、企業は、データ処理について本人の同意を取得するか、他の重要な理由がない限り、データを収集、使用、保有することが禁止されています。そして、企業は、収集するデータの量、処理の回数、アクセスできる人数、データを保有する期間を最小化することが要求されています。実務上は、ヨーロッパにある多くの企業が、世界の他の地域の競合他社と同程度に、個人データを収集、処理しています。ヨーロッパのデータ保護法は、この点に関して、データ主体の同意による例外を認めています。しかし、ヨーロッパのデータ保護法を理解し、適用するためには、ヨーロッパのデータ保護法における個人データの処理やデータベースに対する原理的な対立について留意しておくことが肝要です。そして、この対立は、おそらく多くのイノベーションや市場のリーダーが、米国や、近年ではアジアからも誕生しているのに対し、ヨーロッパの企業は、電子商取引、クラウド、SaaS、SNS等の情報が主導する経済分野において、必ずしも主導的な役割を果たしていない場合がある理由の一つにも思われます。

◆データプライバシー

　これとは対照的に、ヨーロッパ以外のその他の国々は、一般的にデータの処理を許容しています。データプライバシー法は、第一次的には私的空間への侵入や通信の秘密の侵害から個人を保護することを意図しています。この点に鑑

みると、特定の状況下におけるプライバシーに対する合理的な期待を有する場合を除き、通常、個人は保護されていません。企業は、個人に対し、例えば、従業員ハンドブック、ウェブサイトのプライバシーポリシーおよび店舗内の防犯カメラの告知などにおいて、自社のデータ収集・処理行為に関する通知することにより、かかるプライバシーに対する合理的な期待を失わせることができますし、現にしばしばそうしています。個人は、自宅という聖域では、一定の保護を受けますが、自宅の外でのコミュニケーションや活動、例えば、公的記録の情報、戸外での集会、公共の場所での携帯電話による通話、インターネットやSNSの投稿などは、ほとんどまたは全く保護を受けません。一つの包括的なデータ保護法を制定する代わりに、米国は、特定の懸念について、情報の自由および技術の発展に対する過度の付随的損害なく、個別に対処するために、連邦および各州において、多数の分野について、具体的な脅威に応じた個別の立法をしてきました。

◆ データセキュリティ

近年、世界中の立法府が、データ保護法に、分野別のデータセキュリティ法を追加し始めています。これらの法律は、個人情報への不正アクセスから生じる特定の危険、特に他人のIDの詐取・なりすまし（犯罪者が他人の個人データをクレジットカードの不正取得・利用に用いること）から個人を保護することを狙いとしています。例えば、データセキュリティ侵害通知法（2003年にカリフォルニア州が最初に制定し、その後、米国のほとんどの州および多くの国々がこれに続いています）、HIPPAにおける健康情報を保護するための技術的・組織的措置に関する詳細な規定、特定の状況下における特定のデータの暗号化を義務付けるカリフォルニア、マサチューセッツ、ネバダおよびニューヨークの州法があります。

◆ 総称としてのデータ保護

本書では、「データ保護」という用語を、特に区別が必要でない限り、データ保護、データプライバシーおよびデータセキュリティを総称する用語として使用しています。

対象地域：欧米および世界のその他の地域

　多くの企業は、世界経済のグローバル化により、複数の裁判管轄において、データ保護の問題に対処しています。事業活動において、グローバルな問題の解決を迫られる一方で、遵守しなければならない法律は属地的です。インターネット上では、企業は、即時に190以上の国々にアクセスできますが、それぞれの国がそれぞれの法律をもっています。米国だけでも、50州の法律に加え、米国議会が制定した連邦法にも対処することになります。ヨーロッパでは、欧州経済領域（EEA）の31の加盟国やこれに追随したアルゼンチン、コロンビア、イスラエル、スイス、ロシア、ウルグアイおよびその他のEU加盟候補国が採用した1995年ECデータ保護指令（EC Data Protection Directive of 1995）に基づく一定の国際協調を見いだすことができるでしょう。

　2018年5月に、新たなEU一般データ保護規則（GDPR）が、すべてのEEA加盟国において、EEA内の事業者に対し、直接かつ即時に効力を有するものとして適用開始されました。例えば、EEA内の消費者からオンラインサービスを通じて、またはEEA内の拠点を通じて、個人データを収集する場合など、EEA外の多くの企業もGDPRの適用対象となります。GDPRは、1995年以来、ECデータ保護指令に対する初めての実質的な改正で、厳しい罰金を規定しており、以下の事項を含め、企業に対して様々な重要な変更をもたらすものです。

- 企業は、どのようにデータ保護法を遵守しているかについて示すために、すべてのデータ処理行為およびコンプライアンスの取組みについて書面化しなければなりません。企業は、高リスク活動に関する影響評価を実施し、かつ、データの種類、データ主体、処理の目的、受領者、越境移転および適切な保護措置、消去期限、技術的・組織的安全管理措置など、すべてのデータ処理およびコンプライアンス手続について記載した記録を作成しなければなりません（第30条、35条）。
- 企業は、小規模かつ低リスク拠点の適用除外に当たらない限り、各拠点に

つきデータ保護責任者（DPO）を任命しなければならず、各拠点についてアクセス可能かつ説明責任を負う限り、一人のDPOが複数の会社や事業所を監督することもできます。
- EEA外の企業もEEA内に代理人を選任しなければなりません。
- 企業は、データのアクセス、修正および消去に関するより厳格な規則を遵守するために、しっかりしたデータ保存および削除プログラムを実施しなければなりません。
- 企業は、データ主体に対し、データ管理者（および海外の会社のためのEEA内の代理人）の氏名および連絡先、データ保護責任者（DPO）の連絡先、データ処理の目的、処理の法的根拠、正当な利益がデータ処理の正当化の根拠である場合には、管理者または第三者が追及するその正当な利益、受領者または受領者の種類、越境移転の場合の十分性認定の有無および保護措置に関する情報（写しを取得する方法など）、並びに、その他の詳細について記載したより詳細なプライバシー通知を提供しなければなりません。同時に、企業は、当該情報を「簡潔で、分かりやすく、明瞭かつ容易にアクセスし得る形式で、明確かつ平易な文言を用いて」表示することが要求されます（第12条、13条）。
- 企業は、72時間以内にデータセキュリティ侵害についてデータ保護監督機関およびデータ主体に報告できるようにするための手続を確立しなければなりません。

　GDPRに加え、企業は、データ保護に関する国内法の遵守も継続しなければなりません。1995年ECデータ保護指令とは異なり、GDPRは、企業に直接適用され、国内法化は不要です。しかしながら、国内法で一定の事項につき追加的またはより厳格なルールを定めることができ、それらは積極的に無効とされない限り有効に存続することになります。

　GDPRは、データ保護指令よりも、ヨーロッパのデータ保護法におけるより広範な国際協調の構築を目指しており、EEA加盟国が、GDPRの規定に沿って現行の国内法を改廃すれば、実現される可能性があります。しかしながら、かかる事態は起こりそうもなく、一部のEEA加盟国は、現行の国内法を維持

していることから統一的な国際協調の程度について不確実性を生じさせています。ヨーロッパにおける不確実性を増加させるもう一つの要素は、英国のEUからの離脱です。これにより、その人口および経済規模の点で、ヨーロッパの中で最も重要な裁判管轄の一つにおいて、異なるデータ保護法が導入され得ることになります。

ヨーロッパにおける国際協調の程度に鑑み、本書は、しばしば「EU法」の一般原則に言及することがあります。しかしながら、企業は、GDPRに加え、適用のあるヨーロッパ各国の国内法や、ヨーロッパ各国内の州、地方およびその他の地区における追加的な法令も遵守しなければならない可能性を忘れてはなりません。

本書は、あらゆる地域に応用できるガイダンスを提供し、全世界的に生じているテーマや注意すべき落とし穴を特定する手助けをすることを意図しています。例として、主に欧米における具体例を見ることになるでしょう。欧米は、最も長い間、データ保護法、訴訟および規制手続を有しており、様々な問題について最も指針が示されている地域です。また、ヨーロッパと米国とでは、規制のアプローチの仕方について、しばしば正反対の立場にあるので、説明の対象として適しています。すなわち、ヨーロッパは、特に個人との関係でより保護的、家父長的になり、事前の許可の取得、届出の提出および様々な形式的要件の遵守を要求する等、企業に厳しい規制を課す傾向があります。これに対し、米国は、意図的にヨーロッパ型の包括的なデータ保護法制を採っておらず、代わりに、分野別に、細かく限定された枠内で法律を制定し、個人のプライバシーの特定の側面に対する具体的なおそれに対処するために行動する私的な権利を規定しています。特定の問題における米国とヨーロッパの立ち位置の違いに詳しくなれば、しばしばその他の国々（「世界のその他の地域」を「ROW」と称します）がヨーロッパと米国のいずれの立場に近いのかによってグループ分けをすることができます。この手法は、グローバルシステムや手続を実施しなければならず、かつ、組織的・技術的に限られた選択肢しかない場合に特に効果的です。

本書が方向性を示すために欧米の法令に言及する場合、概観およびハイレベルなテーマを見ているに過ぎないことに注意してください。米国およびEEA

内外の州の中には、異なる法律や法解釈が存することがありますし、多くの国々が未だに特定の法律を制定しておらず、他の大陸や地域（アジア太平洋、ラテンアメリカ、中東およびアフリカなど）における国際協調はわずかです。

対象情報：個人データ、個人識別情報（PII）および機微データ

法律や契約で「個人データ」や「個人識別情報」などの用語に遭遇したときは、特定の条項の影響を判断するため、適用される定義をチェックしなければなりません。ウェブサイトのプライバシーポリシー、通知または契約条項を起案するときには、非常に広範な適用を想定するか、あるいは、明瞭で限定的な定義を取り入れるかについて、自ら選択することができます。

◆個人データ

ヨーロッパのデータ保護法において、個人データとは、識別可能な特定の個人に結び付くあらゆる情報を意味します。例えば、個人の氏名、写真、住所または誕生日は「個人データ」であると考えられています。データそれ自体からデータ主体を特定できることまでは必ずしも要求されません。当該データが有意な方法で識別可能な個人と関連していれば十分です。

例えば、多数の人々によって対応され得る会社の電話番号は「個人データ」ではありませんが、特定の個人に永続的に割り当てられた内線番号は「個人データ」に当たります。また、会社の代表電話番号も、例えば、出席者が特定できる特定の電話の時間等、他の情報と照合されることによって「個人データ」の一部になる場合があります。ルーターやその他のデバイスのIPアドレスも、それが個人ユーザーに結び付く限り（例えば、単身世帯の場合など）、個人データを構成し得ります。しかしながら、IPアドレスも、特定の個人に合理的に結び付かない大規模な事業に関連しているだけであれば、それは個人データを構成しません。IPアドレスや電話番号が個人データを構成するか否かは、学者や実務法曹によって長年に亘り熱く議論されてきましたが、つぶさに見てみると、しばしば企業には無関係な場合もあります。もし自社が処理するデータの中に個人に結び付き得るものがあれば、すべてのデータを個人データとして取

り扱うか、またはこれを区別して切り離す必要があります。しかしながら、区別することは、通常、現実的ではなく、また実行するのに費用がかかり過ぎます。例えば、もしウェブサイトの訪問者の行動を分析するためにクッキーを利用していたり、その処理においてIPアドレスのログを取っていたりした場合、不可避的に個人に結び付き得るIPアドレスを収集することになりますし、コンプライアンスの観点からは、大部分のIPアドレスがデータ保護法の適用対象から除外され得るかどうかは関係ありません。

　データは、それが個人との結び付きを失くす方法で編集、統計化された場合には、「個人データ」に該当しなくなり得ます。しかしながら、暗号化や部分的な編集は、誰かがパスワードを持っていてデータ主体を再識別化できる限り、個人データであることを回避することはできません。それゆえ、ほとんどの場合、データ保護法の下、暗号化されたデータであっても「個人データ」として取り扱わなければいけません。一方、適切に統計化した場合には、当該データをデータ保護法の適用対象から除外することができます。例えば、ランダムに選ばれた1000人のビデオレンタル履歴情報を収集し、当該情報を統合して千人未満の統計情報を作成する場合、その結果、統計化されたデータ（例えば、ビデオを借りる人の20%は、毎月20時間未満しか見ないなど）は個人データではなくなります（ただし、個人の履歴に関する生のデータは個人データであり続けます）。理論的には、名前や特定の個人を識別可能なすべての情報をプロフィールから削除することにより、個人に結び付くデータを編集することができます。しかしながら、これは実際には考えているよりも困難です。もし編集されたデータの中に編集過程を再現することができる情報（例えば、住所、誕生日、出身地など）が含まれている場合、当該データは、典型的には、ヨーロッパのデータ保護法の下では引き続き「個人データ」に該当します。再現可能な編集は「仮名化」と呼ばれます。これは、ヨーロッパのデータ保護法の対象範囲からは除外されないデータですが、適法なデータセキュリティ対策であり、個人のプライバシー保護措置として認識されています。

◆個人識別情報（PII）

　ヨーロッパの法律における「個人データ」の広範な概念とは対照的に、他の

多くの国々は、少し異なった用語を利用し、より狭い定義付けをしています。例えば、カリフォルニア州民法は、多くの法律分野において「個人識別情報」(PII) という用語を使用し、それぞれの分野の背景や目的に応じて毎回狭く異なる定義付けをしています。その他のカリフォルニア州法並びに連邦法および他の州法も異なる定義を使用しています。しばしば特定の機微な類型の情報のみがカバーされています（クレジットカード番号や社会保障番号（SSN）など）。

◆ 機微データ

ほとんどの裁判管轄や法律は、特定の類型の個人データについて、より高い基準を適用しています。理由やカバーされる類型は裁判管轄によって異なります。例えば、米国法の下では、銀行や事業者による認証手続が比較的緩やかであることから、消費者が個人情報の盗難のより高い危険に曝されているため、社会保障番号（SSN）やクレジットカード情報を特に保護しています。ヨーロッパでは個人情報の盗難に対する懸念は少ないですが、ヨーロッパの法令の下では、一般的に、企業は、次の事項に関連する個人情報に対する特別の規制に注意しなければいけません。

- 政治的見解
- 労働組合員資格
- 健康状態（例えば、従業員の疾病日数、処方箋、臨床試験データ：患者の氏名ではなく非個人的な ID で管理されている場合も含む）
- 人種的または民族的起源（例えば、生誕場所、肌の色が分かる写真）
- 宗教的または哲学的信条（例えば、給与システムにおけるドイツ教会税の納付状況）
- 性的指向に関する情報（例えば、同性婚を認めない管轄における配偶者の有無）
- 特定の類型の前科

ヨーロッパでは、法律で要求される雇用主による機微データの収集や現地での処理について、限定的な例外が適用されます。ただし、企業は、EEA 外に

機微データを移転する前に明示的な同意を取得する必要があります（第2章参照）。

　各国法間の国際的衝突が生じる場合があります。例えば、企業は、米国での訴訟や政府機関による調査において特定の機微データを提供するよう要求される場合がありますが、ヨーロッパの法律の下では、機微データの共有は禁止されています。しかし、より詳細に検討すると、多くの明白な衝突は回避することができます。例えば、米国の輸出管理規制は、規制対象である米国の技術へのアクセスがある外国人労働者の国籍や居住地に関する一定の情報の収集を要求することができますが、通常、人種的または民族的起源に関する情報（ヨーロッパの法律の下では「機微データ」を構成します）は要求されません。

　米国やその他の裁判管轄の法律もまた、特定の状況に関する個人データの多様な類型に応じて異なっています。常識を超えた共通のテーマはほとんどありませんし、そのため、企業は、関連する裁判管轄ごとにデータ収集実務について別途調査しなければなりません。

対象活動：移転およびその他の処理

　ヨーロッパのデータ保護法は、個人データのあらゆる処理を規制しており、「処理（processing）」という用語を個人データに関連するあらゆる活動を含むように極めて広く定義付けています。処理は、手動か自動かを問わず、収集、記録、統合、保有、翻案もしくは改変、検索、参照、使用、送信による開示、流布もしくはその他利用可能にすること、整理もしくは照合、阻止、消去および破棄を含みます。たとえ個人データを編集して、匿名化したとしても、ヨーロッパの法律の下では、個人データを処理していることになり、一般的禁止やデータの最小化の要件に同様に服することになります。

　しかしながら、米国やその他の国々の法律の下では、データプライバシー法は、特定の活動に付随する傾向があります。ほとんどの裁判管轄において、人々やデータプライバシー法は、データ移転という形式の処理について特に敏感です。移転は、ある会社が他の会社や国に電子メールや手紙などの方法でデータを送信するときに発生しますが、他の会社や国がインターネットやその他

の技術を介して遠隔でデータにアクセスした場合も移転に当たります。それゆえ、世界中の全従業員にアクセスさせるために企業が従業員台帳をインターネット上に掲載すると、当該データにアクセス可能なすべての裁判管轄におけるデータ移転を構成することになります。インターネット上に情報を掲載すると、当該情報を全世界に移転することになるのです。それゆえ、最広義の「移転」は、技術的手段や事業上の背景にかかわらず、他者にデータへのアクセスを許容する度に発生することになります。

　ただし、観念的には、同一組織内および同組織に対するサービスの提供者との間（例えば、データ処理者、即ち、ITインフラをサービスとして提供する親会社や、給与支払サービスやインターネットアクセスおよび物理的なセキュリティサービスを提供する非関連会社たる委託先がしばしば含まれます）における移転については、重要な区別が適用されます。会社は、通常、プライバシー通知や政府機関への届出において、データ処理者とのデータ共有の詳細について説明する必要はなく、またデータ主体も通常この点について選択権はありません。念のため、広く網を張り、他人にデータの利用を可能にするときには毎回データ保護法に基づく規制について検討すべきです。ただし、単なるデータ処理者への移転は、しばしば、データ管理者、即ち、自己の目的のためにデータを利用する者への移転よりも、規制が緩やかであることに留意すべきです。その根拠は、データ主体にとって重要なことは、自分が個人データを委託した会社が責任を持ち続けること、並びに、当該会社のために活動する個人（当該個人の雇用形態にかかわらず）が、当該会社のプライバシーポリシーや適用法令をすべて遵守することだからです。会社というものは、法的な擬制であり、会社の従業員、委託先たる個人、委託先たる会社の従業員等を通じて活動する以外に、会社それ自体が活動することはありません。どの個人を会社が個人データの処理に選ぶか（自社の従業員か、委託先たる個人か、委託先または再委託先たる会社の従業員か等）は、通常、データ主体のプライバシーの利益に影響を及ぼしません。それゆえ、会社は、通常、データ主体への通知やその同意がなくても、データの利用に関して委託先が限られた裁量権しか有していないことを明確に書面化したデータ処理契約を締結している限り、個人または法人の委託先（即ち、データ処理者）と個人データを共有することが許容されています。

対象者：データ管理者、処理者

　ヨーロッパのデータ保護法は、データを自らの目的のために自らの裁量で利用する「データ管理者」と、データをデータ管理者に代わって委託先として処理する「データ処理者」とを区別しています。データ管理者は、データ保護法やプライバシー法の遵守義務を第一義的に負担しています。データ処理者は、データ管理者の指示に従い、データを安全に保持し、データ管理者が指示する目的以外にデータを使用しない義務を負担しています。また、データ処理者は、多くの法律やプライバシーポリシーにおいて、「代理人（Agent）」や委託先として言及されます。企業は、ある活動（例えば、従業員および顧客関係情報を処理する場合）についてデータ管理者と評価されるとともに、その他の活動（例えば、給与処理について子会社を支援したり、コンピューターメンテナンスに関して顧客を支援したりする場合）についてはデータ処理者と評価されることがあります。

　物理的な保有や技術的なアクセスを有するものの、いかなる状況においてもデータにアクセスすることを許容または予定されていない委託先は、データ保護法の直接的な義務を免除されるために、自らを「データ取扱者（data handler）」や「単なる導管（mere conduit）」と呼んでいます。委託先のうちの一部の類型では、切実な事情があり、例えば、通信会社は、そのシステムが健康またはその他の情報の通信に使われているか否かを知ることが許容または予定されていません。また、コロケーションプロバイダー（他社がサーバーを運営するための安全な設備をレンタルする会社）や、より伝統的な貸主は、通常、（時折、災害時の復旧、インターネットアクセスやトラブルシューティングのアレンジのために）コンピューターシステムに物理的にアクセスする何らかの権利を有していますが、データにアクセスする権利は非常に限定的か一切持っていません。法律上、データ取扱者や単なる導管に対するデータ保護法の適用除外はほとんど認めていません。顧客は、委託先がデータ処理者（data processor）や事業提携者（business associate）などと評価される場合、彼らのデータ保護コンプライアンスの取組に関する課題から自らを保護するため、当該委託先の

責任を主張する傾向があります。

監督者：データ保護監督機関（DPA）、データ保護責任者（DPO）

　ヨーロッパの国々は、各国のデータ保護法の執行について責任を負う独立した公的機関を設置しています。その代表者たちにより構成され、1995年EUデータ保護指令第29条に基づき「29条作業部会」と呼称されたEU全体に亘る機関は、EU一般データ保護規則（GDPR）第68条に従い、「欧州データ保護評議会（EDPB）」と呼称されます。この機関は、企業や立法府に対してガイダンスを出しており、各国のデータ保護監督機関の見解を公表しています。データ保護監督機関は企業に対してデータ保護法を執行する責務を負っていることから、かかるガイドラインや見解は、企業にとって特に関係があります。多くのヨーロッパの国々およびヨーロッパ以外の一部の国々において、企業は、個人データの処理を始める前に、現地のデータ保護監督機関に通知しなければならない場合があります。一部の国々では、データ処理行為の一定の類型（例えば、EEA外への個人データの越境移転）に関与する前に、企業は、データ保護監督機関の事前の承認を取得しなければなりません。

　ヨーロッパのほとんどの国々およびその他の裁判管轄の一部では、企業は、適用され得るデータ保護法を遵守しているか否かについて監視する責務を負うデータ保護責任者（DPO）（従業員または外部委託先）を選任しなければなりません（あるいは、代替的にデータ保護監督機関への通知で足りる場合もあります）。かかるデータ保護責任者（DPO）は、政府の職員ではありませんが、現地のデータ保護監督機関と協力して、重大な違反について報告する義務を負っています。同様に、ヨーロッパおよびその他の地域の政府機関（2014年2月からNSAも含まれています）は、特定の政府機関自身のコンプライアンスのための取組みを監視する責務を負うデータ保護責任者（DPO）を選任しています。政府機関か民間企業かにかかわらず、データ保護責任者（DPO）の役割は、自らの組織によるコンプライアンスを監視するという組織内に重点が置かれています。この点で、データ保護責任者（DPO）と、他の組織によるコンプライアンスを監視する責務を負うデータ保護監督機関とが区別されます。

データ保護監督機関を設置していない米国やその他の国々では、データ保護法は、消費者保護機関（例：米国連邦取引委員会）や通常の法執行機関（州司法長官を含みます）によって執行されることになりますが、自動データ処理に関する事前の通知や承認は、ヨーロッパ域外では通常要求されません。

本文

　正式なデータ保護コンプライアンス・プログラムを持たない組織の新人である場合、第1章から読み始めて、作業工程表を作成し、データ越境移転について第2章を学習するか、またはこれを飛ばして（貴社の事業活動がどの程度国際的かに拠ります）、次に、第3章に取り組み、文書を作成し、作業工程表を実行することが考えられます。

　もし既存のコンプライアンス・プログラムの課題に取り組んでいる場合には、最初に第4章をざっと読み、その次に第1章から3章までを通読することも考えられます。

　もし実質的な質問に対する簡単な回答が必要な場合には、巻末の索引や第5章のA to Zの概要を確認して、方向性や見通しを摑んでください。本ガイドブックは、詳細な質問に対する最終的な回答を提供することはできませんが、事案に応じて、実務的な視点を提供し、いかに問題を解決し、課題に取り組み、さらなる情報を発見するかについて提案することを意図しています。

第 1 章　コンプライアンス・プログラムを始めるにあたって

　データ保護コンプライアンス・プログラムを作成および実施しようとする場合、次のような数々の重要な決定や準備作業に直面することになります。

- データ保護法遵守の責任者またはチームの選任
- 関連する事実、法律および要件の特定による作業工程表の作成
- 事業目標、執行リスクの程度およびコンプライアンスの難易度に基づく優先順位付け
- 作業の遂行
- 社内の関係者および外部アドバイザーとの協働

1.1　責任の所在

　まず誰かを責任者にする必要があります。事業がたった一人で運営されている場合には、事業主自身がその責任を負わなければなりません。大規模な組織では、典型的には、データ保護法遵守に責任を持ち得る個人の候補者や部門、社内弁護士やITスタッフ、人事や内部監査担当者などが多数存在しているでしょう。各部門はそれぞれ異なるアプローチを取り、長所短所があるでしょう。適切な人員やチームを探すために考慮すべきポイント要素は次のとおりです。

- 企業の法務部門の社内弁護士は、通常、アドバイザー的な立場から組織内の他の人々にデータ保護法を含む適用法令が何を要求しているかについて助言をします。企業文化や個人のスタイルに拠り、法務部門は、積極的に助言をしたり、要求があれば受動的助言をしたりします。弁護士は、データ保護法を含む法律を解釈して適用する訓練を受けていますが、すべての

弁護士がITに詳しかったり、よいプロジェクト・マネージャーであるわけではありません。

- IT部門のスタッフは、ITには詳しいですが、彼らにとって法律を解釈して適用することは容易ではないかもしれません。ITの専門家は、人事、販売、マーケティング、製造等、他の部門が個人データを処理するのに用いる設備やソフトウェア、サービスを開発、管理することの訓練は受けています。IT部門は、これらの他のグループをサポートし、他の部門の事業目標を達成するのに役立つ技術を提供します。IT部門は、通常、データセキュリティ対策を採るなどして個人データを不正アクセスから保護する手段を構築、実行していますが、典型的には、個人のアクセス権やコンプライアンスの問題に関する決定はしません。

- 企業の中には、法令および内規の遵守を監視および執行することを任務とする内部監査機能を別途有している場合があります。このような監査部門は、法律の規定や既存のコンプライアンス・プログラムが遵守されていることを実証することに注力していますが、監査要員は、典型的には、ルールの決定はしません。プログラムの作成と監査を同一人物が担当すると、第三者的視点が欠けてしまいます。また、監査要員が調査を実施すると、特にデータ保護法に違反する高いリスクがあります。調査員は、しばしば、電子メールの受信ボックス、コンピューターおよびファイルを検索し、疑わしい行動につき第三者にインタビューし、場合によっては、データ主体への事前の通知なしに、生の通話やその他の通信を傍受したりします。それゆえ、企業の中には、監査要員にデータ保護コンプライアンス・プログラムの設計を任せると、キツネに鶏小屋の番をさせるように、信用できない人に重要な仕事を任せるように感じることもあるでしょう。

- 社内のデータ利用者のグループ（人事やマーケティング部門）から人員を選ぶという選択肢もあります。IT製品の開発または販売をする企業は、データ保護を単なるコンプライアンスの取組みとしてではなく、ビジネスチャンスとしても捉えています。例えば、クラウド・サービスの提供者や、企業向けのソフトウェアやデータ・ストレージ・サービスの提供者は、顧客が法令を遵守しながら効果的に製品を利用できるように、製品開発の段

階からデータ保護法を考慮するようになってきています(第5章のプライバシー・バイ・デザインを参照してください)。テクノロジーの提供者にとって、プライバシー保護が差別化要素になり得るか否かについては、対象とする顧客により異なり、顧客が大企業の場合には、コンプライアンス面を非常に気に掛ける傾向があるのに対し、消費者や小規模な企業の場合には、いくつかの機能(例えば、スマホやオンライン・ストレージのエンド・ツー・エンド暗号化(E2EE)など)のみを気に掛けたり、「無料」サービスを選択したり、データ保護の観点よりも利便性を重視しがちです。

　概ね大企業では、データ保護法の遵守に関する責任者は、通常、上記のいずれかの部門や専門分野の出身者です。データ保護法への関与の度合いや関心が高い、より大規模な企業では、新しい部門や役職の設置を決定することもあります。より小規模な企業では、パートタイムの責任者を選任するだけで十分だと判断するかもしれません。法務部門がある企業では、通常、弁護士がデータ保護法の遵守に関与します。しばしば社内弁護士がデータ保護法の遵守を主導しますが、特にデータ保護を単なる法的義務ではなくビジネス・チャンスとして捉える会社の場合には、プロジェクト管理にとって理想的な候補者は、必ずしも弁護士である必要はありません。

1.2　社内の関係者および外部アドバイザーとの協働

1.2.1　社内の関係者

　十分なリソースやサポートを社内の関係者から獲得するために、「なぜ」という疑問に答えなければなりません。なぜデータ保護や安全管理措置が重要なのか。企業によっては、コンプライアンスをリスクマネジメントや、制裁や責任の回避に関する事項としか捉えていませんが、その他の企業では、さらに潜在的なレピュテーションリスクや事業機会についても気に掛け、データ保護法の遵守を競業他社との差別化を図る要素であると捉えています。また、企業の中には、例えば、データ・ストレージ・サービスやSaaSの提供者のように、

データ保護や安全管理の遵守が、販売する製品やサービスの重要な条件となっている企業もあります。企業内でコンプライアンス・プログラムを実施しようとする際、組織内の重要な関係者に注意喚起してサポートを得るために、よくある質問（FAQ）形式で簡潔な報告書を作成しておくことが非常に有用です。大きな「なぜ」という質問に関する追加的考察は、本ガイドブック第5章の「Y」の項に記載されています。

1.2.2　外部アドバイザー

　ほとんどの企業は、本拠地のある裁判管轄を超えて法的要件に関するアドバイスを外部弁護士に求めます。典型的には、慣れない様式や言語で書かれた法律がある諸外国における形式的および実質的法令遵守義務の正確な性質や詳細を判断するには、非常に困難かつ時間が掛かり過ぎます。このガイドブックでは、一般的に適用され得るデータ保護法の原則や主要な裁判管轄における差異について、いくつかの指針を得ることができますが、各国特有の形式的または実質的法令遵守義務の詳細については、本書の対象外です。

　多くの企業は、コンプライアンスの問題について、外部アドバイザーと協働する際に、ある種の困難を経験します。各課題の専門家（特定の裁判管轄におけるデータセキュリティのコンサルタント、テクノロジーベンダー、現地弁護士など）は、当該専門分野におけるリスクや適用され得る制裁を熟知しており、これらについて特に真剣に取り扱います。しかしながら、企業は、限られた予算しかないことも多く、常にすべての要件について一度に同一の熱意と努力をもって対処できるわけではありません。企業は、通常、優先順位を付けることが必要になります。もしコーディネートされたグローバルチームを登用する場合には、彼らが対処するよう登用された範囲内で、各規制間の優先順位付けを手伝ってくれるかもしれませんが、彼らの能力にも限界はあり、例えば、事業継続性、十分な収益成長および資金調達の確保など、会社を作りまたは壊すことができるすべての基本的考察事項についての検討まで期待することはできません。もしコーディネートされたチームではなく、個々のアドバイザーを登用する場合、かかる個々人は、通常、優先順位付けに関してはあまり頼りにできず、特定のリスクや現地法の要件の重要性が全体的に俯瞰すると過大または過小に

取り扱われる重大なリスクがあります。そのため、外部アドバイザーには、形式的および実質的要件についてだけでなく、特定の要件が実務上も重視されるのかまたは違反した場合にだけ重視されるのか、監督機関または私的な原告による提訴が一般的なのか、問題となっている特定の要件に関して他社がいかなるリスクや問題に直面しているのか等、実務上の問題についても、質問してみることが役に立ちます。かかる質問に対する回答は、物事を検討する際の視点として、また、会社が抱える複数の課題に優先順位を付けるのに役立ちます。

1.3 データ保護責任者の選任

　データ保護コンプライアンス・プログラムを設計および実行する責任者は、しばしば「データ保護責任者（DPO）」や「最高個人情報保護責任者（CPO）」といった肩書きを有しています。これらに付随する役割や類似の肩書きは、実際には性質上かなり異なり得るものであり、自社がいずれか一方または双方を必要とするか否かにつき、慎重に検討しなければなりません。

　多国籍企業がデータ保護責任者を選任する重要な理由の一つは、その企業がドイツに拠点を有しているからです。ほとんどの多国籍企業は、ドイツを重要な市場であると考えます。ドイツのデータ保護法の下では、企業は、1970年代から、政府のデータ保護監督機関の補助的な番犬としての役割を果たすために、正式にデータ保護責任者を選任することが法的に要求されています。ドイツは、世界で初めて、企業が選任したプライバシーに関する保護者を通じて自己規制を実施させることを企図して、データ保護責任者の概念を導入した国です。

　フランスを含む、早い時期からデータ保護法を有する裁判管轄の中には、代わりに政府への通知や承認の要件を選択した国もあります。オランダ、ノルウェー、スウェーデンおよびスイスなどのその他の裁判管轄では、中間的なアプローチを採用しました。これらの国々では、企業に対し、データ保護監督機関へのより実質的な届出の提出に代えて、データ保護責任者を選任する選択権を与えています。

　企業の中には、ドイツにおける規則制定後に、現地のデータ保護責任者を任

命することを決定したすべての裁判管轄について、コンプライアンス措置をモデル化している会社もあります。これにより、(ドイツの要件は最も厳格かつ最も包括的である傾向があることから) EU 一般データ保護規則 (GDPR) およびその他の国々の規則の遵守が保証されるはずですが、これは法的には要求されていません。

多くの企業は、要求も動機付けさえも期待されていない国々でも、自主的にデータ保護責任者やプライバシーコンプライアンス担当者を選任しています。また、多くの米国大企業には、最高個人情報保護責任者 (CPO) の他、しばしば、コンプライアンス責任者、内部監査役、データプライバシー法専門の社内弁護士、情報セキュリティー責任者および経験豊富なプライバシー専門の担当者もいます。より詳細に検討すると、各担当者の目的、役割および責任は、かなり異なるものとなり得ますし、しばしばそうなるべきです。自社の意思決定過程における参考基準として、データ保護責任者の任務に関するドイツの基準またはデータ保護責任者に関する 29 条作業部会が発行したガイダンスおよび EU 一般データ保護規則 (GDPR) を考慮することができ、かつ、他の特定の裁判管轄またはグローバル機能について、どの側面を採用するか否かを注意深く決定することができます。

1.3.1　ドイツ法におけるデータ保護責任者の選任の要件

ドイツの法律では、企業は、通常、事業開始から 1 ヶ月以内に書面でデータ保護責任者を選任しなければなりません。これにはいくつかの例外があり、例えば、機微データを処理しない会社や従業員数が 10 人未満の会社はデータ保護責任者を選任しなくてもよいとされています。

1.3.1.1　資格要件

候補者は、データ保護法、IT および会社の業務について、経験や知識を有しまたは訓練を受けていなければなりません。また、候補者は、信頼でき、利益相反がないことも必要です (典型的には、マーケティングや人事のマネージャーなど、データの収集および利用に強い利益を持つ経営者、シニアマネージャーおよび従業員の選任は除外されます)。最後に、会社は、データ保護責任者が法律

上の義務を履行することができるようにしなければなりません。これは、企業が情報やトレーニングを提供し、社内データ保護責任者を他の業務から解放して自由な時間を確保できるようにすることを要求しています。多くの企業は、法務、ITまたは人事部門の管理職ではない従業員か、外部委託先と契約して、データ保護責任者を選任しています。

1.3.1.2　外部対社内候補者

　会社は、従業員または外部委託先のいずれをデータ保護責任者に選任することもできます。いずれの選択肢にも長所と短所があります。ドイツ企業が従業員を選任する場合、当該従業員は、解雇に関してドイツ労働法がすべての従業員に適用されるよりも手厚い保護を受けることになります。これに対し、外部データ保護責任者を解雇することは、適用のあるサービス契約条項に基づき、比較的容易にできます。従業員を選任することにより、会社は、すべての関連情報を外部に漏らさず、秘密性を保つことができます。外部候補者を選任することは、外部の誰かに会社のシステム、処理過程、セキュリティ対策およびデータを開示することを意味します。社内データ保護責任者は、実務、処理過程および問題点により慣れている傾向がありますし、従業員の懸念やセキュリティの弱点に関する情報によりアクセスしやすい立場にいます。外部データ保護責任者は、パートタイムで職務に当たる社内の従業員よりも、業界標準により詳しく、より経験や専門性があるかもしれません。専門化することにより、外部データ保護責任者は、最新のデータ保護法やITに専念することができます。また、会社は費用や応答時間も考慮することになります。外部委託先には時間単位で報酬を支払うこと（これは、特にデータ保護責任者が問合せに積極的かつ速やかに反応するよう動機付けを与えますが、企業が費用をコントロールすることが難しくなります）や、毎月もしくは毎年固定報酬額を支払うこと（この方法は、事前にデータ保護責任者との相談を完了しなければならない場合に、応答までの時間が長くなることがあり、その結果、プロジェクトの実施に遅れが生じることがあります）もできます。社内データ保護責任者については、会社は、データ保護責任者としての任務により失われる時間の観点から、候補者のその他の会社への貢献に対するインパクトを考慮しなければなりません。

この点、多国籍企業の場合、ドイツ子会社のデータ保護責任者として、ドイツ国外のいずれかの法人の従業員や、ドイツに複数の法人を所有しているときには、別のドイツ子会社の従業員を選任することができます。かかる従業員は、ドイツ法上、ドイツ労働法の適用が回避されるため、「外部」データ保護責任者と評価することができます。ドイツのデータ保護監督機関の中には、ドイツ国外に居住する人物を選任することに懐疑的で、そのような人物では法律上の義務を十分に履行することができないと主張してくる場合もあります。しかし、ドイツ法は、ドイツ国内の従業員の選任を厳密には要求していませんし、ドイツ国外に本社やデータセンターがある会社にとっては、会社の地域的または世界的なシステムのより近くにいる人物であれば、ドイツ国外に居住する人物を選任する合理的な理由があります。多国籍企業は、多国間プロジェクトに関する相談を効率的、迅速、かつ、意見や要望の衝突のリスクなく実施できるように、選任が必要なすべての裁判管轄について、データ保護責任者の任務を担う人物を一人だけ選任することを好むかもしれません。選任をデータ保護監督機関に通知しなければならない裁判管轄では、当該国内に居住していないデータ保護責任者の選任に関する質問に対する回答を準備し、かかる選任に対する抵抗に備えなければなりません。しかしながら、ほとんどの事案では、正当な業務上の理由があれば監督機関の躊躇も乗り越えることができます。EU一般データ保護規則（GDPR）は、データ保護責任者がすべての法人および事業所にとって容易にアクセス可能であれば、グループ企業内で、データ保護責任者を1名のみ選任することを明示的に許容しています。

1.3.1.3　選任形式

　ドイツ法では、データ保護責任者の選任は書面でしなければなりません。EU一般データ保護規則（GDPR）では、例えば、専用の電話番号や電子メールアドレスなど、データ保護責任者の連絡先の詳細をデータ保護監督機関に提供して公表しなければなりません。企業は、通常、データ保護責任者が交代してもプライバシー通知をアップデートしなくて済むように、別名（例：data-protectionofficer@company.com）を割り当てて公表することを好みます。会社は、その職務の独立性を妨げるほどに短くない限りは、選任期間を限定する

こともできます。実務上、2年から5年程度が合理的でしょう。労使協議会（集団的労働者代表制度）を有するドイツ企業では、労使協議会は、従業員を社内データ保護責任者に選任することに伴う雇用契約の変更に関する共同決定権を有しています。

1.3.1.4　任務

データ保護責任者は、会社が適用のあるデータ保護法を遵守しているかについて監視し、会社にデータ処理行為を書面化させる責任を負っています。会社は、データ処理行為や計画中の変更について、データ保護責任者と協議しなければなりません。データ保護責任者は、必要に応じて提言し、認識および懸念する事項について取り上げなければなりませんが、正式に対策を承認する必要はありません。正式に懸念事項について通知されたにもかかわらず、会社が何も行動を起こさなかった場合、データ保護責任者は、内部通報をし、データ保護監督機関に通知する権利を有しており、時にはそうする義務があります。データ保護責任者は、独立して業務を遂行し、経営者からの命令や指示に従う必要はありません。日常業務には、記録としてのデータ処理手続の書面化、データ保護およびセキュリティポリシーの評価や更なる改善、技術的安全管理措置の提案、選択や実施、データ保護に適切な様式や契約書の作成、個人データの処理に関与する従業員や委託先等の選択、データ保護、安全管理措置およびデータ処理プログラムの適切な利用に関するモニタリング、データ保護や法律またはポリシー違反に関する苦情への対応、従業員教育、並びに、データ保護監督機関への通知の作成、提出および管理の支援が含まれます。

1.3.1.5　個人的責任

従業員をデータ保護責任者の候補者として選ぶ場合には、個人的責任に関する質問を予測すべきです。その簡潔な回答は、すべての従業員が不正行為、法令違反および第三者の権利侵害について責任を負います。しかし、ほとんどの候補者は、恐らくデータ保護責任者としての任務に関するものよりも、寧ろそれ以外の職務に関するリスクの方がより大きいでしょう。ドイツのデータ保護法では、データ保護責任者の個人的責任について、特別の規定を設けていませ

ん。一般的に適用され得る法律の下、会社の代表者は、当該会社の作為または不作為について、当該作為に関与した場合または当該不作為を回避する義務を負っていた場合には、責任を問われる可能性があります。同様に、データ保護責任者も、違法なデータ処理行為（例えば、同意や裁判所の命令なく通話を録音する等）に直接関与した場合には、責任を問われる可能性があります。また、理論的には、データ保護責任者も、違法行為に直接関与していなくても、違法行為の阻止に失敗したことについて責任を問われる可能性もあります。ただし、不作為について従業員に責任があると判断されることは比較的稀です。

1.3.2 他の裁判管轄における強制的または任意の選任

　他の国々でも、ドイツ法に従って、データ保護責任者を選任すれば、当該選任に関する現地の監督機関への通知義務を除き、通常、EU一般データ保護規則（GDPR）、並びに、その任務を定義するフランス、オランダ、ノルウェー、スウェーデンおよびスイス等のその他の国々の国内法の要件も充足するでしょう。現地法が、当該選任に応じて、他の要件について有意義な免除規定を提供していない場合には、企業は、正式にはデータ保護責任者を選任しない傾向があります。例えば、フランス国内法は、データ保護責任者の権利と義務について規定していますが、多国籍企業による選任を要求しておらず、また選任に対して実質的に何らの恩恵も与えていません。それゆえ、ほとんどの企業は、フランスでは正式な選任をしないという選択をします。しかしながら、選任の恩恵として、他の届出要件を免除しているオランダ、ノルウェー、スウェーデン、スイスおよびその他の裁判管轄に所在する企業は、データ保護責任者を選任する傾向があります。企業の中には、正式な選任が要求されている複数またはすべての裁判管轄について同一人物をデータ保護責任者に選任していることがあります。これは、EU一般データ保護規則（GDPR）において明示的に許容されており、一人の人物がモニタリングすることが最適なグローバル・システムや手続を利用する企業にとって、特に効率的です。

1.3.3 自発的・非公式の選任

　データ保護責任者の選任に関する正式の法的要件を充足することとは別に、

大企業では、特に、当該法的プログラムの実施および監視に役立ち得る現地の専門家の連絡先を利用するために、特にデータ保護コンプライアンスやその他のコンプライアンス措置に関する現地の連絡網の構築に運用上の利点を見い出しています。また、多くの企業は、自社がデータ保護コンプライアンスを真剣に受け止めていることを内外に示すために、自発的に「グローバル・プライバシー・オフィサー」や「最高個人情報保護責任者（CPO）」を選任しています。IT、人事、警備、法務、財務および営業を含む、多くの他の機能に影響を及ぼすこのテーマについて権限および責任を持つ人物を一人決めておくことは有益でしょう。

　かかる非公式かつ自発的な選任や、データ保護の責任者の任務が法律上規定されていない裁判管轄（例：米国。ただし、HIPAAに基づく場合を除く）において、企業が、詳細な書面による覚書や契約書で、データ保護の責任者の権限や責務を定義しておくことは重要です。特に、データ保護の責任者が、プライバシーと会社の利益のいずれを優先的に擁護するのか、助言するだけなのかそれとも決定まで下すのか、受動的なのかそれとも能動的に取り組むのかについて、期待されるところを定義しておく必要があります。同様に、データ保護の責任者は、重複する責務を負う同僚（コンプライアンス責任者や、社内監査役、法務部門のデータ保護担当弁護士、IT、マーケティングおよび人事部門の情報技術スタッフやセキュリティスタッフなど）と調整、あるいはかかる同僚を支援、監督または監視すべきなのでしょうか。企業は、目標や期待について決定および書面化しなければなりません。最高個人情報保護責任者（CPO）は、データおよびコンプライアンスに関するプライバシーまたは会社の利益の調整役、擁護者、助言者および／または守護者なのでしょうか。各社は、この点について、自社のやり方を見つけ、選任された個人がその権限や責任、役割に対する期待について理解できるように、責任および役割について明確に書面で定義すべきです。もし役割が明確に定義されていなければ、期待とのずれが厄介な紛争を招きやすくなります。例えば、米国企業のグローバル・プライバシー・オフィサーが、自己の役割をドイツのデータ保護責任者のように、独立の公益を追及するものであると考えたとすると、懸念事項について、直ちに米国の監督機関に通知するでしょう。あるいは、法務部の職員が「最高個人情報保護責任者（CPO）」

に選任され、そのアプローチが法律顧問からより経営者的役割に変化した場合に、一定の状況下では、弁護士・依頼者間秘匿特権を害し得るかもしれません。このような長所短所やその他の長所短所について、自発的な選任をする前に、検討した上で、その任務の詳細を書面化し、望ましい利益を達成する機会を増加させ、望ましくない結果や紛争が生じるリスクを減少させるべきです。

> **要実施事項！**
> - どの場所で現地法に基づきデータ保護責任者を選任して、法的要件（社内対外部、国内対現地・全世界での選任について検討）を充足しなければならないかにつき決定すること。
> - どのような方法でデータ保護責任者の選任が法的に要求されていない裁判管轄における法令遵守を最も適切に達成および維持できるか、また、最高個人情報保護責任者（CPO）や現地担当者の自発的選任が会社の利益になるか否かについて決定し、会社の利益になる場合に、職務内容、権限および義務を注意深く書面化し、類似または重複する機能（法律顧問、情報セキュリティ、人事、マーケティングマネージャーなど）との関係について検討すること。

1.4 作業工程表の作成

　責任者を選任した後は、作業工程表を作成し、実施状況や優先順位を把握します。かかる工程表を作成および管理することは、優先順位付け、計画（予算、達成度）、複雑な状況の管理（例：複数の裁判管轄や異なる種類のデータベース）並びに従業員間のプロジェクトの引継ぎに役立ちます。作業工程表には、形式的法令遵守要件（通知、届出、データ保護責任者の選任、データ移転契約）や実質的課題（アクセス制限の実施、暗号化技術の導入、委託先の交代など）にタブを付けることもできます。

　例えば、外国にいくつか子会社を有する米国企業は、最初の作業工程表に次の事項を入れること（現状、要実施事項、会社所有者の欄の補充）が考えられます。
　自社の課題を明確にするために、どのようなデータを保有しているのか、ど

表1　作業工程表の項目例

	データ保護法遵守の課題	目的
1.	個人情報保護責任者の任務の指定および選任書類の準備、現地データ保護責任者が必要な場合の選任（例：ドイツ子会社）	リスク管理、法令遵守義務の充足
2.	政府への届出（通知、承認申請）の要否の評価、準備、提出	現地法遵守義務の充足
3.	データベースやデータフローの点検	通知、契約、届出のための事実の整理、記録保管要件の充足
4.	EU標準契約条項（Standard Contractual Clauses）に基づくグループ内データ移転契約書の作成・実施、データの越境移転を適法化するその他の方策（EU－米国間プライバシー・シールド登録、拘束的企業準則（BCR）、CBPRおよび行動規範（Code of Conduct）を含む）	データの越境移転に関する法的指示の克服
5.	プライバシーポリシー並びに消費者、顧客企業の代表者および取引先に対する通知の見直し、改定、翻訳	通知要件の充足
6.	次のような従業員データの処理に関する従業員向け通知の見直し、作成 ・グローバル人事情報システム（HRIS） ・モニタリングツール（例：スパム対策、ウィルス対策、ネットサーフィンプロテクション、データ喪失防止、ファイヤーウォール）および不正調査 ・内部通報ホットライン ・給与支払台帳、福利厚生、ストックオプション	通知要件の充足
7.	委託先、顧客、仲介業者（再販業者、広告サービスの販売代理店）などの取引先とのデータ共有・処理に関する標準契約の見直し・作成 ・データ移転契約（グループ内・第三者）やグループ内ポリシーのテンプレート化 ・データ処理契約やポリシーの見直し・作成	データセキュリティ義務の充足、資産としてのデータ保護、不正な開示やハッキングのリスクの低減など
8.	データへのアクセス、データ保持、情報セキュリティ、事故対応、法執行機関・監督機関・訴訟当事者等からの開示請求への対応に関する社内実施要領や手続の点検、構築	法令遵守義務の充足、消費者・従業員のプライバシーの保護

9.	ダイレクトマーケティング：オプトインやオプトアウトの手順に関するグローバルまたは特定の裁判管轄における実施要領の導入	現地法令遵守義務の充足
10.	定期的な教育研修、監査	リスク管理、法令遵守義務の充足

の法律が適用されるのか、法律が何を要求していて、どうすれば最も適切にその要求を充足することができるのか（法律が選択肢を与えている場合や、リソースの限界が優先順位付けを強いているか）を判断しなければなりません。典型的な要件や課題について案内している本ガイドブックの続きを熟読した上で、作業工程表を作成することもできます。

　大企業や国際的なビジネスに携わっている場合には、適用され得るすべての法律や要件を調査および分析するのは、果てしない作業のように感じられるかもしれません。既存のデータベース、利用パターン、移転フローおよび適用され得る法令の点検を終える時までに、おそらく会社はいくつかのシステムを取り換え、ビジネスを買収・分割し、新しい裁判管轄に進出し、データビジネスを始める新たな機会を発見しているかもしれませんし、一方で、新たなデータ保護法が成立しているでしょう。データ保護法やITの急速な変化に鑑みれば、データ保護コンプライアンス・プログラムを段階的に設計・実施していくことが通常は最も効率的です。設計および実施の段階では、まず初めにリスクが高い要件と容易に解決できる課題に集中します。プログラムの設計を改良している間、優先度の高い課題の実行から始めます。会社や同僚や競争相手が既に充足しようとしているかまたは積極的に執行している既知のコンプライアンス要件の工程表を編纂します。高リスク領域でコンプライアンスの間隙を発見したときは、直ちに対策を採ります。その後、工程表に課題を追加し、優先順位付けに移ります。適用され得る法的要件の完全なリストの作成から始めようとした会社は、しばしば途方もない試みであることに気付き、麻痺してしまいます。「完璧」を目指すと「良好」でさえなくなり得るのです。

　作業工程表を作成する際には、次の点に注意してください。

1.4.1　データの一覧表の作成

　初めに、自社の事業がどのような個人データを利用しているかについて検討しましょう。最低限、データの類型（即ち、入力されるデータ領域）や、主な目的（例：HRIS、CRM、電子メール交換サーバー）、サーバーの地理的所在地、並びに、誰がアクセス権を持っているか（例：従業員、担当部門、外部委託先等）を含む、自社の重要なデータベースの基本情報に関する概要を作成すべきです。もし国際的に事業を展開しているのであれば、会社名および支店の名称、住所および従業員数も知っておく必要があります。

　中小企業に勤務している場合には、かかる第一段階としての概要の作成に数時間以上費やすべきではありません。IT部門に行き、データベース用の各種ソフトウェア・インターフェイスを開き、スクリーン・ショットから基本情報をコピーできるでしょう。法務部門は子会社のリストを保有しているはずですし、人事部門は従業員数について把握しているはずです。まず初めにすべきことはこれで十分です。

　会社がEU一般データ保護規則（GDPR）の対象となる場合、データ処理業務に関するより正式かつ詳細な記録を保持しなければなりません。記録には次の事項が含まれます。

- 会社名、EEA内の代表者氏名および該当する場合にはデータ保護責任者の氏名および連絡先情報の詳細
- データ処理の目的
- データおよびデータ主体の類型
- データ処理者（および会社がデータ処理者である場合には顧客）を含む、データを開示する相手方たる受領者の類型
- 越境移転および特定の保護措置
- 消去期限
- 技術的・組織的安全管理措置

　大企業では、しばしば外部アドバイザーの支援（場合によっては主導）を受

けながら、時折データベースおよびデータフローのより精緻な評価および監査を実施します。これは、複雑な多国籍の組織におけるデータ保護法遵守状況の的確な把握にとって有益であり、必要ともいえます。しかしながら、かかる実施には時間も長くかかり、多くのリソースを要し、組織のコンプライアンス状況の改善に直接にはつながらない非常に詳細な報告書が作成されます。既に最初のコンプライアンス段階を済ませており、本格的なデータフローマッピングの実施に耐えられることを確信している場合でない限り、ハイレベルな棚卸しから始めるとよいでしょう。

1.4.2　目標および優先順位の決定

　企業はそれぞれデータ保護コンプライアンスそれ自体または特定の法的要件について異なる目標を持っています。企業の中には、データ保護コンプライアンスを他の法的要件と同様に捉えています。法的に要求されていることのみ（または自社が帰属する事業分野や市場区分において一般的に行われている限度で）行いたいと考えているところもあるようです。一方で、それ以外の企業、特にIT製品やサービスを提供する企業は、データ保護を潜在的な競業他社との差別化要素と捉えており、その結果、顧客が期待または希望することは何でも、おそらく競争に必要なこと以上に、行いたいと考えています。また、データ処理およびコンプライアンスの特定の側面に関する目標は様々です。例えば、ある会社は、ダイレクトマーケティングに重きを置き、費用がいくらかかっても各裁判管轄につき最大限の個人データを収集・利用したいと考えることもあるのに対し、他の会社は、世界中で最も厳しい要件の理解および遵守、並びに、統一化およびコスト削減の利益のための統一的なコンプライアンス手続の実施を喜んで受け入れるでしょう。適切な優先順位付けを確立するために、これらの目標を定め、効率的に伝達することが重要です。

1.4.3　最適なアプローチの発見

　適用要件や目標に関する当初の評価に基づき、自社の組織および状況に適合するアプローチを選択することができます。

1.4.3.1　能動的か受動的か

　通常、問題を回避するために進んで対策を採る方が、訴訟、調査またはネガティブキャンペーン報道に対応するよりも、よりリスクを低減させ、容易かつ安上がりに済みます。同時に、潜在的問題のほんの一部が大問題になり得ます。もしコストの抑制が重要な要素で、プライバシー・コンプライアンスを単なる法的義務の一つとみなすのであれば、リスク便益分析や80：20の法則（パレートの法則）に思い至るかもしれません。潜在的問題のうち比較的小さい割合（おそらくいくつかのケースでは20％）が、悪影響の大部分（おそらくいくつかのケースでは80％ですが、具体的な数字に有意性はありません）に寄与しています。逆に、会社は、すべての問題に対処するために、おそらく予算の20％で、問題の80％に対処することができます。残り20％の問題に対処するためには、最も深刻ではないかもしれないにもかかわらず、会社は予算全体の80％を費やさなければならないということになります。かかる分析に基づき、会社は、まず手始めに、重大な問題に最もつながりそうなものや最小限の努力とリソースで解決できそうな問題を特定して、その問題から取り組むべきです。

　中には、他の問題（例：暗号化技術のための予算不足や異なるアクセス制御の設定ができない陳腐化したシステムの交換）に比べて、より容易かつ安上がりに解決できる問題（例：ウェブサイトの古いプライバシーポリシー）もあります。予算が限られている会社は、容易に解決できる問題から始めるとよいかもしれません。ほとんどの会社は、主たる競争相手が何をしているのかにつき、彼らのウェブサイトのプライバシーポリシーやデータ処理に関する通知を確認することによって、素早く評価し、特定のステップが法的に要求されているか否かを判断した上で、同様の措置を講じることができます。このアプローチは、完璧なコンプライアンスを保証するものではなく、業界標準を比較的簡単に把握するのに役立つささやかなリソースといえます。

　業界のリーダーやそれを目指している会社の場合、法的要件やビジネスニーズをより総合的に評価しなければなりません。自社に特有の優先順位付けのリストを作成するために、様々な部門の関係者（法務、人事、IT、営業、生産管理、購買等を含みます）から意見を聞き、コンプライアンスの状況に関するより大局的な視点を得るために、法律や業界に関する出版物を購読したり会議に出席

したり、政府機関のガイダンスに従ったり、執行状況や訴訟案件をモニタリングしたりすることができます。

　政府機関のガイダンスに従うという点について、自社の事業活動が政府の行動にどの程度左右をされるのかを判断することが重要です。規制対象事業者（例：銀行や電気通信事業者）は、多くの点で監督機関の裁量に任されているため、法律に基づくか否かにかかわらず、通常、監督機関の見解を真剣に受け止める必要があります。一方、規制業種ではなく、かつ、主として規制業種に対する販売を行わない事業者は、より自由に自らの立場や見解を採ることができます。かかる事業者は、通常、特定の政府機関の見解がどのようなものかだけでなく、当該見解が執行されるのか、またどのように執行されるのかについても尋ねるでしょう。このことは、海外の政府機関の公式ガイダンスの関連性を評価する上で特に重要です。例えば、ヨーロッパのデータ保護監督機関は、長年に亘り、法廷での「事実確認」をもたらす強制措置を採らずに、様々な論点について比較的極端な立場を採ってきました。ビジネスチャンスを逃しても唯々諾々と公式ガイダンスに従ってきた会社は、当該ガイダンスが実務上守られていなかったり、法廷で争われて無効と判断された場合には、後悔するかもしれません。

　会社によっては特定の裁判管轄またはビジネスの一部にとって適切な異なるアプローチを採用する場合があることに留意してください。例えば、ドイツに多くの従業員や敵対的労使協議会を抱えている会社は、ドイツ人従業員のデータプライバシーに関して特に積極的に対処することが賢明に思われますが、一方で、他の裁判管轄では、その点の優先順位が低くなるかもしれません。また、特に機微なIT商品（例：オンライン医療記録の保管）を扱っている会社は、当該商品との関係では、コンプライアンス要件を達成または超越するよう格別に尽力するかもしれませんが、従業員のプライバシーという点では、業界標準に従うだけで十分であると判断するかもしれません。未だ会社に大きな経済的利害関係を有するがゆえにコンプライアンスのコストおよび労力の最小化に比較的強い関心がある創業者グループによって主に経営および運営されている会社にとって、従業員のプライバシー・コンプライアンスに対する懸念は少ないかもしれません。

1.4.4　法的およびその他の要件の特定

データ保護コンプライアンス・プログラムの策定およびアップデート目的で法的要件を特定する際、様々な形でデータ保護に関する多数の法律が世界中にあることに気付くでしょう。コンプライアンス志向の超大企業でさえ、最新性を保つために苦労しています。より小規模の組織は、たとえすべての法律をそれぞれ詳細に亘って確認することができなくても、優先順位付けや主な要件を遵守できるようにするためのシステムを確立する必要があります。

1.4.5　データ保護法とは？

異なる歴史や公共政策の動機にかかわらず、データ保護コンプライアンス・プログラムに関連する法律を分類および特定するのに役立つ共通のテーマがあります。データ保護法は、狭義では、通常、個人データ（即ち、法人の対義語としての個々人に関するデータ）に関するもので、その収集、使用、移転および保有に条件や制約を課しています。これらの法律の主な趣旨は、データ保護コンプライアンス・プログラムの策定や維持にあります。このような法律は多数ありますが、規制対象や裁判管轄で限定することにより、関連する法律の範囲を狭めることができます。

1.4.6　どの法律が適用されるのか？　規制対象の限定

データ保護法の中には、特定の種類の組織にのみ直接適用されるものがあります。

例えば、ヨーロッパのデータ保護法は、通常、国家安全保障機関による場合や、純粋に個人的または家庭内での活動（例えば、友達についてFacebookに投稿すること）における私人によるデータ処理には適用されません。米国の医療関連データ保護法（HIPPA）は、医者、医療保険会社および特定のサービスの提供者などの特定の「対象事業者」や「事業提携者」にのみ適用されます。財務情報や電気通信データに関する法律は、金融機関や電気通信事業者にのみ各々適用されます。迷惑メール防止法は、営利目的の企業に着目し、政治的非営利組織には例外規定を設ける傾向があります。

また、自社の事業が通常は他の団体のためにデータ処理者として活動する、または、できる場合には、自社の法令遵守義務はかなり限定され、データ管理者からの指示に従って不正アクセスからデータを保護することを遥かに超えて拡大されることはないかもしれません。

　ある法律が自社の事業には適用されない場合であっても、自社の取引先や顧客に適用されるときには、自社にも関係があるかもしれません。ただし、大部分の事業について、規制対象が限定されていることに鑑み、かなりの数の法律を検討対象から除外することができます。

1.4.7　どの法律が適用されるのか？　域外適用

　世界には190以上の国があり、各国に複数の異なる裁判管轄が存在する場合があります（例：米国50州）。企業は、通常、主として検討しなければならない裁判管轄について綿密に調査します。

- 国際慣習法の下、各主権国家は、自国の関心に応じていかなる事柄についても法律を制定することができます。各国の国内法が規制できる対象を事実上制限する「世界憲法」や条約はありません。
- 典型的には、各国は、自国で設立または登記され、あるいは、自国の領域内に従業員や施設を配備する企業に対し、自国のデータ保護法を適用します。中には、さらに一歩進んで、当該企業が（各国固有のURL、言語、現地化されたコンテンツ、現地の電話番号等によって示唆される）対象とされるウェブサイトを通じて遠隔地からデータを収集する場合、取引先が当該裁判管轄に所在する場合、あるいは、単に外国企業が当該立法国の居住者のデータを収集することを根拠として、自国のデータ保護法を外国企業にも適用する国もあります。インターネットサービスプロバイダ、多国籍企業および諸外国と多かれ少なかれ直接取引関係を有するその他多くの企業は、より綿密に確認すると、多くの国のデータ保護法が自社のデータ処理行為の一部に適用されることを知るでしょう。しかし、国内を重視する多くの会社（例：地方銀行、病院および建設会社）は、ほとんどの国々の法律を問題外とすることができるでしょう。

- EU法は、EEAを本拠地とする企業が、EEA共同市場のどこでもビジネスをしやすいように、自国のデータ保護法を域外（即ち、自国外に）適用するEU加盟国の能力に一定の制限を付しています。EEAを本拠地とするデータ管理者は、たとえ（インターネット等を経由して）その他のEEA加盟国からデータを収集しているとしても、支店またはその他の実質的な物理的拠点を置いているEEA加盟国の法律のみを遵守すれば足ります。この特権は、EEA外の企業には適用されません。それゆえ、EEA全域に顧客を有する米国を本拠地とする電子商取引企業は、多数の異なる加盟国の法律を遵守する必要があるかもしれません。しかし、もし子会社を設立した場合、例えば、アイルランド（低い法人税率）やルクセンブルグ（低い付加価値税）に設立した場合に、すべてのヨーロッパの顧客に対する唯一の契約当事者およびデータ管理者になるためには、新子会社は、設立された一つの裁判管轄のデータ保護法を遵守することで足ります。EU一般データ保護規則（GDPR）が2018年5月に効力を生じ、EEA内のデータ保護法が更に調和された後は、企業の国内法に対する懸念は減少するかもしれませんが、引き続き違いの一部は存続し、どこに拠点を置くかについて計画することが必要でしょう。米国企業は、合衆国憲法の「通商条項」に基づき、州際通商に対する差別や不当な負担を課す州法から類似の保護を得ることがあります。このような管轄特権は、企業にどの法律が適用されるかを積極的に左右することについて計画する機会を与えてくれます。

　上記の検討を生かして、以前として長過ぎる裁判管轄の候補一覧を作成し終えたら、執行について特に注意を要する国を特定することで、さらに優先順位付けをすることができます。子会社、従業員、重要な資産または重要な顧客を有する国や監督機関が特に活発な国について、このような配慮がより必要になるでしょう。ビジネス上の懸念とは別に、どの場所が特にコンプライアンスが簡単か（例：言葉の壁がない、本拠地と法制度が類似している等）についても考慮すべきでしょう。このような実践的な考慮に基づき、多くの会社は、優先度の高い裁判管轄の扱いやすい候補一覧を作成することができます。

1.4.8　各地域のデータ保護——指標としての概観

国内データ保護法の分析に入る前に、指標として異なる地域の立法の仕方を概観することが役に立つでしょう。

1.4.8.1　ヨーロッパ

ヨーロッパでは、データ保護法は非常に広く定義されており、ほとんどの種類の官民部門のデータ処理行為に適用されます。裁判管轄の中には（オーストリア、イタリアおよびスイスを含みます）、法人に関する情報でさえ「個人データ」と同様に扱っていることもあります。ほとんどのヨーロッパ諸国の基本的前提は、データ主体の有効な同意やその他の法定の例外に該当しない限り、個人データの処理が禁止されているということです。かかる例外は、例えば、データ主体との契約を履行するため、法的義務を遵守するため、データ主体の重大な利益を保護するため、公益に関わる課題を実行するため、または、正当な利益を追求するために、会社が個人データを処理する必要がある場合に、データ主体のプライバシーの利益が当該利益に優先しない限り、認められることがあります。「正当な利益に基づく例外」としても知られる最後の例外は、企業に対し、自社の利益とデータ主体の利益とのバランスを図ることを要求しています。ヨーロッパのデータ保護監督機関は、従来、この例外について、制限的な見解を採用してきましたが、最近では、「正当な利益に基づく例外」をプライバシーの合理的な期待を保護することに重点を置く米国型のデータプライバシー法との収斂および相互運用を促進し得る「最後の砦」の問題というだけでなく、平等な立場を正当化するものとして認識しています。未だに同意および通知の要件は比較的厳しく、欧州経済地域外への個人データの越境移転は制限されており、多くの裁判管轄において、政府機関の通知、データ保護責任者の選任およびその他の正式な手順が必要です。広範かつ包括的な禁止により、企業および監督機関は、過去に解釈上の自由を有していました。また、民事訴訟は比較的一般的ではありません。これは、多くの国々において手ぬるい執行や不確実性をもたらしました。

GDPRが2018年5月に発効した後は、ヨーロッパで物事が変化する可能性

があります。同規則は、1995年以来、EUデータ保護法の最初の重要な改訂であり、企業および個人に対して（国内法化を必要とせずに）直接適用されます。データ保護監督機関は、最高で2000万ユーロまたは全世界年間売上高の4％のいずれか高い方を上限として非常に高額な行政制裁金を課すことができます。企業は、プライバシー影響評価、データの最小化や削除、セキュリティ侵害の報告（72時間以内）等に関するより厳しい要件に直面し得ます。本規則における基本原則は、「禁止（ドイツ語：verboten／英語：forbidden）」のままです。それゆえ、企業は、一般的な禁止の例外を主張できない限り、個人データを処理することはできません。

1.4.8.2　米国

　一方、米国では、原則として、個人データの処理が許容されています。特定のデータ保護監督機関はありませんし、政府機関への届出要件もありません。一般的に適用され得るデータプライバシー法は、データ主体がプライバシーの合理的な期待（社会が合理的と考える現実的な期待を意味します）を有する点についてのみ制約を課すに過ぎません。ほとんどの場合、企業は、データ主体に対し、データ処理業務について通知することで、かかる期待を比較的容易に打ち砕くことができます。1970年代にヨーロッパで広範かつ包括的なデータ保護法が成立した際、米国の立法府は異なるアプローチを採り、深刻な問題が生じている点についてのみ立法することに決めました。その結果、議会は、特定の種類のリスクや濫用に重点を置く法律を成立させました。今や、米国には、連邦レベルおよび50州において、無数の個別具体的なデータプライバシー法があります。かかる法律が適用される場合、規制および違反に対する責任は、特に大したプライバシー法がないと期待して米国市場に参入したヨーロッパ企業にとっては、驚くほど厳しいものとなり得ます。例えば、1971年カリフォルニア州ソン・ビバリー・クレジットカード法（Song-Beverly Credit Card Act）は、クレジットカード取引の処理に必要な場合を除き、小売業者がクレジットカード保有者から連絡先その他の情報を収集することを禁止しています。この禁止は、たとえカード保有者が情報収集に書面で同意していたとしても、無条件に適用され、小売業者は重大な責任を負い、クラスアクション（集団訴

訟）に曝されることになります。ただし、カリフォルニア州法は、現金で支払った顧客からデータを収集することについては特段の規制を設けていません。他にも非常に厳格ではあるものの、狭い範囲を対象として作られた法律の例として、米国議会が裁判官候補者のビデオレンタル履歴の公表に対応して1988年に制定したレンタルビデオに関する情報の開示を禁止する連邦ビデオプライバシー保護法（VPPA）がありますが、これは本やビデオゲームのレンタルには適用されません。健康情報のプライバシーに関する米国連邦法（HIPAA）は、「対象事業者」および「事業提携者」並びに特定の「保護対象健康情報記録」の提供者による健康データの収集および利用を規制するものですが、その他の者には適用されません。その結果、様々なオンラインサービス提供者が、インターネット経由で消費者から極めて機微な健康情報を収集し得るにもかかわらず、本法の規制を免れています。同様に、グラム・リーチ・ブライリー法（GLB）は、金融サービス提供者にしか直接適用されず、ほとんどのFinTech企業には適用されません。米国連邦プライバシー法に加え、企業は、州法も検討しなければならず、例えば、カリフォルニア州では、連邦プライバシー法において認識されている間隙を埋める多数の厳格で詳細なプライバシー法が制定されていることに気付くでしょう。

　それゆえ、企業は予定する活動が米国における分野毎の連邦または州の法律の対象となっているか否かにつき注意深く検討する必要があります。もし対象になっている場合には、ヨーロッパの法律よりも更に厳格な規制や責任に曝されることに気付くでしょう。しかし、予定された活動が（企業の元々の計画や法的状況に照らした意識的な変更に基づき）特定の法律の対象外となり、その結果、企業は適切な通知の掲載および当該通知の遵守を確保するだけで足りる可能性もあります。ヨーロッパにおけるのと同様に、米国の法律に違反すると、政府機関（連邦取引委員会や州司法長官を含みます）から制裁を受ける可能性があります。一方、米国では、クラスアクション（集団訴訟）、懲罰的損害賠償、民事陪審裁判および弁護士の成功報酬制度（成功報酬制度を採用する場合、原告は大きな経済的リスクを負わない一方で、弁護士は弁護士費用および獲得した損害賠償額のかなりの部分を取得できます）の可能性を考えると、民事訴訟が実務上より重要な役割を果たしています。

1.4.8.3　その他

他の国々は、しばしば、多かれ少なかれヨーロッパの法の枠組みを手本として自国の法律を制定しているか（例：アルゼンチン、コロンビア、イスラエル、ロシアおよびウルグアイ）、あるいは、ヨーロッパの法律の要素を取り入れつつ、同意や通知の要件がより異なるかまたは緩和され、かつ、管理義務がより厳しくないハイブリッドなアプローチを指向しています（例：オーストラリア、カナダ、インド、日本およびメキシコ）。

1.4.9　他のどのような法律や要件を考慮する必要があるか？

狭義のデータ保護法に加え、企業は、データ保護コンプライアンスプログラムを選定するために様々なその他の要件を考慮しなければならず、それには次のものが含まれます。

- 裁判管轄によっては企業に直接適用される憲法上のセーフガードに加え、労働法、消費者保護法および不正競争防止法に基づく法律上の義務
- 契約上の義務（例：データセキュリティ基準、侵害通知および引用によるプライバシーポリシーの契約条項への組込み）
- プライバシーポリシーや通知において事前にデータ主体も適用対象とされる誓約
- 顧客ニーズやその他のビジネスニーズ（どのデータをいつまで何の目的で必要か？）

1.4.9.1　適用され得る実質的なコンプライアンス要件の特定

実質的なコンプライアンス要件は、ヨーロッパ型のデータ保護法とその他の地域におけるものとで大きく異なっています。しかし、中には普遍的に適用される要件がいくつかあります。

1.4.9.2　指針、通知および契約の遵守

一つの普遍的な要件は、有言実行、つまり、通知、指針、ウェブサイトのプ

ライバシーポリシーや契約において負担することにした制約を遵守するということです。もし企業がそのデータ処理行為について沈黙を守るのであれば、この要件はさほど重要ではありません。しかし、多くの裁判管轄や業種において、法律上、業界慣行上または技術要件上、企業は、ポリシーや通知を公表するよう迫られています（例：多くのモバイル・アプリ・ストアが開発者にプライバシーポリシーの掲載を要求しています）。例えば、米国では、連邦取引委員会が、早い時期からインターネット企業に対して、不正競争防止法の理論に基づき、ウェブサイトのプライバシーポリシーを公表するよう強く要請し、初期の執行の大部分は、半ば自発的に公表されたプライバシーポリシーにおける誓約の遵守違反に集中していました。企業が自社の通知や指針や声明を遵守しない場合、不正競争防止法や不法行為法（虚偽表示）を含む、様々な法理論に基づき、多くの場合、制裁を科される可能性があります。そこで、企業は、自社のコミュニケーションまたは実務のいずれかを調整することにより、通知、プライバシーポリシー、契約、その他のプライバシー関連のコミュニケーションを正確かつ最新に保つよう注意しなければなりません。

1.4.9.3　データセキュリティ

　企業は、不正アクセスや漏えいから秘密情報を保護し続けるために合理的なセキュリティ対策を維持しなければなりません。セキュリティ要件は、営業秘密に関する法律や秘密保持契約によっても課され、個人データ以外にも適用されますが、営業秘密に関する法律は、秘密が一旦公開されてしまうと適用されません。データ保護法も合理的なセキュリティ対策を要求していますが、公開された個人データにも適用されます。したがって、秘密保持条項における典型的な定義的切り分け（独自開発情報、公開情報、開示強制など）は、データ保護法の文脈では用いられません。企業は、営業秘密に関する法律や契約上の秘密保持義務の遵守とは別に、データ保護法所定の要件の遵守を確認しなければなりません。

　世界中の企業は、数十年に亘り、法律上および契約上、個人データを安全に保管する義務を負っています。従来、ほとんどの法律および契約条項が、単に一般的な合理性の基準を規定するだけで、具体的な保護措置について規定して

いませんでした。ごく最近になって、カリフォルニア州が世界初のデータセキュリティ侵害通知法を 2002 年に制定した後、企業が一斉に情報漏えいを報告するようになり、より多くの裁判管轄でデータセキュリティ侵害通知法が制定され、世界中の立法者が、セキュリティ侵害を防止し、消費者や従業員その他の個人のデータやプライバシーを保護するために、企業がより包括的な措置を採るよう極めて具体的な技術的・組織的措置を規定するようになってきています。

　企業が個人データを収集、保存、使用、移転その他の処理をする範囲は、情報を収集および保有する事業上の必要性や法的義務に左右されます。いかなる事業も何らかの個人データを処理しています。最低でも自社の従業員、顧客および取引先の連絡先情報を取り扱っています。ほとんどの事業において、給与情報、消費者の購入履歴、クレジットカード取引に関する情報、その他の財務・医療情報など、より機微なデータも処理しています。データ保護コンプライアンスプログラムを実施する一環として、裁判管轄毎の特定の法的要件、自社のリスク特性および耐性、並びに、契約上および実務上の必要性を考慮し、データセキュリティに関する自社の事業における特定の要求事項について検討し、自社にとって適切な情報セキュリティプログラムを開発する必要があります。

　成功するデータセキュリティプログラムは、通常、次の要素を含んでいます。

- どこにデータが保存され、安全性が保たれるか、また、どのような目的で、どのくらいの期間必要とされるかについて記録する方法（データ処理行為の記録）
- 構内、ネットワークおよびデバイスの物理的・技術的保護（暗号化、ファイアウォール、厳密認証、パスワード等を含みます）
- 当該組織内における組織的アクセス制御（知る必要がある人に限定）
- 社員教育
- 不要になった（例：廃棄されたデバイスや紙上の）データの安全な消去
- データセキュリティに対する継続的な監視並びに散発的な監査および調査
- 適切な委託先の選定、管理、監督および契約締結

- 個々のデータセキュリティ侵害に対する計画および再発防止のための積極的な変更
- 新しい製品や手続およびデータ利活用事例の実施を含む、データ処理に関する重大な変更をする前の積極的なデータプライバシー影響評価およびセキュリティ・バイ・デザイン

まず初めに、前記のポイントに対応する書面化された指針や書面化されていない手続があるか、コンプライアンス責任者がいるかについて判断すべきです。次に、既存の対策の概要を書面化し、それが（法律上または契約上の）法的要件を充たすか、自社を脅かすリスクに適切に対応しているかについて評価することができます。その次に、外部アドバイザーにより自社のセキュリティプログラムの有効性を検討して、業界の慣行に適合しているかを確認することができます。その点につき、目的や成果物に関して外部アドバイザーと明確な理解や合意に達していることが重要です。企業の中には、無数のスキャンやテストを展開するデータセキュリティコンサルタントを雇っているものの、十分な時に十分であると助言したり、自社のセキュリティ対策の十分性について意見を出したがらないことに、不満を感じることもあるでしょう。

1.4.9.4　追加の実質的なデータ保護遵守要件

ヨーロッパのデータ保護法の下では、企業は、多数の追加の実質的なデータ保護法遵守要件を充足しなければなりません。

- データの処理および保存の最小化
- データの更新、修正または削除によるデータの完全性の維持
- 要請に応じたデータ主体によるアクセスの許可
- 同意またはその他の正当化の追求

これらの要件は、ヨーロッパのほとんどの国々で適用されますが、ヨーロッパ域外では適用されない場合があります。多くの国々は、イノベーション、経済的自由および情報の自由に対する特に厳しい制約を課すことになるため、意

識的にデータ最小化要件を選択していません。

1.4.9.5　適用のある形式的コンプライアンス要件の特定

　通知、政府機関への届出またはその他の書類の作成を必要とするという意味で、多くのデータ保護に関するコンプライアンス要件は「形式的」なものです。このような形式的な遵守義務は、データ処理業務の変更を直接要求するものではありませんが、実質的に遵守していない場合には、皆に自社の不遵守について知らせてしまうだけなので、通常は、適切な通知や政府への届出などができません。そのため、論理的には、実質的な遵守義務を先に果たすべきですが、実際には、形式的な遵守事項は、実質的な遵守要件やギャップを特定するのに役立つため、形式的な遵守事項から取り組み始めるのが最も効率的です。また、ほとんどの企業にとって、形式的な遵守義務を達成することは比較的容易であり、かつ、政府機関の調査官や民事訴訟の原告およびその他の潜在的相手方にとって、形式的要件の不遵守に関する立証はとりわけ容易なことから、当該不遵守に関するリスクは特に高いといえます。「必要な届出をしたか否か」という質問は、例えば、「三年間という記録保持期間は、退職後従業員の記録を保持する期間として適切か」という質問よりも白黒が付けやすい傾向があります。

　本ガイドブックの他に、国ごとに適用され得る要件の詳細について調査することが必要です（本書巻末の「参考文献」に関する章を参照してください）。ただし、方向性を示す目的で、形式的要件には、通常次の事項が含まれていると予測できます。

- データ保護責任者の選任
- データ処理の記録の作成
- データセキュリティ対策の書面化
- 関連会社、委託先およびその他の取引先との適切なデータ移転契約の締結
- データ主体に対する通知の送付またはその同意の取得
- データ保護監督機関に対する通知の送付またはその承認の取得
- 該当する場合、労使協議会、労働組合またはその他の従業員代表者との協議

1.5　作業の遂行

　データ保護法の遵守を達成するための具体的な作業工程表を作成したら、まずは容易に達成できそうなものや重大なリスクを軽減するのに役立ちそうなものから実行すべきです。多くの企業にとって、その実行の過程で自然と現状を把握し、ギャップやその他の問題に最善の対処をし得ることから、データ主体に対する必要な通知の準備から始めることが役立つと考えられます。実務上の重要なポイントは、圧倒されないことです。コンプライアンスの間隙をなくそうとするよりも、縮めていく方が得策です。多くの作業は相互に関連していますが、中には他を害することなく作業を完了させることができるものもあります（例：消費者データの保護に取り組む前または後に、従業員データの保護およびセキュリティに対処することや、他の地域に目を向ける前に優先順位の高い裁判管轄でコンプライアンスに着手すること等）。

第 2 章　データの越境移転──コンプライアンス措置の選択

　他の国から個人データを収集、利用または処理せず、あるいは他の国へ移転していない場合には、本章を飛ばすか、後回しにすることができます。しかし、多くの企業は、他の裁判管轄に従業員、顧客、仕入先またはその他の取引先がいるか、その顧客、仕入先またはその他の取引先が同様の状況であるため、他の国から個人データを収集等していることになります。ラップトップに表示するために当該データを呼び出すことにより、他の国にあるサーバーに保存された個人データにアクセスするだけで、データの越境移転が生じ得ます。データ自体は有体物ではないので、「アクセス」は、多くの場合「使用」または「処理」と同様の感覚を持たないため、経済界の人々は、そのようなデータの越境移転やそれに対応する法令遵守要件をしばしば見過ごしてしまいがちです。国境を越えてデータの受領や移転をする場合、自社の法令遵守、外国取引先の要請、外国法人（例：自社の外国子会社）のコンプライアンスにも責任を負うことのいずれかを理由に、特定のコンプライアンス措置を選択して実施することが必要になるでしょう。次に、本章に記載されている事項を考慮することが必要になるでしょう。実務上、企業は、特にEUのデータ保護法の要求に関してかなり苦心しているようです。それがこの点に一章を充てている理由です。

　一般的に、事業活動は、多数の国々の法律、市場、言語、技術水準、文化およびその他の要素に関する要件を理解および遵守しなければならないため、困難を伴う国際的な活動であると考えられています。同じことがデータ保護法遵守についても当てはまります。国境を跨いで個人データを受領、利用、ホスティングまたは送信することのない企業はほとんどありません。結局、インターネットの分散化されたデータ伝送構造は、電子メール、インターネット、電話またはワールドワイドウェブを使う企業であれば、外国の領域にあるケーブル、衛星、アンテナ、ルーターおよびその他の通信設備を通じて、データを日常的に送受信していることを意味します。このことは、外国に何ら利益や関係も持

たない企業であっても、インターネットプロトコルが純国内通信の場合でも国境を跨いで伝送することから、当てはまります。しかしながら、今日のグローバル経済において、ほとんどの企業が、外国の裁判管轄について追加的な関係を有しています。企業は、自社のホームページを世界中のあらゆる場所からの訪問者に向けて公開したり、外国の顧客に販売したり、低コストの裁判管轄にある取引先から商品やサービスを購入したり、他の国々でホスティングされているオンラインサービスを利用したりしているのです。自社の事業をできる限り国内に留めようと努力している会社であっても、通常は、顧客や取引先が外国法に曝されていることを知り、その結果生じる要件を契約上相手方に負担させようとするでしょう。

　世界中の企業が何らかの形で直面し得る法的要件の一つは、いつでも最も急速に広まる法律構成の一つでもあります。それは個人データの越境移転に対するヨーロッパの規制です。世界中のほとんどの会社が、自社または自社の子会社がこれらの法令の直接適用を受けるか、あるいは直接的または間接的取引先が彼ら自身の法令遵守義務を転嫁することから、多かれ少なかれ影響を受けます。そこで湧いてくる疑問は、どのようにしたらヨーロッパから他の大陸に個人データを適法に移転することができるのか、ということです。

　欧州経済領域（EEA）内の企業は、原則として、十分なレベルのデータ保護が確保されていない限り、EEA外の国々に個人データを送信することが禁止されます。EEA内にある自社の子会社は、従業員、請負業者、顧客およびその他の連絡先に関する個人データの共有を禁止されることから、ヨーロッパ外に本社機能を置く多国籍企業グループが直接その影響を受けます。また、ヨーロッパの取引先は個人データの共有を禁止されるので、ヨーロッパに顧客、仕入先およびその他の取引先があるすべての企業が間接的にその影響を受けます。さらに、ヨーロッパの人々のデータを持つ企業にサービスを提供する企業も間接的に影響を受けます。今日のビジネスにおける緊密な地球規模のつながりに鑑みれば、この問題から完全に切り離されている大企業はほとんどないでしょう。

　オーストラリアやインドを含む他の裁判管轄の中には、自国のデータ保護法制に類似の概念を取り込み、当該管轄内の企業が海外の受領者に同等またはよ

り強力なデータ保護基準を遵守させることを要求するようになってきています。このような法律がある裁判管轄内に本社を置いていない企業は、ヨーロッパの法律の要件に対処した後に、データの越境移転に関するヨーロッパ以外の規制に目を向ける傾向があります。かかる企業は、典型的には、ヨーロッパの法律を遵守するための対策を、ヨーロッパ以外の法律を遵守するためにも転用できることに気付くでしょう。したがって、ヨーロッパの法律がより古くから存在し、より具体的で、かつ、より発展していることから、本章では、ヨーロッパの法律を詳しく検討することにします。

2.1　3つのハードル

　ある裁判管轄から他の管轄にデータを移転するためには、3つのハードルを克服しなければなりません。即ち、(1) 個人データの収集およびその他の現地での処理に対する現地のあらゆる要件を遵守し、(2) 他のデータ管理者への開示を正当化し、あるいは受領する会社が単なるデータ処理者として活動するように契約上拘束し、かつ、(3) 受領する会社に十分なレベルのデータ保護を提供させなければなりません。3つのハードル、そしてこれらのハードルを克服するための要件は、ヨーロッパにおいて、最も明白で発展しています。そのため、多くの企業は、まず初めにヨーロッパの法律の要件に対処します。

　第1のハードル（現地の法令の遵守）は、いかなるデータ収集および処理にも適用される手順を要求するものです。この点、ヨーロッパでは、様々な形式的課題（データ主体に対する通知、政府機関への届出、データ保護責任者の選任およびデータセキュリティ文書の作成など）並びに実質的方策（処理の範囲およびデータ保有期間の最小化、データの完全性およびセキュリティの確保、本人のデータアクセスの提供など）が含まれます。ヨーロッパ企業は、その次にデータを海外に移転するか否かにかかわらず、これらの要件を遵守しなければなりません。ただし、企業は、データ主体やデータ保護監督機関に対する通知の中で越境移転について記載し、かつ、データ保護責任者と越境移転等について協議しなければならないことから、いかなる移転も、現地の法令遵守要件の充足という点で、関連性があります。

第2のハードル（開示規制）は、国際的側面とは独立した移転の正当化を要求しています。ヨーロッパ企業は、通常、データ処理目的での委託先、即ち、データ処理者、例えば、給与計算代行業者を利用することが許されています。ヨーロッパのデータ処理者に対する移転は、ドイツのデータ保護法においても「移転」の定義から除外されています。より一般的には、企業は、通常、ヨーロッパおよびその他の法律に基づき、委託先へのデータ移転を正当化するための特別な努力をする必要はありません。ただし、ヨーロッパ企業は、たとえEEA内であっても、法的に有効な正当化を主張できない限り、他のデータ管理者に対する個人データの開示は原則として禁止されています。

　たとえ会社が完全に現地のデータ保護法を遵守し（第1のハードル）、かつ、EEA外への移転のための特定の要件を充足していたとしても（第3のハードル）、その会社は、他のデータ管理者に対し、個人データの特定の項目を開示することはできません。たとえ非上場の完全子会社が、同じEEA加盟国内の親会社に対し、個人データを移転する場合であっても、当該移転の正当化が必要になります。実際、ドイツ法の下では、同一法人内における他部署間との移転でさえ正当化が必要です。それゆえ、データの越境移転の第2のハードルとして、EEA内の会社は、原則禁止にもかかわらず、なぜ当該移転が許されるのかについて証明しなければなりません。この第2のハードルは、第1および第3のハードルに集中する企業がよく見落としています。

　その他のデータ処理について、企業は、有効な同意の取得や、データ主体との契約の履行や現地法の遵守のためにデータの移転が必要であることを証明することにより、理論的には正当化できます。しかし、データ主体はデータの開示を渋る傾向があり、かつ、移転を正当化する契約上の必要性の存在もしばしば明らかでありません。例えば、雇用主は、契約上および法律上の雇用主としての義務に従い、従業員に給与を支払い、その業績を監督および報奨し、福利厚生を提供し、並びに、税を申告および源泉するために、一定の個人データを収集および処理する必要があります。しかし、雇用主が従業員情報を最終親会社に開示できるかについては、多くの多国籍企業グループで一般的に行われているものの、さらに明らかではありません。この点、多くの多国籍企業が正当な利益を主張し得るかもしれません。特に人事部門を持たない小規模な子会社

は、自社のために給与管理およびその他の人事管理機能を果たす完全親会社への移転に関する正当な利益または契約上の必要性でさえ立証できるかもしれません。しかし、独立の管理機能を有する大規模な子会社にとって、いくつかの機能やデータを現地にも留保し得ることから、親会社への移転を正当化することはより困難です。しばしば、最終親会社の経営陣は、データ処理や意思決定を集約化することにより、世界中の運営を管理し、コスト削減を達成しようとします。しかし、データ保護監督機関、労使協議会および個々の従業員は、かかる目的の正当性を常に認めるわけではありません。実務上、多国籍企業は、例えば、クロスボーダー案件、キャリア管理、従業員ストックオプションの付与および出向（即ち、他国にある関連会社への一時的な転勤）のために、親会社が正当に必要とするいくつかのデータ類型に関する人事上の移転の必要性を示すことに通常成功するでしょう。同様に、企業は、迅速なリコールや保証範囲を支えるために、一定の顧客情報を仕入先や第三者製造業者と共有することが必要な場合もあります。しかし、ヨーロッパ企業が他の管理者への移転を正当化できないデータ類型については、ヨーロッパ企業は、親会社やその他の関連会社を単なるデータ処理者として扱うべきです（例えば、個人データの処理者への移転に関する EU 標準契約条項（Standard Contractual Clauses：SCC））。

　第3のハードル（EEA 外へのデータの移転に関する規制）は、企業が受領者たる国や会社に十分なレベルのデータ保護を提供させることを要求しています。原則として、EEA 内の企業は、EEA 外にデータを送信することを禁止されています。この第3のハードルは、企業がデータの越境移転のために特定のコンプライアンス措置を選択することを要求しています。

　欧州委員会は、多数の国々が十分な保護措置を提供していると判断しています。アンドラ、アルゼンチン、フェロー諸島、ガーンジー、カナダ、マン島、イスラエル、ジャージー島、ニュージーランド、ウルグアイおよびスイスです。EEA 内の企業は、EEA 内のデータ移転と同様に自由なこれらの国々に対するデータの移転を許可されています。即ち、上記の第1および第2のハードルのみが適用され、第3のハードルは、欧州委員会が十分なデータ保護措置を提供していると宣言したこれらの国々には適用されません。

　米国について、欧州委員会は、2016年に独自の限定的かつ条件付きの十分

性認定を下しました。即ち、EU‐米国間プライバシー・シールド・プログラムに参加してプライバシー・シールド原則の遵守を誓約する米国企業についてのみ、十分な保護措置があると認められます。欧州委員会と米国商務省は、両管轄間の非常に異なるプライバシー法の互換性を実現するために、EUデータ保護法に基づきプライバシー・シールド原則を策定しました。ほとんどの米国企業がこのプログラムに参加することができます（米国連邦取引委員会の広範な管轄に属さない企業のみが対象外です）。このプログラムへの参加を希望する企業は、米国商務省に対し、プライバシー・シールド原則の遵守、並びに、自己認証の実施および文書化を行っていることをオンラインで証明することができます。EEAの従業員データに関してEUのデータ保護監督機関と協力することに同意しなければならず、その他のデータに関して、他の紛争解決オプションを設定することができます。商務省は、申請者がオンラインで提出した声明およびプライバシー通知を審査し、かつ、再移転契約に関する情報を要求することもできます。米国企業がプライバシー・シールド原則または自社のプライバシー通知を遵守しなかった場合、強力な権限を有する米国連邦取引委員会が要件を執行することができ、米国商務省は当該企業をプログラムから排除することができ、EUデータ保護監督機関は協力義務を要請することができ、民事訴訟の原告は裁判所に苦情を申し立てることができます。それゆえ、EU‐米国間プライバシー・シールド・プログラムは、EUデータ保護法が適用された後にモデル化された法的要件が適用され、米国の当局、米国の裁判所およびEUのデータ保護監督機関によって米国領域内の米国企業に対して執行することができます。

　EU‐米国間プライバシー・シールド・プログラムは、2000年以来15年間、米国商務省が運用し、連邦取引委員会が執行していた米国セーフ・ハーバー・プログラムに代わるものです。2015年10月6日、EU司法裁判所は、主に米国政府の監視に関する懸念からセーフ・ハーバー・プログラムに関する十分性認定を無効としました。この時既に欧州委員会と米国商務省は、セーフ・ハーバー・プログラムの更新作業を進めており、両者の合意をまとめる際に、この裁判所の判決を考慮しました。

　一見して、プライバシー・シールド原則は、セーフ・ハーバー・プログラム

よりも精巧で厳格です。2000年、EU官報で、セーフ・ハーバー原則は2.5頁、欧州委員会の十分性認定は40頁ありました。2016年、プライバシー・シールド原則は19頁、十分性認定は112頁ありました。かかる増加は、1995年のEUデータ保護指令の19頁から2016年のEU一般データ保護規則の88頁にEUデータ保護法が増加したことに呼応しています。

　より具体的には、プライバシー・シールドの取決めには、プライバシー・シールド原則の毎年の見直しおよび更新、並びに、多数の強化されたまたは新たなプライバシー保護措置、例えば、より詳細な（責任、アクセス権および紛争解決の詳細を要請する）プライバシー通知に関する要件、より堅固な再移転契約およびかかる契約に対する商務省のアクセス、データの最小化、データの保有、独立した無償での本人への返却措置、並びに、違反に関する公表要件などが含まれています。自発的にプログラムを離脱する企業は、それまでに受領したすべての個人データを返却または削除するか、あるいは、当該データにプライバシー・シールド原則を適用し続け、かつ、永久に毎年その遵守について再認定を受けなければなりません。商務省がプライバシー・シールド・プログラムからある会社を削除する場合、その会社はそれまでに収集したデータを削除または返却する必要があります。

　さらに、米国国家情報長官は、プライバシー・シールド原則に付随する取組みにおいて、EUに対し具体的かつ堅固な誓約を提案しました。以前は、米国大統領が既に実質的にNSAの監視を統治しており、米連邦議会が、2013年にエドワード・スノーデンにより明らかにされた大量の監視に関する国内および国際的な懸念への対応として、司法救済法および（悪名高い米国愛国者法を廃止する）米国自由法においてプライバシー保護を強化しました。

　2016年7月に欧州委員会がEU-米国間プライバシー・シールド・プログラムを承認した直後、EUの政治家、活動家およびデータ保護監督機関がこのプログラムを批判し、異議を申し立てる計画を発表しました。しかし、欧州委員会の2016年の十分性認定が無効とされまたは取り消されない限り、EEA内の企業は、EU-米国間プライバシー・シールド・プログラムに参加している米国企業に対し、当該企業がEEA内または欧州委員会が一般的に十分性を認定した国の一つに所在するかのように、個人データを移転することが認められて

います。EEA内の企業は、EU-米国間プライバシー・シールド・プログラムに参加している企業に対する個人データの移転を正当化するための第3のハードルを克服する必要はありません。

ただし、第3のハードルは、EU-米国間プライバシー・シールド・プログラムへの参加を選択しなかった米国企業や、EEAの一部ではなく、また、欧州委員会が一般的に十分性認定をしていない150を超えるその他の国々のいずれかに所在する企業に対するデータの越境移転については、適用されません。この点に関し、EEA内の企業は、以下の事項を含む、依拠し得る例外に関する多数の異なる選択肢を持っています。

- データ主体からの明確な同意
- データ主体との契約の履行の必要性またはデータ主体の利益のため
- 公共の利益に関する重大な理由
- 法的権利の成立、行使または保護
- データ主体または第三者の重大な利益
- 欧州委員会が公表した標準契約条項（SCC）
- 拘束的企業準則（BCR）
- EUの一般データ保護規則に基づき承認された行動規範（Code of Conduct）

2.2 第3のハードル——越境移転の禁止を克服するための選択肢

EEA内の企業は、EUデータ保護法の下で個人データを構成するものが広範に定義されていることに鑑み、EEA外の企業と個人データを定期的に共有する必要があります。例えば、ブラジルの販売代理店に車を販売したり、中国に駐在事務所を開設したり、日本からコンピューターを注文したりする時には、最低限、企業は、販売および購買担当者の氏名と業務上の連絡先情報を共有することが必要です。これは既に3つのハードルをすべて克服しなければならないEUデータ保護法に基づく個人データの越境移転を構成しています。しかし、

今日の相互に関連し合うグローバル経済における取引、親子会社関係およびサプライチェーンの取決めに関して、ほとんどの企業は、もっと多くの個人データを共有する必要があります。データの越境移転の禁止（第3のハードル）を克服するために、企業は、異なる要件が適用される多数の選択肢の中から選択しなければならず、かつ、そうすることができます。

2.2.1　データ主体の同意

2.2.1.1　有効な同意の取得

　企業は、データ主体、即ちデータが関係する人物から有効な同意を取得することで、データの越境移転およびその他のデータ処理に関する制限を克服することができます。

　有効な同意は、3つのハードルをそれぞれ克服するのに役立ちます。ただし、同意は、自由意思により、個別具体的に、十分な情報を与えられて、書面でなされた場合に限り有効です。データ主体は、いつでも自由にその同意を撤回することができます。

2.2.1.2　契約上または法律上の必要性

　同意を求める代わりに、企業は、データ主体との契約を締結することができます。時折、企業は、法律上の義務に関連して、データ移転を正当化することができます。ヨーロッパの法律は、EEA外への移転を明示的に要求することはほとんどありませんが、例えば、国境を跨ぐ従業員の出向に関する福利厚生制度について、EEA内外の雇用主が相互にまたは各管轄の監督機関と個人データの共有が必要になることもあり得ます。企業が契約上の義務を果たすためにデータの越境移転が必要になる契約上の必要性に基づく移転はより関連性があります。例えば、旅行予約には外国航空会社やホテルと個人データを共有する必要があり、海外製品の輸送には運送業者や税関職員と個人データを共有する必要があります。しかし、ヨーロッパの法律の下では、移転を正当化するためには、契約は真のデータ主体との間で締結されるかまたはデータ主体の利益のためになされる必要があります。

2.2.2　標準契約条項（SCC）に基づくデータ移転契約

　EEA 内の企業が、EEA 外の企業と、欧州委員会の承認した所定の標準契約条項を EEA 外の企業が遵守することについて合意する場合、「十分な保護措置」の推定が働きます。その結果、EEA 加盟国は、原則として EEA 外へのデータ移転を禁止することはできません。ただし、データ保護監督機関は、署名済み契約書の写しの提出を求め、当該契約書に含まれる公式文言からの逸脱や必要な付属書類における当該会社特有の詳細について審査することができます。

　欧州委員会は、データ管理者間の移転について、標準契約条項の 2001 年版と、産業界からの標準の改定の提案に応じて 2004 年版を公表しましたが、2004 年版は 2001 年版に優先するものではなく、両者はいずれも使用できます。これら 2 つの標準契約条項は、実質的には非常に似通っていて、両当事者が EU データ保護法を遵守すること、並びに、データ主体が居住する地域の法律に基づき、当該地域の裁判所において、データ主体が第三者受益者として、いずれの当事者に対しても、すべての契約上の義務の履行を求めることができるよう要求しています。

　欧州委員会は、データ管理者からデータ処理者への個人データの移転についても標準契約条項を公表しており、EEA 加盟国を拘束するものです。この管理者・処理者間データ移転用標準契約条項は、ほとんどの義務をヨーロッパのデータ輸出者に課しています。EEA 外のデータ処理者は、データセキュリティに責任を負っており、ヨーロッパのデータ保護監督機関の「助言を遵守」しなければなりません。データ処理者が再委託先（再処理者）にデータを移転したい場合、当該処理者は、データ管理者から書面による承諾を得なければなりません。データ管理者が所在する管轄の法律にも準拠する、同一の条項で、再委託先とのデータ移転契約を締結しなければならず、あらゆる再委託先（データ管理者または他の再委託先によって選任された者を含む）のあらゆる作為・不作為について、データ管理者やデータ主体に対し、無限責任を負い、かつ、データ処理再委託契約書の一覧表を保持し、当該一覧表と各契約書の写しをデータ主体、データ管理者およびデータ管理者のデータ保護監督機関に対して開示し

なければなりません。データ主体は、当事者の双方または一方に対して、現地の裁判所において、現地の法律に基づき、訴えを提起することができます。

実務上、処理者に移転するための標準契約条項を採用することの最も重大な障害の一つは、同条項が、データ処理者に対し、ヨーロッパのデータにアクセスするすべての再委託先から同条項への署名を取得することを要求していることです。これは、インターネットサービスプロバイダ（基本的にインターネットに接続するすべての企業と契約する必要があります）や決済サービスプロバイダ（すべての銀行、クレジットカード会社、決済機関およびその他のサービスプロバイダと契約する必要があります）などの再委託先に大きく依存しなければならない業界ではほぼ不可能です。しかし、2015年10月にEU司法裁判所が米国を本拠地とするデータ処理サービス企業のセーフ・ハーバーという選択肢を無効とした後で、かつ、2016年7月にEU-米国間プライバシー・シールドが承認される前に、米国およびその他の国々の多数の米国企業およびその委託先が、処理者へのデータ移転のための標準契約条項を受け入れ始めました。その結果、これらの条項は多少なりとも国際的な基準となっています。

十分性認定の恩恵を保持するため、企業は、直接的または間接的に標準契約条項またはデータ主体のデータ保護に関する権利と矛盾するような方法で標準契約条項を修正することはできません。ただし、標準契約条項に明示的に記載されているように、欧州委員会の拘束力のある十分性認定に関係なく、別途合意書を締結し、標準契約条項を補足することはできます（例えば、補償の合意など）。

標準契約条項を修正または独自の合意書を一から作成した企業は、欧州委員会の十分性認定に依拠することはできません。かかる修正または独自の合意書は、データ保護やビジネス的観点からは優れているかもしれませんが、各EEA加盟国による全面的な審査の対象となり、現地の当局への通知や承認の取得（時間もコストもかかり、管理も困難です）等の様々な要件の適用を引き起こしかねません。多数の顧客やEEA加盟国に対して自動化されたサービスやプラットフォームアクセスを販売するデータ処理者が、多数の異なるセキュリティ基準やデータ移転契約に対処することは、特に、これらの契約が、データ処理者に対し、すべての要件を一字一句あらゆる委託先に充足させることを要

求している場合には、期待できません。それゆえ、自動化されたデータ処理サービス（例：クラウド・コンピューティング）の提供者は、各EEA加盟国のデータ保護監督機関が公表している合意書のひな型や、外部法律顧問、業界団体または顧客が提案する「自家製」の合意書よりも、標準契約条項を好む場合があります。

　欧州委員会は、2015年のセーフ・ハーバー・プログラムに関するEU司法裁判所の判決に照らして、標準契約条項と各国の十分性に関する決定について再検討する計画を発表しました。なぜなら、政府機関による監視および米国におけるプライバシーに対するその他の脅威について裁判所が提起した懸念は、他の管轄および他の選択肢の下でのデータ移転についても同様に当てはまるからです。したがって、企業は、標準契約条項の変更についても準備し、かつ、新しい標準契約条項またはその他の対策が要求されるようになった場合には取引先と契約を修正することについて合意しておくべきです。

2.2.3　拘束的企業準則

　グループ企業内のデータ移転のために、多国籍企業は、拘束的企業準則（例えば、グループ企業全体におけるヨーロッパのデータ保護法の遵守を反映および保障する規範や規程）を提出することもできます。拘束的企業準則は、顧客、仕入先、販売代理店、委託先、民事訴訟当事者、政府機関等の関連会社以外に対するデータ移転を正当化することはできません。各国のデータ保護監督機関の29条作業部会は、企業が管理者や処理者への個人データの移転のための拘束的企業準則においてどのような項目について規定しなければならないかに関するガイダンスを公表しています。しかし、欧州委員会は、標準契約条項のような事前承認された雛型は公表していません。

2.2.4　EU－米国間プライバシー・シールド

　特にEEAから米国へのデータ移転については、別の独自の選択肢が企業に認められています。米国企業は、EU－米国間プライバシー・シールド・プログラムに参加することにより、EEA内の企業が第3のハードルを克服する必要性を排除することができます。米国企業がこのプログラムに参加すると、以

後、EUデータ保護法に基づくデータの越境移転に関して、EEA内を拠点とするものとみなされます。

2.3 コンプライアンス措置の比較

　企業は、データの越境移転について、第3のハードルを克服する方法を決定する際、以下の点を含む様々な長所および短所について検討することが必要です。

2.3.1 実質的な遵守義務

　プライバシー・シールド原則、処理者への移転のための標準契約条項および管理者への移転のための標準契約条項は、12年に亘る年月をかけて、米国商務省および国際商業会議所（ICC）を含む、異なる機関からの意見を基に作成されました。各コンプライアンス達成手段には、米国企業にEUデータ保護法の基本原則を遵守させるための実質的な条件が含まれていますが、各文書は、ビジネス上の関心と全体的な状況に応じて企業に異なる影響を与える異なる言い回しとニュアンスを用いています。例えば、プライバシー・シールド原則は、再移転に対するオプトアウト権、紛争解決手続およびデータ保持に関して具体的に規定しています。標準契約条項は、これらの事項についてより一般的な規定を含んでいますが、これらの規定は、より具体的にアップデートされることが期待されています。拘束的企業準則において企業が遵守しなければならない実質的な遵守義務の詳細は、当該企業が承認を得るために当局と交渉する際に何を達成できたかに拠ります。行動規範のような新たな解決策において、実質的な要件の詳細は、承認の過程における民間部門からの提案とデータ保護監督機関の見解に拠ります。企業が同意または契約上の必要性に依拠する場合、契約やプライバシー通知書でデータ主体に提示する条件において、実質的な遵守義務を定義しますが、かかる条件の充足性は、各国の規則に応じて、当局による審査および承認の対象になる場合があります。

2.3.2　柔軟性および調整可能性

　企業がデータ主体から同意や契約上の合意を取得できる場合、企業は同意や契約の範囲を特定の状況に合わせて調整し、標準契約条項、拘束的企業準則、EU－米国間プライバシー・シールド、行動規範または認証制度といったより規制の厳しい枠組みの採用を回避することができます。

　しかし、同意は、自由意思により、個別具体的に、十分な情報を与えられて、明確になされた場合に限り有効です。EEA 外への越境移転については、同意はさらに明示的になされる必要があります。これらの要件を充たすことは、常に現実的であるとは限りません。事業の種類によっては、データ主体との直接的な関係がないことから、同意を取得するためにデータ主体に直接アプローチすることができない場合もあります。例えば、クラウド、SaaS、アウトソーシングサービスの提供者や、EU 居住者の個人データを含む可能性のある情報を他人が提供する場合にデータやウェブサイトをホスティングする企業などです。また、企業は、「自発性」の要件を充たすことが困難な場合もあります。例えば、ほとんどの EEA 加盟国のデータ保護監督機関は、雇用関係における典型的な力の不均衡に鑑み、従業員の同意を強要されたものであるがゆえに自発的ではないとみなしています。さらに、GDPR の前文では、データ主体と管理者との間に「明確な不均衡」が存在する場合、同意は有効な法的根拠とはならないと規定していますが、「明確な不均衡」の例示はしていません。データ保護監督機関が伝統的に自発性の要件に基づき同意の有効性を疑う理由を見い出した雇用関係については適用があると解釈されますが、消費者契約やその他の場合にも拡大される可能性があります。そのような場合、同意は信頼性の低い解決策になる可能性があります。ほとんどの企業は、テクノロジー、事業慣行および目的が絶えず変化し、同意の方式を頻繁に更新するよう強制されるため、十分な具体性を持って同意を取得および維持することは難しいと感じています。もう一つの重要な考慮事項は、データ主体がいつでも自発的な同意であっても撤回することができることです。それゆえ、実務上、企業は、しばしば、データの越境移転を正当化するために、少なくとも唯一のコンプライアンス措置としては、同意に依拠することができないか、依拠することを望まない

のです。

　同様に、データ主体との契約上の義務は、データ移転を正当化するのに常に適しているとは限りません。企業の中には、データ主体の同意に関して、一定の移転の必要性を創出するための追加的な契約上の義務を作り出すことによって、自らの立場を補強することができます。例えば、会社が、データ主体にサービスや情報を提供したり、物品を配送したりするために、他の裁判管轄で一定の第三者に委託することにつき、契約上データ主体と合意する場合、その会社は、当該契約を履行するために必要であるとして、当該第三者へのデータ移転を正当化することができます。裁判管轄の中には、オンライン契約の成立について、データ保護法の下で同意に適用される要件よりも、より緩やかな要件を適用する場合がありますが、多くのヨーロッパの裁判管轄において、一般的に、交渉の余地のない標準約款の条項の公平性を審査する権限を裁判所に与えています。

2.3.3　地理的および事物的範囲

　企業は、あらゆる地域に関して、同意やデータ主体との契約を利用することができるので、これらの手段は、地域を問わず、統一的なアプローチを貫くのに適しています。一方、同意や契約上の約束は、しばしば、特定の状況においては選択肢になり得ないことから、統一的に特定の事柄に対処することは、より困難です。例えば、人事関係（契約の自由が制限されており、同意は強制されたものとみなされる場合）、データ主体との直接的な接触を欠く場合、あるいは、データ主体に同意の付与や契約の締結を要請しないビジネスの場合などです。企業は、EEAデータの他国への移転を合法化する標準契約条項を反映したデータ移転契約やデータ処理契約を利用することもできます。企業の中には、すべての地域や事柄に関する一つの包括的なルールを定めるのとは対照的に、特定の状況のために特定の契約を準備し、かつ、多数の限定的な移転契約を作成することを要するデータ移転契約の付属書類に含めることが必要なデータ処理実務や目的に関する詳細さの程度について懸念しています。しかし、その他の企業は、GDPRおよび一部の国のデータ保護法に基づき、データ処理に関する記録を準備する必要があるという事実に鑑み、許容されるデータ移転契約の

詳細な付属書類を作成するためにさらなる努力をしています。

　拘束的企業準則、行動規範および認証制度は、理論的に、一つの包括的なルールを提供し、あらゆる裁判管轄およびデータの種類をカバーすることができます。しかし、拘束的企業準則は、グループ企業内（即ち、関連会社間）の個人データの移転のみを対象としており、非グループ会社については、（異なる拘束的企業準則を採用している複数の法人を有する事業に関して、企業に、禁止的な管理責任を課すことになる）他社のカスタマイズされた拘束的企業準則を遵守することにつき契約上合意しない限り、仕入先、顧客、代理店などの取引先との間の個人データの移転をカバーすることはできません。また、企業は、理論的に、EEAデータに関して要求される誓約が、他の地域や国からのデータに対して適切または扱いやすいものではない可能性があるため、真にグローバルな拘束的企業準則の実施を嫌うかもしれません。EU–米国間プライバシー・シールドの枠組みは、グループ内の第三者に対するいかなる性質のデータの移転にも使用することができますが、EEAから米国への（または米国経由での第三国への）データ移転にのみ対応しています。EEAから直接米国以外の国への移転には対応していません。

2.3.4　実施手続とタイミング

　同意書や契約上の合意をオンラインのクリックスルーにより、準備・実施することは比較的容易ですが、オフラインで交渉やデータ主体の懸念や抵抗に対処するには、多大な時間と労力を要します。標準契約条項に基づくデータ移転契約の実施については、契約内容がほとんど事前に決まっており、主要なヨーロッパの言語の翻訳はすべて（欧州委員会の厚意により）準備されていることから、グループ企業内における場合、通常、多くの時間を要しません。しかし、多数の子会社を有する企業や特にダイナミックな企業構造（買収や分割を盛んに行う場合を考えてください）を有する企業は、特に現地事業が契約の実施に消極的である場合、データ移転契約の実施をより重大な負担と見ています。さらに、グループ会社ではない取引先から書類に署名を取得することは困難な場合があります（ただし、より洗練された企業は、必要に応じ、「公式の」標準契約条項の書式や文言を受け入れています）。

最も重大な管理上の負担は、拘束的企業準則（BCR）の実施に付随するものです。企業は、かかる準則の内容を「一から」決定しなければなりません。当局のガイダンスは存在するものの、公式の雛型もありませんし、公開されている先例もすべての企業に適合するわけではありません。さらに、企業はデータ保護監督機関の承認を得る必要があり、21のEEA加盟国のみが相互認証手続に合意しています。2018年5月25日にGDPRが施行された後は、EEA全体で認証が適用されることになるので、BCRを実施しようとする企業が増えれば、徐々に認証手続は負担も時間もかからなくなるでしょう。

　対照的に、EU-米国間プライバシー・シールドの枠組みは比較的簡単であり（オンライン申請のみ）、ほとんどのEEA加盟国は、セーフ・ハーバーの参加者へのデータ移転に関して、同様に「十分性」認定に基づくものとして、EU-米国間プライバシー・シールド・プログラムにも拡大し、企業に事前承認の取得を要求していません。米国企業は、米国商務省からのあらゆる質問に答え、米国連邦取引委員会による執行活動に備えるために、必要な自己認証の実施や関連するデューデリジェンスの書類を準備しなければならないため、EU-米国間プライバシー・シールドの枠組みに参加する前に十分な時間を取りたいと考えています。かかる自己認証は、コンプライアンスのいかなる選択肢との関係でも、実施および文書化されるべきであり、現に標準契約条項はデューデリジェンスの取組みも要求しています。企業は、コンプライアンスおよび自己認証に関する宣言への執行役員の署名を要求する原動力と影響、第三者評価機関または紛争解決手続提供者による検証手続の可能性、並びに、プライバシー通知および再移転契約の形式および内容に関する米国商務省および連邦取引委員会からの厳格な審査について考慮する必要があります。

　承認された行動規範や認証機関のプログラムを通じて、新たに導入された適切な保護措置を講ずる可能性を企業がどのくらい速やかに活用できるかについては、未だ明らかではありません。GDPRによれば、データ保護監督機関と欧州委員会が、かかる仕組みを承認しなければなりません。

2.3.5　進行管理

　EU-米国間プライバシー・シールド・プログラムでは、毎年再認証が必要

です。GDPR 第 42 条に基づく認証制度は、最大 3 年間に制限され、更新も可能です。その他のコンプライアンス措置は、変更があった場合には一定の手当て（例えば、追加の同意、契約の更新または BCR の改訂など）が必要ですが、変更がない場合には、毎年または定期的な手当ては必要ありません。承認された行動規範は、個々のルールに応じて、継続的な管理を必要とする場合もあれば、必要としない場合もあります。

2.3.6 再移転

利用可能なコンプライアンスの各選択肢について、企業は、外部委託先、取引先、政府機関（例：調査、訴訟または報告義務の場合）およびその他の EEA 外の関連会社（例：北米、南米またはアジアの子会社）などの再移転先との EEA 内から取得した個人データの共有に対する異なる規制および条件を容認することになります。

2.3.6.1 同意に基づく再移転

米国企業が有効な同意または契約上の義務を履行する必要性に基づいて EEA データを受領する場合、米国のデータ輸入者として同意に関与するかまたは別途 EEA 内のデータ輸出者と契約上合意する場合を除き、米国のデータ輸入者は特定の義務を負いません。契約上の義務がない場合、米国のデータ輸入者は、EU のデータ保護法に基づく直接的な規制に直面することはありません。もちろん、特に従業員のデータ移転の場面では、米国のデータ輸入者は、EEA 内の子会社であるデータ輸出者の法令遵守義務の影響を間接的に受けることになります。ヨーロッパのデータ輸出者は、必要に応じてデータ主体に対する通知がなされない限り、再移転を許可してはならず、移転は、同意または契約上の義務を履行する必要性の範囲内に限られます。

2.3.6.2 標準契約条項に基づく再移転

標準契約条項に同意する米国企業は、再移転先の受領者に、自己の義務をそのまま負担させることが必要です。これは、グループ企業内であれば達成するのはかなり容易ですが、グループ外の再移転先たる受領者の類型によっては、

かなり困難または不可能です。例えば、訴訟における公判前証拠開示手続（ディスカバリー）に関する場合、調査に関して外国政府がEEAデータへのアクセスを要求する場合、外国監督機関や法執行機関がアクセスを強制しようとする場合、あるいは、その他EUデータ保護法に従う必要のないまたは従いたくない取引先に対処する場合などです。しかし、多くの国際的に活動する企業は、EUデータ保護法の仕組みに精通しているため、標準契約条項を反映した再移転契約への署名を取得することはより容易になってきているようです。管理者への移転のための標準契約条項において、EEA外のデータ輸入者は、（データの再移転に関してのみ管理者に対する義務を負い）明示的にはデータ処理者への再移転に関する特定の仕組みを実施する義務を負っていません。しかし、様々な実務上の理由から、EEA外のデータ輸入者は、処理者用の標準契約条項と同様の再移転契約に署名しなければなりません。第一に、データの再受領者は、契約上、管理者に代わり、管理者の利益のために、かつ、管理者の指示に従って行動する義務を負う場合でない限り、単なるデータ処理者となる資格はありません。第二に、データ輸入者は、管理者用の標準契約条項に基づき、その代理人のあらゆる作為不作為について全責任を負うものとされるので、契約上、再受領者に対し、法令遵守義務を転嫁し、かつ、商取引上のリスクを配分しなければなりません。

2.3.6.3　EU–米国間プライバシー・シールドに基づく再移転

米国企業が、EU–米国間プライバシー・シールドに登録する場合、当該米国企業は、データを他のデータ管理者に移転する前に、データ主体に対する通知および選択の提供を確保する主たる義務を負っています。データ主体に「選択権」を提供するため、米国企業は、個人データの特別のカテゴリ（即ち、健康、人種、民族、政治的意見、宗教的・哲学的信条、労働組合員資格または性的指向に関するデータ）に関する積極的な同意を取得しなければなりません。その他のデータについては、オプト・アウトの機会があれば足ります。グループ企業内の移転に関する例外は存在しないため、企業は、グループ企業内のデータ処理契約を締結しない限り、グループ会社へのデータ移転に関する「選択権」を提供しなければなりません。

2.3.6.4　拘束的企業準則（BCR）に基づく再移転

多国籍企業がBCRを実施する場合、EEA外を拠点とするすべての法人がBCRに従い、グループ企業内のすべてのデータの直接的移転および再移転に適用され得ることになります。ただし、BCRは、グループ外のデータ移転には適用されません。それゆえ、BCRを選択した企業グループは、グループ外への直接的移転または再移転について、他のコンプライアンス措置を実施することが必要です。ある企業グループがBCRを採用している場合、再移転先も同じBCRを採用するかまたは特定のデータ移転に関してそれらを承諾する必要があるものの、そのような要件は、仕入先やその他のグループ会社ではない第三者にとって、他の企業のためにカスタマイズされたルールを検討、理解および採用することになるため、躊躇われることから、実務上は充足することがとても困難です。

2.3.6.5　承認された行動規範または承認された認証制度に基づく再移転

承認された行動規範または承認された認証制度は、データ主体の権利に関する措置を含む、適切な保護措置を適用するために、第三国における管理者または処理者の拘束力のある執行可能な規約を要求します。

2.3.7　外国の法令および管轄への準拠

同意や契約上の合意の方法は、準拠法や管轄に関して特別の制約に服しません（ただし、消費者や労働者に関するもの等、一般的な公共の利益に基づく制約は適用されます）。一方、標準契約条項は、データ受領者に対し、ヨーロッパの会社がデータの移転元であり、かつ、データ主体が第三者受益者として現地の裁判所でデータ移転契約を執行する権利を有するEEA加盟国のデータ保護法および裁判管轄に服することを要求しています。拘束的企業準則に関し、当該準則を実施する各EEA加盟国のデータ保護監督機関は、承認手続について同様の保護を要求することがあります。代替的または追加的に、データ主体は、米国の裁判所において、標準契約条項や拘束的企業準則の執行を試みることがで

きるでしょう。

　EU‐米国間プライバシー・シールドの枠組みは、主に米国法の創造物です。執行は主に米国で発生する可能性が高いです。米国商務省は、提出物を審査し、課題を処理し、登録した組織に情報を要求する可能性があります。また、連邦取引委員会は、プライバシー・シールド違反の第一次的執行機関であり、少なくとも原則として、連邦取引委員会、州司法長官および民事訴訟の原告は、コンプライアンス措置に関する不正競争、虚偽表示および契約違反について提訴することができます。米国およびEEAの裁判所は、民事訴訟の伝統的な規則に基づき管轄を決定する可能性があります。また、人事データに関し、米国企業は、EU‐米国間プライバシー・シールド・プログラムにおいて、EEAデータ保護監督機関と協力して、提出する必要があります。

2.3.8　執行リスク

　標準契約条項および拘束的企業準則に関する執行措置については、これまで公表されていません。EEAから他国へのデータ移転に関わる比較的少ない執行事例では、EUデータ保護監督機関は、これまでのところ、データ輸出者、即ち、現地のデータ保護法の遵守を完全に義務付けられた現地法人に対して執行する傾向があります。同時に、標準契約条項自体の有効性は、現在、審査対象になっており、欧州委員会によって積極的に変更されるか、または、裁判所がセーフ・ハーバーに関する欧州委員会の決定を無効にしたように、EU司法裁判所によって無効とされる可能性があります。

　一方、米国セーフ・ハーバー・プログラムに関し、連邦取引委員会は、2ダース以上の執行措置を提起しており、同プログラムに参加した企業も、ヨーロッパにおける当該プログラム自体が執行の対象となっています。米国商務省と連邦取引委員会は、米国において、セーフ・ハーバー・プログラムよりも、さらに厳格にプライバシー・シールドを実施することを約束しており、ヨーロッパにおいて、当該プログラム自体に対する執行が予想されています。そのため、セーフ・ハーバー・プログラムの経験に基づき、米国企業の中には、プライバシー・シールドに参加した場合に、他のコンプライアンス措置を選択する場合よりも、執行の対象となるリスクがより高まる可能性を懸念しています。

2.3.9　広報活動と事業上の利点

　米国セーフ・ハーバー・プログラムが開始された当初、米国企業は、消費者向けウェブサイトで、同プログラムへの登録を宣伝し、プライバシー遵守に関するホワイトペーパーで登録状況を宣言し、EU所在の従業員とのやり取りの中で同プログラムを賞賛し、見積依頼に対する応答で「チェック・ボックス」の利用による便益を享受していました。その後、米国セーフ・ハーバー・プログラムがヨーロッパで批判されるようになったため、米国企業は、かかる認証についてあまり宣伝しなくなりました。他社のためにデータをホスティングまたは処理する事業（例：外部委託サービスやSaaSなど）を行っている米国企業は、セーフ・ハーバー・プログラムに登録すると予想されていましたが、同様にEU－米国間プライバシー・シールド・プログラムについても登録すると予想されていますが、顧客は、当該登録につき、特別な努力や恩恵を受けることはまずありません（ただし、それを付与されたものと捉えられます）。米国を本拠地とするクラウドまたはデータ処理サービス事業者は、プライバシー・シールド原則およびEUデータ保護法が、通常、実質的な遵守の面で、自社のサービス契約で別途要求される事項よりも多くの実質的な要求をしていないことから、その参加についてあまり心配していないでしょう。米国を本拠地とするデータ処理サービス事業者もまた標準契約条項に基づくデータ処理契約に同意すると予想されています。EU－米国間プライバシー・シールドに参加するよう顧客から圧力を受けておらず、自社のコンプライアンスの取組みを公衆の目に晒したくない企業は、プライバシー・シールドに参加しないことを決定し、データ移転契約およびデータ処理契約のみ実施するでしょう。

2.3.10　安定性

　EU－米国間プライバシー・シールドは、欧州委員会と米国商務省によって毎年再検討され、再交渉の可能性もあります。標準契約条項も再検討中であり、裁判所で争われています。拘束的企業準則の要件は常に進化しています。行動規範および認証制度の要件も未だ発展途上にあります。データ主体はいつでも任意のデータ処理に対する同意を取り消すことができます。今のところどの選

択肢もあまり安定性がありません。

2.3.11　国際的相互運用およびEEA外データ

　米国に本拠を置く多国籍企業の多くは、EEAからの個人データやコンプライアンス要件に対応するだけではありません。次々と他の裁判管轄でもデータ保護法が制定または更新され、追加的または異なる要件が導入されています。EU–米国間プライバシー・シールド・プログラムに登録する会社は、同プログラムがEEAからのデータのみに適用され、米国企業にのみ適用されるため、他の裁判管轄からの個人データや要件に関して、当該登録による恩恵を享受しません。しかし、プライバシー・シールド・プログラムに参加する企業は、自己認証書類やプライバシー通知を活用することができるでしょう。同意、データ移転・処理契約、および拘束的企業準則は、他の多くの裁判管轄でも活用でき、標準契約条項をベースにしたデータ移転契約やデータ処理契約の改訂版も国際的に有用です。

2.3.12　様式

　EU–米国間プライバシー・シールドは、最初の認証および毎年の再認証に関して、会社の役員による正式のコンプライアンス宣言を必要とします。参加企業は、同プログラムから撤退した後も、商務省が管理する公開ウェブサイトに掲載されます。

　標準契約条項および改訂版に基づく契約の締結には、権限を付与された会社代表者の署名も必要ですが、これらは執行役員である必要はありません。多くの多国籍企業は、会社の住所が変更された時など、日常的な契約修正版の締結を容易にするために、包括的な委任状を利用します。企業は自社の契約を公開する必要はありません。

　拘束的企業準則、行動規範および認証制度に関する署名、宣言およびその他の様式的な要件は、国ごとに異なります。欧州委員会は、拘束的企業準則の承認を取得した企業のリストを公表しています。

2.3.13 概要

データの越境移転に関するコンプライアンス措置の選択肢について、様々な長所短所を比較すると、通常、一つの措置があらゆる場面で通用するわけではないことが分かるでしょう。会社ごとに（および中央集権化されていない組織では事業部門ごとに）、自社のデータの流れ、ビジネスニーズおよびリスクの程度について評価することが必要です。これは、事業分野、データの種類またはその他の状況に応じて異なるコンプライアンス措置を選択させることになるかもしれません。データ主体から同意を取得することについて、消費者とクリックスルー方式で通知や同意書を済ますことができるインターネットベースのビジネスモデルにとっては容易かつ理想的ですが、雇用関係においては、グローバル・データベースによる解決策を妨げ得る各人による同意の拒否や撤回に加え、届出の際にデータ保護監督機関から押し返されるリスクがあるので、非現実です。多数の特別目的子会社を有する金融機関にとって、拘束的企業準則の交渉に付随する管理上の負担は、標準契約条項に基づく数千のデータ移転契約の締結および更新よりも軽いと考えるでしょう。中にはグループ企業内の人事データの移転や顧客データの移転について異なるアプローチを採る会社もあります。しかし、他の会社では、ある事業部門については顧客の要望によりEU－米国間プライバシー・シールドの登録を選択し、他の事業部門では異なるアプローチを指向する場合もあります。

表2 EUからのデータ移転のためのコンプライアンス措置

論点	同意、データ主体との契約	標準契約条項（SCC）に基づくデータ移転契約	EU－米国間プライバシー・シールド認証	拘束的企業準則（BCR）
各国データ保護監督機関を拘束するか？	拘束しない。監督機関は同意や契約条項、公表、承諾手続等に異議を唱えること	拘束する。ただし、監督機関は付属書類を審査できる。	拘束する。	BCRは監督機関による承認が必要。EU GDPR施行後は、あるEEA加盟国の

		ができる。			監督機関による承認が、EEA全域に効果を生じる。
地理的範囲	制限なし	制限なし		EEAから米国と、米国からの再移転のみ。	制限なし
実質的範囲	制限なし	制限なし		制限なし	グループ企業内の移転のみ。顧客やその他の取引先等との間の移転には適用なし。
再移転	制約なし	再移転にはSCCへの署名が必要。		再移転先の受領者もプライバシー・シールドに基づく認証、適格な再移転契約への署名またはその他十分性の充足が必要。	監督機関により承認されたBCRに拠る。
準拠法、裁判管轄	制約なし	データ輸出者の本拠地の法律および裁判所。		米国の法令・裁判所、FTCの管轄、従業員データに関するEEAデータ保護監督機関との連携。	監督機関により承認されたBCRに拠る。
データ輸出者は何を遵守しなければならないか？	データ輸出者の本拠地の法律。				
データ輸入者はデータ輸入者の	プライバシー通知でデータ輸出	データ輸出者の本拠地の法律。		プライバシー・シールド原則	BCR

本拠地の法律の他に何を遵守しなければならないか？	者が約束した契約上の義務。			
柔軟性	高	無	無	低（所定の条項はないが、監督機関が承認過程で規制）
実施に要する時間・費用	最小（特にオンラインでの実施の場合）	低（所定の様式は通常修正なしで採用されるが、付属書類の記入が必要）	中（自己認証、通知の起案）	高（承認手続）
維持管理費用	しばしば最小（変更する場合、同意をアップデート）	最小（変更する場合、付属書類をアップデート）	中（毎年再認証、自己認証の更新）	最小。ただし、変更や申請の更新には当局の承認が必要。
PR活動による有利・不利。	無	無	セーフ・ハーバー・プログラムでは当初PRするメリットが認められたが、近年ヨーロッパでセーフ・ハーバーもプライバシー・シールドも批判の対象となり、PRすることで却ってデメリットになり得る。	会社がBCRを公表する場合には特に専門家の間で恐らくメリット有り。
B2Bにおけるサービス販売に役立つか？	無	有	有	顧客がBCRを信頼する場合にはおそらく有り。

2.4 実施

どの措置を採用するか決めたら、その実施に集中しましょう。取り組むべき課題は、選択したコンプライアンス措置に応じて異なります。本章では、特にEEAから欧州委員会が十分性認定をしていない国々への個人データの越境移転のためのコンプライアンス措置の実施にあたり、何をしなければならないかに関し、その概要について述べています。どのように文書を準備すべきかに関するより一般的なガイダンスについては、第3章を参照してください。

2.4.1 同意

ヨーロッパの法律では、同意は自由意思により、十分な情報を与えられて、個別具体的に、書面でなされた場合に限り有効です。ほとんどの場合、企業は、比較的容易に対処できる電子メールやクリックスルー方式により、書面性の要件を充足することができます。具体性および情報に基づくことの要件を充足するためには、詳細な通知をして、明確に定義されたデータ処理の提案(これは随時変更され得る一般的な「プライバシーポリシー」とは対照的です)と同意とを結び付けなければなりません。

2.4.2 法律上・契約上の移転義務

データ主体との契約や適用法令に基づき生じる必要性によってデータ移転を正当化することに決めた場合には、適用法令や契約が実際にその必要性を裏付けているかについて確認するだけで足ります。企業は、データ移転を裏付ける契約上の義務の創出に影響を及ぼすことができます。例えば、契約の履行や配達のために特定の裁判管轄の取引先に顧客データを移転することや、関連会社から製品やサービスに関する重要な情報(販促用電子メールと同様の内容を含んでいる可能性もあります)を提供させるために当該関連会社に連絡先情報を渡すことについて、クリックスルーやその他の方式の契約で約束することができます。企業は、不当な契約条項や消費者契約における予想外のまたは不公正な条項を無効化し得る付属契約に関する様々な裁判管轄の法律に注意を払わなけ

ればなりません。

2.4.3　標準契約条項に基づくデータ移転

　データ越境移転を標準契約条項に基づいて正当化しようと決断した場合には、改変すべきではないものの、会社および関連するデータについての特定の情報の補足を要する雛型に取り組むことになるでしょう。その際、次のような実施手順を採ることが考えられます。

- データフロー図の作成：EEAからどのような種類のデータが送られてくるのか、どこに送られるのか、移転の目的は何かについて、簡潔な概要を作成します。EEA外のデータ受領者につき、データ管理者なのかそれともデータ処理者なのか、また、関連会社なのかそれとも第三者なのかを特定します。
- 契約雛型の検索：「EUデータ保護法標準契約条項（EU data protection law standard contractual clauses）」をウェブで検索します。2017年9月版はこちらから入手できます：http://ec.europa.eu/justice/data-protection/international-transfers/index_en.htm）
- データ管理者がデータ処理者として携わるEEA外の受領者について、処理者へのデータ移転用の標準契約条項を使用します。
  ▶ EEA内のデータ管理者、EEA外のデータ処理者およびデータ処理者の再委託先のリストを作成します。標準契約条項は、各データ管理者が各データ処理者との間で双務契約に署名し、再委託先も何らかの誓約により同契約に加入することを予定しています。ただし、（すべての管理者を集合的に「輸出者」として定義し、すべての処理者を集合的に「輸入者」と定義することにより）単独または複数の処理者に移転する複数のデータ管理者用の契約の枠組みを作成することも可能です。
  ▶ 「輸入者」または再処理者として標準契約条項に署名する前に、EEA外の当事者は、データにアクセスする自社のすべての委託先や再処理者にも標準契約条項に合意させることができることについて確認する必要があります。

- ▷空欄（前文、署名欄など）を補充して、脚注を削除します。標準契約条項の重要な本文を変更してはなりません。さもないと、各国監督機関の追加的な審査や裁量的決定権限を発動させることになりかねません。
- ▷付属書類を完成させます。別添の既存の情報セキュリティポリシーの引用で十分ですが、適用のあるデータ保護法の要件の遵守について検証することが必要です。
- EEA外のデータ管理者への移転については、管理者への移転用の標準契約条項を使用してください。
- 関連会社ではない法人が標準契約条項に基づくデータ移転契約に署名する時は、通常、当事者の関係についてその他の側面に言及する取引契約にも署名します。このような取引契約では、データ移転契約を相互に引用し、かつ、関連するデータ主体の権利や救済は、データ移転契約の矛盾するいかなる条項にも優先することについて確認されるべきです。また、義務、リスクおよび責任の分配を含む、取引条項に関し、契約当事者間において、データ主体の権利に影響を与えない限り、取引契約が標準契約条項に優先することを合意することもできます。
- 一旦データ移転契約に署名すると、当事者は、変更が生じる度に毎回契約をアップデートしなければならず、さらに、必要に応じて追加の契約を実行しなければなりません。そのような契約を多数有する多国籍企業は、契約管理者に代理権限を付与して個々のページを（再署名なしに）アップデートするかまたは当該契約の改訂版に署名するかいずれかができるようにしておくと現実的で便利であると考えるでしょう。最新版を把握するためには、契約の一覧表、改訂版、契約書自体の写しをバインダーや電磁的なフォルダーに保管しておきましょう。

2.4.4　EU－米国間プライバシー・シールド認証

プライバシー・シールドの手法を採ると決定した場合には、www.privacyshield.govに掲載されている実務的なガイダンスを閲覧して、次の手順を実施してください。

- 米国企業がプライバシー・シールド原則をどのように遵守しているかについて自己認証を実施し、文書化します。例えば、データベース記述目録、個人データの移転・共有に関する契約、データセキュリティ・チェックリストおよび各原則に関する会社の実務慣行を要約した一見書類を作成することなどによって行います。この過程には、その他のプライバシー原則も含めることができます。例えば、セーフ・ハーバー原則（貴社がセーフ・ハーバー・プログラムに基づき EEA から個人データを収集していた場合）、GDPR に基づく原則（データ処理に関する記録保持義務を充足するため）およびその他の法律および規制です。
- 以前、データ処理サービスプロバイダーが、プライバシー・シールド原則に基づく処理者への再移転に関する要件と同等以上でなければならない処理者への移転用の標準契約条項を締結していた場合、サプライヤー契約やその他の個人データの移転や処理に関する契約の十分性を確認し、または契約をアップデートします。
- 関係するヨーロッパのデータ主体への通知を作成します。理想としては、EU－米国間プライバシー・シールドに関する欧州委員会の十分性認定における「通知原則」の見出しの構成をできる限り忠実に反映することです。
  ▷ 従業員は、ヨーロッパの雇用主たる法人が提供する通知とともに、米国法人からもプライバシー通知を受け取ることができます。中には、簡略化するために、世界中のすべての従業員に対して、一つの統合された統一的な通知をしようとする多国籍企業もあります。しかし、ほとんどの企業は、EU－米国間プライバシー・シールドに基づき要求される米国の通知と、現地のデータ保護法に基づき要求される現地の雇用主からの通知とを別々にすることを好みます。このような区別は、各法人の性質や、各社のデータ処理の目的や実務慣行の違いを強調するのに役立ちます。また、法的要件や企業実務は国によって異なるという事実に対処することにも役立ちます。さらに、様々な無関係の税金や取引上の責任の軽減という目的に資する企業防衛の強化にも役立ちます。最後に、法的要件が変わった時にも、別々の通知を更新する方が簡単です。

▷ 他のすべてのデータ主体には、企業が自社のホームページに掲載することができ（例えば、自社のウェブサイトのプライバシーポリシーの隣にまたはそのポリシーの中にリンクされていて）、EU－米国間プライバシー・シールド・プログラムに関する欧州委員会の十分性認定における「通知原則」の構成と見出しにも準拠している「EU－米国間プライバシー・シールド通知」で連絡することができます。

● 紛争解決の方法（データ主体が当該会社から返事を受け取っていないかまたは受け入れない場合に、連邦取引委員会に行く前に、不服申立ての方法）を選択しましょう。人事データに関しては、EUデータ保護監督機関との協力が必要であり、追加の手続が不要なので、多くの企業が他の種類のデータについてもこの方法を選択します。裁判外紛争処理の方法として、様々な仲裁、消費者保護団体、認証機関等があります。企業の中には、第三者認証機関の名前やロゴが消費者の信頼度の向上に役立つと考え、プライバシーポリシーやその改定版がますます消費者保護団体や監督機関によって監視されるようになっていることに鑑み、消費者プライバシーポリシーの検証を専門とする会社からの意見を重視している会社もあります。他の企業は、ウェブサイトのプライバシーポリシーに変更がある度に、他人（おそらく社内外の法律顧問、マーケティング、内部監査等に加えて）に審査されることに関連するコストや煩わしさに対する懸念から、追加の認証を避けています。

● 必要な自己認証の完了を確認する宣言に執行役員が署名しましょう。しばしば最高個人情報保護責任者（CPO）、最高情報責任者（CIO）または最高技術責任者（CTO）がそのような宣言に署名しますが、経営幹部レベルの執行役員に署名させることが要求されるわけではなく、多くの企業は他の代表者に宣言への署名権限やプライバシー・シールド認証の管理権限を付与しています。

● 商務省のウェブサイトで申請し、適用される認証または再認証の手数料を支払いましょう。電子メールや普通郵便で申請することもできますが、この方法はより複雑かつどの情報を送るべきか否かに関する様々な判断が必要になる可能性があるのに対し、オンライン認証手続であればかなり管理

しやすいといえます。
- 自己認証を確認し、12ヶ月ごとに再認証します。最初の申請を提出した後は、（おそらく10〜11ヶ月以内に）再認証のリマインダーをカレンダーに入れ、自分やその後任者が更新時に最新性や正確性を検証・確認できるすべての関連する情報や書類をフォルダーやバインダーにまとめておきましょう。

2.4.5 拘束的企業準則（BCR）

このコンプライアンス措置を選択する場合、データの越境移転の方法として拘束的企業準則（BCR）の政府の承認を取得している組織はまだ少ないため、ある意味先駆者になれるでしょう。関連する手順には次の事項が含まれます。

- データフローおよびデータベースのマッピング、企業グループ内のデータ管理者および処理者のリストの作成（拘束的企業準則は非関連会社へのデータ移転には使えません）
- データ保護監督機関に承認された数少ない事例の一つまたは欧州委員会の標準契約条項の規定（データ保護監督機関は同レベルの保護や義務を要求するものと考えられます）に基づく拘束的企業準則（BCR）の最初のドラフトの作成
- 承認申請の完了
- ヨーロッパ居住者からの個人データのみを対象とするのか、あるいは世界中で統一なポリシーの導入を可能にするものの他の裁判管轄の法令の下では不必要な開示や衝突を生じ得るあらゆる個人データを対象とするのかに関する決定

2.5 他の裁判管轄からのデータ移転

EEAから他の裁判管轄への個人データの移転に関し、一つまたは複数のコ

ンプライアンス措置を選択および実施すれば、通常、他の裁判管轄のための情報収集、決定および書面化に利用することができます。米国へのデータ移転のみを対象とする EU－米国間プライバシー・シールド・プログラムを除き（スイスではセーフ・ハーバー・プログラムの運用中と同様のプログラムが承認されています）、欧州委員会が十分なデータ保護措置を提供していると一般的に宣言しているスイスおよびその他の国々は、EU と同じ越境移転のコンプライアンス措置を概ね受け入れています。米国およびヨーロッパ以外のその他の多くの国々は、自国のデータ保護法上、データ移転が国内か国外かによる区別をしていないため、当該裁判管轄内外のあらゆるデータ移転に関する通知または同意で対処することができます。オーストラリアとインドを含む、他のいくつかの国では、データの越境移転に関し、企業に追加の保護措置の適用を要求する法律を制定していますが、法令遵守のための特定の措置や雛型の提供や要求はありません。これらの国々およびデータの越境移転に関して特定の措置を適用しないすべての国々について、企業は、契約、通知および同意による解決策を検討すべきでしょう。伝えたい情報がすべての裁判管轄で似通っている傾向があるとすると（詳細さの程度は異なるかもしれませんが）、規制が比較的厳しくない裁判管轄の書類を準備する際には、ヨーロッパ用に準備した通知および同意書の雛型を参考にすることができます。しかし、ほとんどの企業は、EU 標準契約条項が EEA および EU から「十分性」の恩恵を受けている少数の国々以外の国々では要求も恩恵もない重大なリスク、責任および義務を企業に課しているとすると、他の裁判管轄用に移転契約書を準備する際の出発点として、EU 標準契約条項を使用することに反対します。

　2004 年に、アジア太平洋経済協力（APEC）加盟 21 ヶ国が、プライバシーフレームワークと越境プライバシールール（CBPR）に合意しました。これまでに米国、カナダ、メキシコ、日本、韓国およびシンガポールの 6 ヶ国のみがこのシステムに参加しており、わずかな多国籍企業のみが認証されています。牽引力が得られるかどうかはまだ分かりません。多国籍企業は、世界中の国のデータ保護法制の収斂と相互運用性の向上に関心があり、それらを支持する傾向があります。企業は、規制要件を充足するのに役立つ場合には、認証について検討します。しかし、欧州経済地域（EEA）の加盟国とは異なり、APEC 加

盟国は、未だデータの越境移転について正式な政府の承認を必要とする厳格な禁止を課されていません。そのため、企業にとって、EEA データ保護法制度によって確立されたハードルを越えることに比べて、APEC の CBPR システムの下で認証を取得しようという圧力は遥かに低く感じられます。

　企業は、実際にすべての要件を充足していない場合、このプログラムに対する支持を表明することについて注意を払う必要があります。2016 年に、米国連邦取引委員会は、APEC 認証事業者から証明書を取得していないにもかかわらず、APEC CBPR システムに参加したとの虚偽表示をした会社に制裁金を科しました。

第3章　文書の作成

データ保護法遵守に関する文書を作成する際、実際に書き始める前に、出発点として次の二つの質問について考えましょう。

- なぜ文書を作成するのか？
- 誰が名宛人なのか？

上記出発点となる二つの質問の答えを出したら、概要の作成へと進み、さらに次の二つの質問について考えてみましょう。

- 内容、形式および構成について適用される要件や留意事項は何か？
- どのような罠や落とし穴を避けるべきか？

本章では、文書の作成に関する助言や留意事項に加え、上記の出発点となる質問に対してどのように答えるかに関する提案や、企業が必要または不要そうな文書の作成に関する提案をしています。

3.1　なぜ文書を作成するのか？

通常、企業は、次のような複数の理由により、文書の作成は多いよりも少ない方を好みます。即ち、文書の作成、検証、遵守および維持にはリソースを要し、公表された文書は個人データに関して企業ができることを制限し、原告や監督機関は書面による誓約や表明の不遵守を攻撃するからです。

企業は、主として3つの理由からデータ保護に関連する文書を作成します。即ち、法律、市場の要請および社内における必要性です。より具体的には次の通りです。

- 法的要件の充足や一定の文書の保持について法的条件が付された利益の享受
- 市場（例えば、顧客、仕入先または従業員から）の要請への対応
- 社内の規則、指示および制限の伝達および記録

同じ書面で上記三つのうちの二つ以上を追求することができ、それが最も効果的である場合が時々あります。しかし、通常は、目的ごとに各々別個の文書を作成することが最善であり、特定の目的に集中して判断することが重要です。

3.1.1 法的目的

特定の法的要件を充足しようとする場合、当該法的要件の根拠、適用可能性および要素を慎重に分析すべきでしょう。例えば、カリフォルニア州法は、企業がカリフォルニア州の消費者からオンラインでデータを収集する前に、ウェブサイトにプライバシーポリシーを掲載することを要求しています。カリフォルニア州法は、当該ポリシーがどのように掲載される必要があるのか、また、当該ポリシーにどのような事項が記載される必要があるのかについて、具体的に規定しています。同様に、米国連邦取引委員会（FTC）は、企業に、ウェブサイトのプライバシーポリシーでどのように消費者のデータを処理するのかについて開示するよう促しています。しかし、法人顧客に販売しており、オンラインで消費者と取引しない企業には、同様の要件は課されません。それにもかかわらず、かかる企業がウェブサイトにプライバシーポリシーを掲載する決断をした場合には、法的には要求されていないことを認識し、その他の目的（例；市場の期待を満足させること等）に注力すべきでしょう。

同様に、当該文書が条件とされている利点を享受するために、文書を作成する際は、常に法律の文言を検討すべきでしょう。例えば、法律で、広告宣伝のための電子メールを送信する前に、特定の国に居住する消費者から積極的な同意を取得することが要求されるかもしれません。かかる法律を遵守しようとする場合、問題の電子メールが広告宣伝に該当するのか、いつどのようにして同意を取得して書面化するのか、どのような情報を消費者に提供することが必要

なのか、そして、消費者が同意を拒絶または撤回した場合に何ができるのかまたは何をすべきなのかについて見極めるために、法律の文言を改めて読み直すべきでしょう。その後、コンプライアンスの負担および短所（例：同意の追求等）が、計画している活動（例：電子メールによるキャンペーン等）の利益を失わせたりするか、それらが利益を上回るものか否かについて評価できるでしょう。時に得られる利益はそれにかかる手間を下回るかもしれません。

　企業は、通常、データ保護法に基づきプライバシーポリシーにおいて顧客データを決して共有しないことを明示的に約束することまでは要求されていません。中には、自発的な約束により、より多くの消費者が同意するだろうと期待する企業もあります。その他の企業は、ほとんどの消費者が全くプライバシー通知を読んだり認識したりしていないと考えています。データを共有しないことにまで約束を拡大する場合、このことがM&Aや倒産手続に加え、潜在的な将来のビジネスモデルに関する自社のデータベースの価値を著しく制限することになります。

　通知や同意の要件の根拠に関し、企業は、法律だけを考慮するのではなく、取引先やデータ主体との取引において負担した契約上の義務についても考慮すべきです。

3.1.2　事業目的

　ビジネスニーズに応えようとする際には、正確な目標、需要を充たす場合と充たさない場合とで予測される否定的な結果、並びに、どのようにして会社が利益を得るのかについて、明確に定める（または社内の他の関係者にそうするよう依頼する）べきでしょう。たとえ深く探る時間やリソースがあまりない場合でも、少なくとも認識した利益と負担について最低限の基本的な評価はすべきでしょう。企業は、なぜ他社が特定の言葉を選択したのかについて詳しく分析することなく、また、自社のビジネスに雛型を採用することの長所と短所について評価することなく、競合他社や業界の流行の仕掛け人として認識されている人々の言葉をコピーすることがあまりに頻繁にあるように見受けられます。慎重な分析の代わりに、全く異なる状況にあるかもしれない他社の事例に従うことを正当化するために、「ベストプラクティス」という用語が使用（濫用）

される傾向があります。例えば、消費者ビジネスは、無償でサービスを提供しているのか、それとも有償で購読を提供しているのかによって、異なる期待に直面することになります。また、消費者は、音楽ファイルのセキュリティについて特に神経質になることはないかもしれませんが、クレジットカード情報や家族写真については非常に気にするかもしれません。事業者は、民間のスタートアップ企業、大規模な公的機関または規制業種のいずれを対象とするのかによって、審査のレベルも異なることを経験するでしょう。どの企業も、競合他社や業界慣行によって、ある程度影響を受ける傾向があります。市場主導型の課題を追求するために文書を効果的に調整する前に、これらの要素に関する情報を収集する必要があります。

　充足しなければならない、または、しておきたい最低限の要件や、それを超えた場合に何か利点はあるのかについて意識しておくべきでしょう。例えば、消費者のプライバシーや最先端のセキュリティ技術の導入に特別な敬意を払うことについて「宣伝広告の常套句」など、特別の必要性や正当化のない表明を含めると、会社が損害を被る可能性があります。このことは、一般的に、法律で要求されておらず、また容易に実証もされていませんが、原告から容易に異議を申し立てられてしまいます。

3.1.3　組織的目的

　業務目的の組織内の指示に関する文書を作成する場合、指示の宛先について慎重に検討の上、明らかにしましょう。多くの企業は、全員宛てまたは名宛人が誰もいない従業員ファイルの管理からソフトウェアのアップデート版のインストールに至るまであらゆる項目を対象とする長文のプライバシーおよびセキュリティポリシーを実施しています。個々の従業員は、そのような扱いにくい文書を読んだり記憶したりすることはないでしょう。特定の部門や従業員のグループのみを名宛人とする短く端的な実施要領であれば、理想としては従業員が特定の指示に従わなければならない瞬間に可能な限り近い場所と時間に提示されると、従業員にもよりよく伝わるでしょう。ネットワークセキュリティに関する警告は、システムユーザーが私用デバイスに接続したり、遠隔でネットワークに接続したりしたときに、ポップアップで表示すべきでしょう。物理的

な従業員のファイルに鍵をかけて保管するよう注意喚起する際には、フォルダーやファイルのキャビネットに掲示すると最も効果的です。実施要領を作成する際は、どのような種類の規則であれば遵守されると現実的に期待できるかについて考えましょう。自ら配布した実施要領を最終的に遵守しなかった企業は、従業員やその実施要領で予定された保護措置を頼みにしていたと主張する従業員やその他の第三者からの苦情に晒されることになりかねません。そのようなリスクを減らすため、当該文書に依拠すべきではないこと、第三者受益権やプライバシーへの期待の創出は意図していないことおよび社内的な指示しか含んでいないことに関する免責事項を追加することもできます。しかし、遵守可能かつ遵守予定の実施要領のみを作成した方がよいでしょう。

3.2 名宛人は誰か？

大きな「なぜ」の質問に答えた後は、名宛人を特定すべきでしょう。特定の名宛人を念頭に置くことで、適切な文言や形式を選択し、どの事項が詳細に説明されなければならないか、また何が既知であると推測されるかを評価し、どのポイントを強調しなければならないかについて決定することができます。

例えば、監督機関や弁護士を名宛人とする場合には、正確かつ可能な限り法律上の用語例に従いたいと考えるでしょう。文書を作成する際には、内容、形式および提供方法に関する最低限度の要件を特定するために、特定の法律の条文や、法律上の権利のその他の根拠を手元に置いておくとよいでしょう。名宛人が法律を知っているかまたは法律を参照して理解できることを前提にできる場合には、自社を取り巻く具体的な状況に関連する事実や事情に集中すべきでしょう。一方、消費者や法務部以外の従業員を名宛人とする場合には、いくつかの基本的な説明から始め、メッセージが伝わりやすいように、日常会話で使用される平易な言葉を用いる必要があるかもしれません。企業の業務プロセスの外部委託契約では、「顧客」や「仕入先」といった用語を使うこともできますが、ウェブサイトの利用規約では、「貴社」や「当社」と記載した方がよいでしょう。

マーケティングの需要を充たしたり、データ処理やプライバシー関連事項に

ついて従業員に対して指示を伝達するために文書を作成する場合、通知の内容、形式および伝達方法を特定のニーズに合わせて調整すべきでしょう。特に重要かつ特定の名宛人が最も認識していなさそうなポイントから始め、当該名宛人が慣れ親しんでいる用語を使い、最も効果的に意図する結果が得られると考えられる日時と場所を選んで文書を提示すべきでしょう。例えば、優れたデータ保護やセキュリティの特徴を理由に、潜在的な顧客に貴社の商品やサービスを選んでもらおうとする場合、そのような特徴を広告、商品の説明書およびその他購入を決断する際に読むと思われる文書において宣伝しておくべきでしょう。プライバシーポリシーやサービス規約は宣伝には向いていません。ほとんどの潜在的および既存の顧客は、真剣にプライバシーポリシーやサービス規約を読んではいません。しかし、原告代理人や監督機関は読んでいますし、あらゆる広告宣伝を会社に不利な形で利用する傾向があります。また、従業員に私用電話やインターネットの利用に関する社内規則を守らせたいと考えるなら、文字数の多いポリシーや標準約款、分厚い従業員ハンドブックの中に通知を埋め込むのではなく、コンピューター上にポップアップ表示することも検討すべきでしょう。これらポリシー等は懲戒処分の裏付けには役立つかもしれませんが、そもそも違反の防止にはほとんど役に立ちません。それゆえ、どこで、いつ、どのようにすれば最も効果的に意図したメッセージを名宛人に伝えることができるのかについて考え、リアルタイムのポップアップ表示、動画や音声による指示や、双方向のクイズなどを含む、新旧メディアが提供するあらゆる選択肢を検討すべきでしょう。

　効率的に文書の目的を達成するためには、その文書が誰に向けられたものなのかを表題で明らかにするとよいでしょう。特定の名宛人向けになっていないプライバシーポリシーがある場合には、それがデータ主体、監督機関またはその他のどの名宛人に通知する目的で作成されたものなのかについて問い質しましょう（そして、文書の表題を対象となる名宛人に応じて「全従業員向けプライバシー通知」等に変更することを検討しましょう）。文書を読んだだけでは目的や名宛人を特定することができない場合、特定する必要がない可能性もあります。

3.3 文書の種類および具体例

ほとんどの企業が次のような種類の文書を利用しています。

- **通知書**

    企業がデータ処理実務に関する情報を開示する文書。例えば、従業員や患者のプライバシー通知やウェブサイトのプライバシーポリシー。通知は主として法的目的に資するものであり、その名宛人はデータ主体です。
- **同意書**

    企業が一定の方法で個人データを処理するための許諾を求める文書。例えば、広告宣伝メールを送信するため。同意書は主として法的目的に資するものであり、その名宛人はデータ主体です。
- **契約書**

    データ処理に関する誓約や許諾について記載された文書。例えば、データ主体や取引先とのサービス契約書。契約の中には、法令遵守目的にのみ資するものがあります（例：HIPPAに基づく事業提携契約書（Business Associate Agreement：BAA）、ヨーロッパの法律に基づくデータ移転契約書）。その他に、ビジネス目的に資するものもあります（例：サービス提供者と共有している貴重なデータの保護）。契約書の名宛人はデータ主体（例：消費者契約）や取引先（例：仕入先、顧客）、従業員（例：データセキュリティ業務やプライバシー責任者の選任）などです。
- **実施要領**

    データをいかに処理し保護するかの指示。手続は通常は組織的な必要性に資するもので、その名宛人は通常は従業員や契約者です。
- **データ提出フォーム**

    企業が情報の提出を許可または勧誘する文書。例えば、消費者からのフィードバック、調査、求職者へのアンケート、登録ページ、連絡方法を設定したり、侵害に対する苦情を申し立てたりするためのウェブフォーム。かかるフォームは、法律上の目的、市場調査目的および組織上の目的に資

するもので、それらに応じて名宛人は異なります。

- 説明書

　社内規約、データセキュリティ対策、コンプライアンスの自己評価、セキュリティ・バイ・デザイン分析、プライバシー影響評価、およびデューデリジェンスの取組みに関する説明書。

　説明書の書式は、法律上の目的（例：GDPRに基づく記録要件やEU-米国間プライバシー・シールド・プログラムにおける自己認証の書面化義務の充足）、市場調査目的（例：顧客からのセキュリティ対策に関する情報の要請への対応）、並びに、組織上の目的（例：取組みに関する決定を記録するための指針、内部監査報告書）に資するもので、それに応じて名宛人は異なります。

- 政府機関への通知

　政府機関への通知やデータ保護監督機関へのその他の届出は、法律上の目的に資するもので、その名宛人は主に政府機関であり、政府が管理するウェブサイトに掲載される場合があります。

3.3.1　その他の表記（例：指針）

　企業、立法者および監督機関は、文書作成に関して異なる用語例を使います。特に「指針」という用語は、通知（例：ウェブサイトのプライバシーポリシー）、実施要領（例：どのように調査を実施するのかに関する手順を記載したもの）および誓約（例：様々な理由から企業が採用を決定したコンプライアンスの取組みを表明するもの）を意味するものとして使われています。特定の文書をどのように呼べばよいか自信がないときは、法律、業界慣行または名宛人の期待に照らして、どの呼称がより好まれるかについて考えてみるとよいでしょう。特段の事情がなければ、遵守しようとしている法律に書かれた用語を用いるのがおそらく最も良いでしょう。例えば、彼らのデータで何をするのかについてデータ主体に知らせるために、カリフォルニア州法は「ウェブサイトのプライバシーポリシー」を要求し、EU-米国間プライバシー・シールド・プログラムは「通知」を要求しています。最終的にどの表記を用いるにしても、表題によって、当該文書の目的や名宛人が不明確にならないようにしなければなりません。特

に指針との関係では、時折、文書作成者は目的と名宛人について混乱してしまうようです。「指針」と表記された文書の中に、意欲的な宣伝広告の常套句、社内の指示および外部への通知が混在していることを発見するでしょう。このことは、通常、名宛人も目的もいずれも効果的に伝わっていないことを意味します。通常、企業は、法律により、全社的に一般的なデータプライバシーポリシーを維持することまでは要求されません。しかし、多くの企業において、広汎で抽象的な指針、それには、顧客のニーズの充足に関する一定の誓約や、「あらゆる国内外の法律および業界水準」の遵守、「最高水準の」データセキュリティ対策やデータの収集、利用、共有および保有に関する実務の実施要領が含まれる文書を作成しています。法律上要求されていないとしても、このような文書は、従業員に特定の行動をさせたり、データ主体に通知したりするには、通常、冗長で抽象的過ぎます。しかし、このような指針に関する文書は、原告や監督機関によって、会社に不利な形で引用され得るものです。

例えば、会社ごとに文書化について異なるニーズがあります。以下の表に掲げるすべての文書を必要としなかったり、追加の文書を必要としたりすることもあります。もし今から文書化を始めようとしているのであれば、自社にとって、以下の文書の全部または一部が作成済みか、また必要なものかについて、まずは検討してみるとよいでしょう。

表3　主な文書の具体例

種類	表題	名宛人	主たる目的
通知	ウェブサイトのプライバシーポリシー	ウェブサイトの訪問者	法律上の通知要件の充足
	顧客向けプライバシー通知	消費者としての顧客	法律上の通知要件の充足
	通話のモニタリングの警告	通話者	法律上の通知要件の充足
	従業員のファイルやコンピューターのモニタリング、内部通報ホットラインに関する従業員向けプライバシー通知	従業員	法律上の通知要件の充足（ヨーロッパ）、プライバシーへの期待の否定（米国）

	求職者向けプライバシー通知	求職者	データ処理、履歴書の保有に対する権利の拡張
	データ侵害通知	顧客、従業員、監督機関	法律上の通知要件の充足、損害の軽減
	EU－米国間プライバシー・シールドの通知	従業員、第三者	法律上の通知要件の充足
同意	ダイレクト・マーケティング	既存・潜在的顧客	広告メールやニュースレターの承諾
	従業員の同意	従業員	法律上の要件の充足または雇用主の権利の拡大
契約	秘密保持契約／データ保護契約	個人の受託者、従業員	個人データの安全性の確保、第三者による侵害禁止、データに関する財産権の保持、法令遵守義務の充足
	標準契約条項（SCC）、米国HIPAA、PCIデータセキュリティ基準（DSS）に基づくデータ移転・処理契約	データ処理者	個人データの安全性の確保、EEA内からのデータ越境移転規制の遵守
	データ保護責任者（DPO）の選任	データ保護責任者（DPO）	法律上の要件の充足、用語、役割、権利義務および制限の明示
実施要領	コンピューター利用規約	全従業員	組織的要件の充足（例：過剰な私的利用や所定の濫用の禁止、セキュリティの手引き、プライバシーへの期待の否定または制限）
	情報セキュリティ指針	IT部門	セキュリティ対策、技術および手続の明確化、法律上の義務の履行
	データアクセス指針	IT部門、利用者グループ、例えば、人事管	アクセス制限の技術的要件やアクセス特権の割当方法の明確化

		理システムに関して人事部門、CRMに関して販売部門	
	データ保有指針	IT部門、利用者グループ	リティゲーション・ホールド（litigation hold）中の文書破棄の禁止、最低または最大限度のデータ保有の要求
	ダイレクト・マーケティング指針	販売、マーケティング部門	迷惑メール防止法や企業指針が要求する広告宣伝メールの制限
データ提出フォーム	コンテンツに関する異議申立て	第三者の権利者	有害サイトの停止手続を提供するウェブホスティングの免責の確保
	オンライン登録フォーム	消費者、従業員	データ収集
説明	EU－米国間プライバシー・シールドの自己認証書面	監督機関	EU－米国間プライバシー・シールドにおける法律上の要件の充足
	情報セキュリティポリシー	顧客	市場の要求の充足（特に委託先について）
	コンプライアンスプログラムの簡潔な概要、重要な文書や決定権者のリストや所在場所、過去のコンプライアンス評価の範囲の概要（例：裁判管轄、委託先、サービスの範囲等）	同僚やその後任者、監査人、M&A等でデューデリジェンスを行う第三者	コンプライアンスプログラムの効率的な管理、承継、監査、デューデリジェンス調査
政府機関への届出	通知、承認申請など	データ保護監督機関、その他の政府機関	法律上の要件の充足

3.4 通知

データ保護コンプライアンスプログラムに関する文書の作成や検討を始める際には、通常、通知から取り掛かるとよい理由が、次のように沢山あります。

- 世界中のほとんどのデータ保護法の最低基準を充たす通知要件を理解することができます。通知はあらゆる地域で必要です。
- 必要な時に通知をしないと、データ主体や監督機関が比較的早くその不足・不備に気付き、苦情を申し立てられます。
- 通知要件は、人事、販売および供給契約を含む、企業のほとんどのデータ処理業務および事業活動をカバーしていることが多いです。
- 通知は、他の文書の条件および基礎となります。例えば、インフォームド・コンセントを得る前に、通知する必要があります。政府機関への届出の中には、発出した通知書を添付しなければならない場合もあります。

プライバシー通知で具体的に何を開示しなければならないかは、充足しようとする特定の法的要件に拠ります。以下の典型的な法的要件に関する例示および概要は、適用される法律や規制の公式の情報源たる規定を調べる代わりや近道として掲げるものではありませんが、適切な法的要件をより早く簡単に発見、理解および対処するのに役立つことを意図しています。

3.4.1 誰宛てに通知を出さなければならないか？

ヨーロッパ型のデータ保護法、EU‐米国間プライバシー・シールド・プログラム、米国型の分野別の法律（例：HIFAA、GLB）、労働法、消費者保護法の下では、企業は、データ主体に対し、彼らの個人情報がどのように処理されるのかについて知らせなければなりません。ほとんどの企業は、3～4のグループに分類される個人に向けて通知しなければなりません。

- 自社の従業員（例：人事管理システム、コンピューターのモニタリング、内部

通報ホットライン等におけるグループ会社内のデータの共有や外部委託先との共有等に関して）
- ウェブサイトの訪問者（例：オンライン追跡に関して）
- 法人顧客、小売業者、供給業者およびその他の取引先の代表者（ほとんどの企業は、通知なしに会社の連絡先情報のみを収集しており、このことは共通認識であると推測できますが、稀に、より機微な情報である娯楽の好み、学歴および個人的な環境などの情報を販売員が記録することもあります）
- 個人顧客、該当する場合、例えば、支払い、注文およびその他の顧客関係データ、並びに、ヘルスケア、電気通信またはその他のサービスの提供に関して収集したデータに関して

3.4.2　誰が通知を出すべきか？——サービスの提供者か、それともその顧客か？

　時折、企業は、自社のウェブサイトのプライバシーポリシーにおいて、特に法人顧客向けに販売するデータ処理サービスの詳細について記載しています。例えば、法人向けクラウド・コンピューティング・ソリューションや業務用SaaS（例：消費者サポートポータルや従業員福利厚生アプリケーション）を提供する企業は、自社のウェブサイトのプライバシーポリシーにおいて、ウェブサイトの訪問者からどのように個人情報を収集するかのみならず、自社のサービスがどのように運営されるか、どのように保護されるか等についても記載しています。これは通常は要求されておらず、しばしば不適切です。クラウド・コンピューティングやSaaSの提供者は、単なる顧客（いわゆるデータ管理者）のデータ処理代行者（いわゆるデータ処理者）に過ぎません。各データ主体（例：顧客の従業員や顧客の顧客）に通知するか否かは顧客次第です。サービスの提供者が顧客の従業員や顧客の顧客またはその他のデータ主体に対して直接通知をすると、サービスの提供者にとっては何の利益も得られず、次のような事項を含む、様々な不都合に悩まされることになります。

- 提供者がデータ管理者としての責任を負うという印象を作り出しかねません（例：データへのアクセスや訂正について、顧客との契約違反をせずに実行

することはおそらく不可能です）。
- 提供者がデータ主体に対して直接責任を負うことになりかねません。
- 顧客の通知と矛盾しかねません（混乱を招き、それに伴う責任を惹起するでしょう）。
- 提供者自身に特定の制約を課し、顧客からのカスタマイズ要求に対応する妨げとなりかねません。

データ管理者は、通知を委託先たるサービスの提供者（データ処理者）任せにしてはなりません。データ管理者は、委託先が行うデータ処理に関する情報を含む、適切な通知を出す者となるべきです。委託先は、当該通知の準備を手伝うことはできますが、顧客とデータ管理者は、契約と監査を通じて、委託先の作業が、プライバシー通知における顧客の表明を遵守していることを確保することが必要です。通常、企業は、プライバシー通知において、データ主体に対し、自社が管理するすべてのデータ処理（自社内で行われるものか、委託先によって行われるものかを問いません）について通知する際には慎重に行わなければなりません。

3.4.3 プライバシー通知には通常いかなる事項について記載しなければならないか？

データ主体に対する通知には、通常、次のような事項について記載する必要があります。

- 誰が通知を出しているのか？
    通常、事業者名を正確に書くことが必要です。法律によっては、物理的な住所の記載も必要です。当該情報が法律により厳格に求められていない場合であっても、曖昧なブランド名を記載するのではなく、多国籍グループ企業の中の特定の法人を識別するのに十分な情報の提供を検討すべきです。一つの特定の通知に記載された制約を複数またはすべてのグループ企業に適用することは、ほとんどの場合、企業にとって最善とはいえません。法律やデータ主体の期待は国によって様々です。一つの通知をすべての法人に用いる企業は、変更する際に、（特定の裁判管轄や市場について変更が

生じる時でも、一つの国の特定の法人に関する通知のみを変更するのではなく）すべての市場における同意および通知要件を充足しなければなりません。有効な通知とみなされるために、しばしば現地の言語への翻訳が必要になることがあります。また、税務上の理由により、ある法人は、他の法人を法的に代理することや、他の法人の代わりに約束することが認められていないことがあります。データ保護法の中には、複数の法人が互いに自由にデータを共有することを認めていない場合があります。関連する開示の中には、グループ内の一つの法人にのみ適用される場合があります（例：米国企業のみがEU－米国間プライバシー・シールド・プログラムに参加することができます）。ただし、複数のプライバシー通知は、提示方法（例：紙、電子メール、正確なURLアドレス）、最終更新日時および変更内容を含め、社内において慎重に追跡する必要があります。

● 通知の範囲および誰が名宛人か？

対象となるデータ主体にのみ通知するため、その通知でカバーされる作業の種類を明確にしておく必要があります。ウェブサイトのプライバシーポリシーの適用範囲や名宛人が曖昧な場合、例えば、従業員やその他の人々は、オンライン業務とは無関係の状況でも、当該ポリシーの規定を主張できることになりかねません。EU－米国間プライバシー・シールド・プログラムに基づき要求される通知における表明がヨーロッパのデータ主体に対するものであることを明示的に制限していないと、米国やアジアの顧客や従業員も、不当表示や不正競争防止法に基づき提訴できることになりかねません。

● どのような種類のデータを収集するのか？

通常、十分な詳細を網羅したリストの提供が求められます。データ主体の積極的な参加や認識なく、例えば、インターネットのクッキー、オンライン追跡、隠しカメラによる監視、通話の録音、RFIDタグ、その他の多様な形態の技術的な従業員や利用者のモニタリング経由で、データを収集する場合には、特に高度なレベルで、その詳細について情報提供するよう努力すべきです。データ主体が自ら積極的に提出するデータに関しては、詳細な情報を提供する必要はありません（例：データ主体が能動的にデータ

をフォームに打ち込むので、いくつかの主要なデータの種類をリストアップし、データ主体に何を提出するのかについて再認識させるだけで足ります）。もちろん、データ主体が自発的に提出するデータ（例：自由記載欄、電子メール、SNS、ストレージソリューションによる場合）の詳細について情報提供することはできません。

- 何の目的でデータを収集するのか、そのデータで何をするのか？

　　データ主体との契約の履行や適用法令の遵守に必要なデータの使用のみであれば、そのことを記載しておけば足ります。しかし、マーケティング目的、サービスや商品の改良や開発、データ主体の行動のモニタリング（例：従業員やサービスの利用者による会社の規則違反の検知や制裁）等にデータを利用したい場合には、追加の情報の提供が必要になります。データの種類ごとに利用目的が異なる場合には、実際にデータを収集する時に、例えば、ウェブサイトにおけるアンケートで、各データフィールドの横に「なぜ当社はこの情報を収集するのか」というリンクを貼付する等により、該当する利用目的について説明することができます。「適法な業務目的」や「法令により要求または許可される時」等の抽象的で曖昧な表現は、データ主体に伝えるのには適しておらず、おそらく監督機関自身がそのような一般的表現を使用、提案または承諾する場合を除き、通常、法的に要求される通知には属しません。当然、企業は、長年に亘って収集するデータに関するすべての将来的なニーズや機会を予測できないであろうことを懸念しています。そのため、表現を弱め、リスクを回避したい衝動に駆られるかもしれません。しかし、将来的な柔軟性を確保することを意図した包括的な規定や無制約な文言は、通常、将来の目的に関する通知要件として十分でないか、その要件の充足に役立ちません。それらは、現在の目的を十分に開示していないか、または将来的に詳細な通知をせずに目的を追加する計画の可能性を示唆してしまうでしょう。

- 誰とデータを共有するのか？

　　自社のマーケティングやその他の目的のために当該データを利用する予定の他のデータ管理者とデータを共有したい場合、データ主体の同意を取得する必要があるでしょう。かかる同意が十分に情報を与えられてなされ

たものにするためには、データ受領者の身元、データ処理業務および目的の詳細について情報を提供する必要があります。「信頼できる取引先」といった曖昧な表現や、アドネットワークによる広範なプライバシーポリシーへのウェブリンクは、裁判管轄によっては法的に問題ないとしても、そのような通知を出す者が個人データを比較的広汎に共有することをデータ主体に示唆することになるでしょう。ヨーロッパの法律の下では、このような曖昧な表現は、十分な情報の提供という要件を充たしません。また、グループ企業内におけるデータ共有についても、通常、適用法令に基づく特例扱いはされないでしょう。つまり、グループ企業の身元や業務についても詳細な情報を開示する必要があります。グループ企業に関して十分な情報の提供という要件を充足することは、実務的観点から比較的容易かもしれません。なぜなら、グループ企業が特定の通知で定めたのと同様の規則を遵守すると規定することができるからです。委託先とデータを共有する場合、その事実を明らかにし、また、このことがデータ主体に関連する（例えば、データ主体が委託先と直接やりとりをする）場合、主要な（類型の）委託先の名前を挙げることも考慮した方がよいでしょう。会社がどのように組織されるかや、会社がデータ処理のために、自社の従業員、個人の外部委託先、法人の外部委託先の代表者個人等のいずれを使うのかといったことは、データ主体にはあまり影響しないことが多いです。これらの各類型の個人は、多かれ少なかれ信頼でき、有能で、注意深いものです。そのため、企業は、通常、データ処理における委託先の関与についてあまり詳細な情報を提供する必要はありません。同様に、データ主体に対しても、特に通知で「法律で要求されるとおり」データを開示する旨を知らせることも有用ではありません。言うまでもなく、企業は、法律を遵守しなければならず、また、プライバシーポリシーはどんな法的要件があるのかについて教えるためのものではありません。法執行機関に開示する場合、企業は、特定の開示に関する個別の通知が許容および要求されるかについて評価すべきでしょう。しかし、プライバシー通知における強制的な開示の可能性に関する一般的な認識は、データ主体に伝達するためには有用ではありません。それでも企業は、開示を強制されない場合であっても国内外の

法執行機関職員と日常的または積極的に個人データを共有すること、あるいは、開示を強制される場合にのみ政府機関とデータを共有することについて、通知の中でデータ主体に伝えるべきです。このことは、データ主体に重大な影響を与え得るものであり、この点に関する自社の取扱いの基本原則は開示すべきです。

裁判管轄によっては、以下の事項を含む、さらに詳細について開示しなければならない場合もあります。

● データの所在はどこか？
　　ヨーロッパのデータ保護監督機関は、企業がデータをEEA（欧州経済領域）外に移転するか否かを開示する必要があるという立場を採る傾向があります。ヨーロッパのデータ保護法は、通常、そのような要件を明確に規定せず、単にデータ処理に関するすべての関連する詳細についてデータ主体に伝えなければならないとだけ規定しています。企業は、EEA内外のどこに保有および転送されるのかについて、特にデータ主体に知らせるべき関連性を有する情報か否かについて自社の見解を決めておくべきです。例えば、インターネットの利用者は、インターネット経由で送信されるデータが、インターネットの性質上、世界中のあらゆる国に移転され得ることを理解しているものと推測できます。また、消費者が.com URLで米国企業が提供するウェブサイトにアクセスする場合、当該米国企業は、米国内でデータを処理することを明示的に開示する必要はないと考えられます。他方、ドイツの病院がドイツの患者から機微な健康情報をオフラインで収集する場合、EEA内外を問わず、外国のデータ処理サービス提供者や設備を病院が利用するときには、患者に対して開示することが適切であると判断される可能性があります。

● データの保有期間はどのくらいか？
　　場合によっては一定のデータが削除される日付が非常に関連性を持つため、データ主体はデータの保有期間について合理的な懸念をします。例えば、求職者は、会社が過去の応募記録を削除した後や、公的な前科や運転

記録に関する情報が抹消された後に、再び会社に応募することができるかもしれません。また、オンラインサービスの利用者は、削除済み電子メールやショートメッセージのバックアップコピー、ブログ投稿、位置データ等のデータをサービス提供者が削除するまでの間、当該データにアクセスして利用することまたは利用させることができます。そのため、データの保有期間は、企業による開示を必要とするに足る関連性があります。しかし、今のところ、ほとんどの企業は「正当な業務上の目的に必要な期間」や「適用法令により許容される限り」等の比較的曖昧な表現以上の開示をしていません。このような表現は、あまり有益な情報を提供していませんが、極めて一般的で、その理由は、おそらくほとんどの企業がこれまで確固たる記録の保有や削除に関する制度を実施できていないからです。データの保有や削除期間について、より詳細な情報を提供する場合、実際にデータを削除するのではなく、識別の中止、切断または阻止等のシステムアーキテクチャに関する誤解を招く表現を避けるために、慎重に言葉を選ぶ必要があります。

- データ主体はどのように自らのデータへのアクセス、訂正または削除ができるか？

　ヨーロッパ等のデータ保護法では、データ管理者は、データ主体がデータにアクセスして訂正および削除を要求することを許容および可能にする必要があります。企業は、通常、そのような要求をどのように許容、推奨または伝達するか等の実施の詳細を自由に決定することができます。ほとんどの裁判管轄では、企業は合理的な手数料を請求することができますが、GDPRでは、通常、手数料を請求することは認められません。裁判管轄の中には、企業が、データ主体に対し、その法的権利について通知することを明示的に要求しているところもあります。データアクセス要求の数を最小限に抑えたい場合には、データ主体に対して、その権利について通知することが法的に要求される裁判管轄でのみ、この点について明記することもできます。しかし、そのような要求に対する特定の連絡窓口、規則および連絡先情報を提供していない場合には、まとまりのない処理が難しい要求を受け取ることになり、実際に組織の管理上の負担を増大させる可能

性があります。したがって、多くの企業では、法的に要求されていない場合であっても、プライバシー通知において、データアクセス要求について具体的に記載しています。それらは、一般的に、手数料の可能性について言及し、オンラインまたはオフラインのフォームについて規定し、要求を効率的に処理するために、データ主体からの十分な情報提供を要求します。

EU の GDPR に基づき、企業は、プライバシー通知において、EEA 内における外国データ管理者の代理人の身元、データ保護責任者の連絡先の詳細、データ処理の法的根拠（法令の条項の相互参照が必要と解釈される可能性があります）、データ処理を正当化するために主張される正当な利益の説明、EEA 外に個人データを移転する意図、移転先となる各国について欧州委員会の十分性認定の有無に関する情報、データの越境移転のために採られる保護措置に関する情報およびそれらの写しを入手する手段または入手可能な場所、データの消去、データの訂正、データポータビリティ、随時可能な同意の撤回およびデータ保護監督機関への異議申立てに関する権利についての情報、個人データの提供が法律上または契約上の要件であるか、契約を締結するために必要な要件であるか、あるいは、データ主体が個人データを提供する義務を負うことおよびかかるデータ提供の不履行により生じ得る結果、並びに、プロファイリングや「関連する論理についての有益な情報、並びに、データ主体のためのかかる処理の重要性および想定される結果」を含む、自動化された意思決定の存在に関する情報を含む、その他の様々な詳細について記載しなければなりません。同時に、企業は、GDPR に基づき、「簡潔で、透明性があり、分かりやすく、容易にアクセス可能な形式で、明瞭で平易な言葉を用いて」プライバシー通知をすることが要求されます。GDPR に列挙されているすべての強制的な詳細についても記載する場合には（おそらくデータ保護責任者またはプライバシー法の教授向けの特別なプライバシー通知を除き）、企業は、実際には、分かり易さに関する要件を充たすことはできません。実務上、多くの企業は、監査や執行の場面において、一定の必須の情報の項目について記載を怠ったことに対する制裁から防御することは困難なため、分かり易さを犠牲にして、過度に包括的になり過ぎるという過ちを犯しがちです。一方、EEA 内の監督機関または個人が、プ

イバシー通知が長すぎて扱いにくく分かりにくいと異議を申し立てる場合、会社は、GDPR に列挙されているすべての項目について記載する必要があることを指摘することによって、自社を擁護することができます。GDPR に基づき、企業は、個人データの移転先となる各裁判管轄について「欧州委員会による十分性認定の有無」のような印刷されたプライバシー通知で容易に 1、2 頁は使ってしまう項目等の非常に技術的な詳細について情報を提供する必要があります。

EEA 外のデータ主体は、EU の GDPR が要求する詳細や説明の多くについて無関係またはほとんど関心がないことが分かります。企業がそのような情報をグローバル通知に含めると、平易な言葉という要件に反する可能性があります。したがって、企業は、グローバルウェブサイトやモバイルサイト上における EEA 内のデータ主体に別個のプライバシー通知を出すことを検討すべきです。例えば、世界中のすべてのデータ主体を対象とした本当に分かりやすいプライバシー通知の中または末尾にハイパーリンクすること等です。データ主体に対し、簡潔で分かりやすい重要な開示から始まり、特定のトピックについて追加情報を提供したり、異なる裁判管轄については各自がクリックしてその裁量で見直すことができるリンクのある階層化されたプライバシー通知の中で、各国特有の情報を提示することもできます。

多国籍企業は、増え続ける数多くのプライバシー通知を正確かつ最新に保つために追加のリソースや規律が必要になる各国特有のプライバシー通知が急増することをおそれています。しかし、注目すべき点は、多様化する通知や形式的要件が、実際には、異なるデータ処理手続を要するのではなく、異なる通知を要するだけであることです。ほとんどの企業は、各裁判管轄特有のプライバシー通知で当該手続をどのように記述しなければならないかにかかわらず、世界中で比較的統一されたデータ処理手続を実施することができます。

しばしば企業は、要求されていないばかりか、通常プライバシー通知には盛り込むべきではない情報まで記載していることがあります。例えば、次のような場合です。

- 宣伝広告の常套句や善意の表明

  例えば、「当社はプライバシーを尊重しています」、「お客様のプライバシーは当社にとって重要です」、「当社は最高のセキュリティ対策を実施しています」といった記載は、データ主体にとって意味のある情報ではなく、単にその会社が実際にはプライバシーを十分に尊重していないとか、法令を遵守していないと考える原告代理人弁護士や監督機関に格好の攻撃材料を提供するだけです。

- 法的義務の引用

  例えば、データ保護法が適用されることや、それが規定されていることの認識について記載するような場合です。企業は、一部の裁判管轄でのみ、どの法規制が適用されるのか、また、通常は消費者の権利(例:消去、訂正、データポータビリティおよび異議申立ての方法に関する情報を要求する権利)についてのみ、顧客を啓蒙することが要求されます。そのような通知が法的に要求されていない場合にまで、法律上の文言をプライバシー通知に盛り込むと、より冗長になり、特定の状況に適用される関連する開示についてデータ主体が把握することが困難になります。

3.4.4　書式および提供要件

多くの法律が企業は書面で通知を提供しなければならないと規定しています。これは紙によるという意味にも取れますが、通常、データ主体が当該通知を簡単にダウンロードして保存できるのであれば、電子メールやウェブサイト上でもよいとされています。例えば、コールセンターの品質向上のために通話を録音することに関する場合など、書面通知の提供が現実的ではない状況では、書面要件の適用除外が認められる傾向があります。通常、企業は、データ主体から積極的な受領確認を取得することまでは要求されていません。それにもかかわらず、企業の中には、紛争になった際に、データ主体や監督機関から通知がされていないと主張された場合に備えて、証拠保持のために、受領確認を取得しています。この方法は、企業が厳格に要求されていない状況でも、通知を提供することにより利益を得る場合にあたると考えられます。例えば、米国では、

企業は、従業員や消費者に通知することにより、「プライバシーの合理的期待」を否定することができます。このような方法の代わりに、企業は、すべてのデータ主体に対して通知が表示されるようにすることにより、すべてのデータ主体が通知を受領したことを証明できる方法で、データ収集手続を構築することができます。例えば、オンライン登録処理手続中、通話の録音を開始する前、あるいは、監視カメラによる撮影が行われる敷地内に立ち入る前に受付で訪問者や従業員が署名を要求される場合などです。

3.5 同意

　一定の種類のデータ処理活動を開始する前に、企業は、データ主体から同意を取得する必要があると明記している法律もあります。例えば、米国連邦法であるHIPAAのプライバシールールにおいて、病院等が法定の許可された範囲を超えて個人の健康情報を利用したい場合には、患者本人から所定の承諾を得る必要があります。ヨーロッパのデータ保護法の下では、一定の例外が適用される場合を除き、宣伝広告メールを送ったり、消費者のコンピューターにクッキーを置いたりする前に、企業は同意を取得する必要があります。また、コロンビアやロシアも、極僅かな例外を除き、一般的な同意要件を課しています。このような厳格な法が適用される場合、企業にとって選択肢は二つしかありません。すなわち、同意を取得するか、規制されるデータ処理をしないかのいずれかです。

　法律によっては、データ主体の同意があるか否かにかかわらず、一定の種類のデータ処理をより厳しく制限または禁止しています。例えば、カリフォルニア州の1991年改正法であるSong-Beverly Credit Card Actにおいて、小売業者は、一定の僅かな例外が適用される場合を除き、クレジットカード保有者の同意の有無にかかわらず、クレジットカード保有者の個人情報を保有することができません。この法律が適用される場合、企業は、たとえ同意を取得したとしても、規制されているデータ処理をしてはなりません。

　同意が必要不可欠な場合や同意では不十分な場合に加え、しばしば企業は同意が取得できるか、また、取得すべきかについて判断しなければならない場合

があります。例えば、ヨーロッパの法律の下では、自動データ処理の一般的禁止を免れるために、企業には、データ主体の同意を取得するという選択肢があります。同意を求める代わりに、企業は、データ処理を必要とする契約をデータ主体と締結することや、「正当な利益という例外」に依拠できるかについて検討することもできます。実務上、このような代替策が本当に利用できるか否かは不明確です。利益の均衡を図るためにはかなり裁量の幅がありますし、契約上そのデータ処理が本当に「必要」といえるかについて争いになる可能性もあります。そのため、企業はしばしば同意を求めるべきかについて「念のため」検討しなければなりません。特定のデータプライバシー法やデータ保護法が（未だ）制定されていない多くの国々の法の下では、弁護士は、一般的な不法行為の規定や曖昧な憲法の原則に基づき提訴されるリスクを回避するために、しばしば本人の同意を取得するよう勧めています。

　「念のため」同意を求める前に、次の質問に対する答えを考えてみるとよいでしょう。

- 法律で同意の効力や範囲を制限していたり、形式的または実質的な条件が課されていますか？　例えば、子どもについて別途親権者の同意を求めなければならない等です。
- 同意の取得や追求はどのくらい容易ですか？　オンラインでの登録や購入の際に、例えば、企業や成人している消費者は、クリックのみで同意することができれば負担は比較的少なくて済みます。ところが、紙で同意を取得しなければならないとすると、より手続的な負担が増えます。もし有効な同意の取得がかなり難しい場合には、本当に同意が必要不可欠でない限り、同意を求めない方がよいかもしれません。
- 政府当局や労使協議会等の機関は同意を求めることに反対しますか？　例えば、ヨーロッパのデータ保護監督機関や従業員代表は、データ処理について同意を求める雇用主について、従業員を抑圧するつもりではないかとの疑いの目を向けるので、そのような雇用主に対して懐疑的になる傾向があります。このことは、ネットワークセキュリティツールの導入、グローバル人事情報システムの導入、給与管理の外注などのプロジェクトを成功

させるために、雇用主が全従業員の同意を必要とする状況では、正当な懸念であるといえます。しかし、従業員の選択に応じて制度や便益をカスタマイズできるような場合（例えば、米国の親会社のストックオプションをヨーロッパの子会社の従業員に付与する際に、従業員は当該便益を拒否するだけでデータの移転を回避できる場合）には、雇用主が従業員の同意を求めることに完璧な正当性があるように思われます。もっとも、ヨーロッパのデータ保護監督機関の中には、従業員の同意は無効とみなし、企業は、監督機関との対立を避けるため、他のコンプライアンス措置を採らなければならないことがあります。

- 同意を求めることで既存の事業関係に混乱をきたすリスクがありますか？ 多くの場合、従業員や取引先に何かを依頼する時には、相手は何か見返りを期待します。何らかの便益を提供し、当該便益と正当な関連性を有する同意を求める場合（例えば、従業員に旅行保険を追加で提供し、そのために保険会社とのデータの共有が必要な場合）には、通常容易に同意を取得することができるでしょう。しかし、データ主体の利益にならず、逆にデータ主体に悪影響を及ぼす可能性があるようなデータ処理（例えば、コンピューター監視や一定の方法のダイレクトマーケティングなど）について、同意を取得することは、より難しいでしょう。そのため、データ主体が自発的に同意するように、何を提供することができるかについて考えてみてください。
- データ主体が同意を拒否した場合どうしますか？ 何としてもデータ処理計画を進めなければならない場合に、同意が得られたデータ主体だけを対象にして業務を進めることができない限り、同意を求めることは適切な選択とはいえない可能性があります。
- 一旦同意したデータ主体が後から撤回した場合はどうしますか？ かかる事態を許容できない場合には、最初から同意を取得する必要のないコンプライアンス措置を検討しなければならないでしょう。ヨーロッパのデータ保護法の多くは、データ主体が自由に同意を撤回することができるとしています。同意の撤回に起因する事業の中断、損失または費用につき、契約上データ主体に支払義務を課すことで企業が自らを守ることができるかについては、しばしば疑わしいと言わざるを得ません。

- データ処理や使用目的を拡大または変更する必要がある場合、データ主体に再び同意を求める準備はできていますか？ 必要不可欠ではない状況で同意を求める場合、変更する前に、再び同意を求める現実的見込みや契約上の権限を創り出すことになるでしょう。
- 同意を求めることによって追加の法制度、審査および管轄権を発動させることになりますか？ ドイツの消費者保護監督機関は、ドイツ国内法に基づき、同意の表明の際に参照されるプライバシーポリシーを含む不公平な契約条項に対して訴えを提起します。

3.6 有効な同意の取得方法

企業がデータ主体から同意を取得することに決めた場合、当該同意に関して充足する必要がある法的要件を確認しなければなりません。例えば、ヨーロッパのデータ保護法では、「データ主体が自己に関する個人データの処理に合意して表明する、自由意思による、具体的で、十分な情報提供に基づく意思表示」を構成する場合にのみ、同意は有効です。特別な種類のデータ（即ち、機微な個人データ）を取り扱う場合には、同意は「明確に」なされることも必要です。EEA外への越境移転が予定される場合には、同意は更に「曖昧でない」ことも必要です。クッキーに関する同意は、企業が「処理の目的について明確かつ幅広い情報を提供した」場合にのみ有効です。

適用要件について判断する際、適用のある法律または契約における以下の性質について検討してください。

- 事前

  同意に関する法律は、通常、同意を要する事項を行う前に同意を取得しなければならないことを暗示していますが、中には「事前の同意」が必要であることを明記している法律もあります。
- 情報提供

  情報に基づいた決定をするために、通常、データ主体に対して十分な情

報が提供されていることが必要です。通知の場合と同様の考慮が妥当します。

- 書面性

　法律によっては、手書きまたは適切なデジタル署名、あるいは証人および公証が要求されることもあります。特定の形式的要件がない場合、同意は口頭または電子的に取得することもできますが、証拠を残す意味で通常は後者が望ましいといえます。

- 任意性

　法律によっては、データ主体が任意に同意した場合にのみ、同意は有効であることを明記しています。適用法令上の要件として任意性について明記されていない場合であっても、ほとんどの法律において、強制された意思表示は有効とは認識されません。重要な問題は、同意を拒否または撤回した場合にデータ主体が被る否定的な結果は何か、そして、結果的に生じる圧力により同意は無効となるかということです。例えば、病院の患者や試用期間の従業員は、オンラインゲーム愛好家に比べて、より実質的な圧力を受けがちです。同意が任意でない（それゆえ無効である）と判断されるリスクを軽減するために、企業は、同意を拒否・撤回した場合の効果について、データ主体に明確に伝えるべきであり、かかる効果が必要以上に厳しくないか、また、（例えば、同意しないデータ主体に代替となるビジネスモデル、サービスまたは価格を提供することにより）それを軽減することができるかについて判断すべきです。

- 明示性、明確性、積極性、明瞭性、その他これらに類する性質

　これらの基準は、同意を取得するときに、データ主体に求められる行為に関する要件を定めるものです。例えば、登録時にチェックボックスに予め入っているチェックを外すことなく手続を進めたり、即座に応答しないことによって、データ主体は黙示的に同意したものとみなされることがあります。しかし、かかる不作為は、通常、明示的、明確、積極的または曖昧でないという同意の要件を充たしません。かかる特別の要件を充たすためには、企業は、データ主体に対し、署名、ボタンのクリック、予めチェックされていないチェックボックスへのチェックなど、同意の表明に向け

たより積極的な手続を要求しなければなりません。
- 具体性その他これに類する性質

    これらの要件は、同意が及ぶ範囲（特定のデータ管理者、データ主体、データの種類およびデータ処理の目的に限定されるのか、それとも広く非限定的なのか）、あるいは、企業が同意を取得する文書の主題（データ処理に限定されるのか、それとも各種契約条件、制度上の利益、技術的特徴、使用上の推奨事項等にも及ぶのか）に関係することがあります。
- 個別性または識別可能性

    法律の中には（米国のHIPAAおよびFCRAを含みます。）、EUのデータ保護規則に従い、他の意思表示と併せてではなく、文書ごとに別個の同意を取得することを要求するものもあります。

3.7　オプトイン、オプトアウトおよびその中間

　消費者、従業員およびその他多くのデータ主体が自ら同意の範囲や条件を策定またはその他形成することはほとんどありません。通常、企業や政府が同意の表明の雛型を準備し、データ主体に所定の様式で同意を表明するよう促し、統一的なデータ処理や同意の有無について簡単に確認できるようにします。予め用意された様式で同意を取得せず、電話や直接対話を通じて同意を取得した場合には、必ず同意の解釈および文書化という問題に直面することになります。

3.7.1　同意の方法の例

　特定の方法に決める前に、適用される法的要件や、概ね上から順により明確な方法を列挙してある以下の選択肢を含め、データ主体が同意を表明するための様々な異なる方法を検討すべきです。

（a）データ処理に関する所定の様式の紙に署名する方法
（b）データ処理に関する所定のオンラインフォームで、1つはデータ主体が同意の範囲を理解していることを表明し、もう1つはデータ主体が

同意の意思を表明するための二つの予めチェックされていないチェックボックスにチェックを入れる方法（いわゆる「フランス式ダブルクリック法」）
（ｃ）データ主体が当該要件を閲読して理解したこと、および、同意したいことを明示的に確認するために、オンライン登録および同意手続後に自動送信される電子メールに返信する方法（いわゆる「ドイツ式二重オプトイン法」）
（ｄ）データ処理に関する所定のオンラインフォームで、予めチェックされていないチェックボックスにチェックを入れる方法
（ｅ）通話中に通話の監視および録音について尋ねられた後に「はい」と言う方法
（ｆ）事前に準備された所定の同意書を含む一連の契約条項（例えば、オンラインバンキングサービス契約、レンタカー契約、無料ウェブサイトの利用規約等）に合意するために、署名するか、または予めチェックされていないチェックボックスにチェックを入れる方法。その実施方法は様々であり、例えば、次のようなものがあります。
　（ⅰ）データ保護に関する同意の意思表示は、長い文書の中で、大文字で太字の独立した見出しを付けて表示したり、長い文書の冒頭または末尾に表示したり、データ主体の注意を喚起する特別の様式にせずに、文書の中程のどこかに含めることもできます。
　（ⅱ）同意の意思表示を含む文書は、次のいずれかの方法のように提示することもできます。
　　1. 別ウインドウの中で、ウェブサイトの閲覧者が、同意する前に、下までスクロールしなければならない方法
　　2. 同じページ内で、「承諾」または「同意」ボタンの下または上に提示する方法
　　3. 別のウェブページで、同意ボタンの上または下にあるハイパーリンクをクリックすると、データ主体が文書を参照できる方法
　　4. サイトの閲覧者が同意を表明するウェブサイトの該当箇所とは関連していない一般的な「個人情報保護」や単なる「法的事項」といっ

　　　　たテキストリンクでページの末尾にリンクされた別のウェブページ
　　　　で提示する方法
（g）ウェブページ上のチェックボックスのチェックを外さないままオンラ
　　　イン登録やその他の手続を進める方法
（h）データ主体が例えばデータ共有や宣伝広告メールの送付等の特定のデ
　　　ータ処理について（例えば、オンラインアカウントの「通信設定」を設定
　　　し直したり、登録解除の要請を送信したりすることで）オプトアウトでき
　　　る旨の通知（例えば、プライバシーポリシーへのリンク等）を受領後もオ
　　　ンライン登録やその他の手続を進める方法
（i）個人の発信者、コールセンターの代表者または予め録音されたメッセ
　　　ージからの通話が「品質管理やトレーニングのために録音または監視」
　　　されないよう要請できるとの通知を受領後も、かかる要請をせず、通
　　　話を続ける方法
（j）データ主体が特定のデータ処理（例えば、宣伝広告メール等）について
　　　オプトアウトできる旨の通知を受領後も、何もしない方法

　上記のすべての方法に適用し得る重要な追加の代替策は、企業がデータ主体との関係を構築する前に（例えば、新しいオンラインサービスへの入会やオンライン求人への応募の条件として）同意を求めているのか、それとも契約締結後（例えば、データ主体が事前に店舗で購入したソフトウェアのインストール中にポップアップで同意を求める等）なのかに拠ります。

3.7.2　最低限の要件

　これらのすべての方法において、データ主体はほぼ間違いなく同意します。そのため、法が単に同意のみを要求し、追加の性質を指定していない場合には、これらの選択肢の提供だけで十分です。

3.7.3　実施方法の選択

　多くのデータ主体が予期しない、または、データ主体に悪影響を与えるデータの収集および処理について、企業は、より明確な同意の方法（即ち、前記の

上の方に列挙した方法）を検討すべきです。たとえそのような方法が厳格に要求されていない場合であっても、異議申立てを受けるリスクが高くなるからです。一方、企業は、データ主体にほとんど影響を及ぼさないか、または、一般的に予想されるデータ処理（例えば、サイト機能をサポートするためのウェブサイトでのクッキーの使用など）については、より目立たない方法に限定すべきです。あらゆる種類のデータ処理に「万人受けする」同意方法をむやみに用いると、否応なく消費者の不満を誘発し、ビジネスに悪影響を及ぼし、あるいは、消費者を「麻痺」させ、どうでもよいポップアップばかり出てくるようになると、消費者はプライバシー通知を読まなくなり、同意を求められた際に、むやみに「承諾」をクリックしてしまうようになるでしょう（そうなると本当に必要な同意の有効性が損なわれることになりかねません）。

3.7.4　黙示の同意

多くの法制度において、通常、沈黙や不作為は同意を構成しないという原則に従っています。そのため、前記 (j) の方法は同意を構成するには不十分な場合が多いです。特に、データ主体が既に特定の条件に同意した後、データ管理者が一方的に提示する事後的な通知により、それらの条件を変更する場合には、沈黙や不作為は同意とはみなされない可能性が高いです。そのような場合、企業が最初から明示的にデータ処理について当該通知により一方的に変更する権利を有効に留保できたときに限り、沈黙を同意とみなすことができます。多くの企業は、特に無料サービスについて、利用規約でデータ処理について変更する権利を留保しますが、国によっては、消費者保護法により、広汎な権利の留保は無効とされる可能性があります。

3.7.5　積極的・明示的同意

法律が「積極的」または「明示的」同意を要求する場合、多くの監督機関、評論家および弁護士は、あまり議論の余地なく、有効な同意を取得するためには、企業が予めチェックの入っていないチェックボックスを提供しなければならないと主張するでしょう。しかし、この問題は、実際に法廷ではあまり決定されておらず、かかる見解を受け入れる前に、適用のある法律の文言、並びに、

実行し得るすべての選択肢の長所および短所を注意深く検討する必要があります。日常用語として、「賛成」と「同意」は、いずれも同様に「同意する」、「前向きな回答をする」または「はいと言う」という意味で使うことができます。「積極的」という単語は、「同意」と組み合わさると、単なる「同意」ではなく、それ以上の意味を有し、データ主体による同意の表明に向けた前向きな行為を要求します。同様に、「明示的」という性質は、単に同意を暗示するものと解釈し得る行為をすることではなく、同意を伝達するためにデータ主体が前向きかつ意識的に行為することを意味します。上記（j）以外のすべての方法において、データ主体は、前向きな行為をして、明示的に同意しています。したがって、十分に目につく方法で、データ主体が同意を求められており、消費者が登録や購入を行うことが、かかる同意の求めに対する回答をも構成するという事実がある限り、ほぼ間違いなく、データ主体は、（a）から（i）までの方法において、積極的かつ明示的に同意したことになります。

　監督機関や裁判所は、（f）から（i）までの方法では、データ処理に関する同意と、それ以外の取引やその他の関係に関する同意とが、同時に行われている点を問題にするかもしれません。厳密にいえば、複数の事柄の組合せについて１つの行為で同意を表明することは、同意があまり「明示的」でも「積極的」でもないものにしてしまいます。登録手続の途中で大きく目立つ警告ページに「当社があなたの個人情報を取り扱うことに本当に同意しますか？　二度考えて本当によろしければ『次のページ』をクリックしてください。」と書いてあれば、チェックボックスとその横に読めないほど小さく記載された文言を提示される場合よりも、データ主体の同意の表明は「明示的」で「積極的」であるように思われます。それでもやはり（a）から（e）までの選択肢のうちのいずれかを選び、データ処理に限定して、データ主体から別個に対象となる同意を求める方が、法が「明示的」で「積極的」な同意を要求する場合に、監督機関や裁判所が別個の意思表示に固執するリスクを回避することができます。

3.8　事前の同意に加えて

　積極的な事前の同意を取得することに加えて、企業は、データ主体が本当に

事情を理解して真に同意を望んでいることを検証および確認するために、さらなる措置を講じることができます。企業は、通常、余計な手間を掛けて、データ主体が最初に積極的な事前の同意をした時に、データ主体が本当に意図していたことを検証することまでは要求されません。また、同意の確認のために何度もデータ主体に追加の要求をすると、困惑や苛立ちのもとになります。しかし、状況によっては、さらに確認した方がよい場合もあります。特に、斬新で複雑な技術やサービスで、一般人には想像し難かったり、誤解されやすい特徴や側面を有する場合です。かかる誤解が害を及ぼす場合には、監督機関による調査や提訴が予想されます。例えば、新しいソーシャルメディアの利用に際し、大々的に報じられるスキャンダルは、プラットフォームの管理者がデータ主体にリアルタイムで通知（例えば、「本当にこの写真をあなたのフォロワー全員に送信しますか、それともあなたがメッセージに返信する相手方のみに限定しますか？」など）を出していれば、防止できたかもしれません。同様に、スマートフォン用の「フラッシュライト」アプリが位置情報データを収集していたことで訴えられましたが、かかる収集はアプリの目的と機能から不必要と思われ、ユーザーを驚かすものでした。たとえ企業が事前に詳細な開示をして、積極的な事前の同意を要求しても、より新しく複雑なアプリほど、ユーザーが自己のデータ保護に対するすべての影響について閲読して理解していることは稀です。

　ユーザーがアプリケーションの特定の機能を使用する際に、企業が簡潔で端的な補足の通知を「適時に」追加で提供すると、ユーザーは、よりよく状況を理解した上で、アプリケーションの使用を継続するか、それとも止めるのかについて判断することができます。例えば、Microsoftが新バージョンのソフトウェアに、ユーザーに特定の機能とその意味を知らせる「Officeアシスタント」機能を搭載したのと同様に、オンラインサービス提供者は、一連の処理の流れの中に通知やリマインダーを組み込むことができます。ユーザーを苛立たせないようにするため、各通知や同意の確認の中に、以後警告を表示しないオプションを組み込むこともできます。他にもユーザーが同意しようとしているデータ処理に関する理解を向上および確認するためのプライバシー機能として簡単なクイズやチュートリアルをユーザーに行ってもらう方法もあります。例えば、ソーシャルゲーム会社のZyngaが、ユーザーを教育するために、プラ

ットフォームのプライバシー機能に関するクイズを完了すると無料クレジットがもらえる「PrivacyVille」というゲームを提供すること等です。それ以外の方法として、詳細な通知を読まないユーザーには、音声や動画によるチュートリアルもあります。モバイル端末の小さなスクリーン上では、通常、長文を読むことは想定されていないので、書面による通知の有効性に疑義が生じかねないことから、通信事情が良好であれば、モバイル端末ではこれらの方法も効果的です。

　スマートフォンやタブレット用のモバイルアプリ等のプラットフォームでは、プラットフォーム管理者が標準化された許可類型を作成しておくと、各アプリのプライバシー通知を一つ一つ読まなくても端末のシステム設定ですべてのアプリに共通して適用される類型を確認することができるので、消費者がより素早く理解することができ、さらに非常に役立ちます。カリフォルニア州政府の圧力を受け、主なプラットフォーム提供者は、許可類型の標準化に合意しており、プライバシー・バイ・デザインの好例といえます。

3.9　同意書の作成に関するその他の留意点

3.9.1　通知の同意書への反映

　企業は、データ主体に十分な情報を提供して同意を取得する前に、想定されるデータ処理の詳細について十分な通知をしなければならないことから、通知と同意の書式はしばしばよく似ています。そのため、同意書を準備する際には、通常、通知書も一緒に準備するか、既存の通知書を引用して反映することが必要になります。多くの場合、企業は、プライバシー通知の「定型的」要素を提供するために、自社のウェブサイトのプライバシー・ポリシーへのリンクを貼付します。しかし、この方法は、常に適切とは限りません。ウェブサイトの訪問者やその他のデータ主体にあてはまる状況や規則はしばしば異なります。そこで、企業は、まず初めに、通知の中の引用して組み込みたい事項が実際に目の前の状況に適用されるのかについて検証すべきです。プライバシー通知の中の一部の要素のみが、特定のデータ処理に適用され、同意を要求されている場合

には、幅広いプライバシー通知を組み込んだ文書の中で、その要素だけをハイライトすべきです。あまりにも多くの不必要または適用されない詳細まで通知に含めたり引用したりしてしまうと、通知の有効性や有効な同意の形成にとって十分かにつき、裁判所や監督機関に疑問を抱かせることになりかねません。

3.9.2　端的な同意の表明

　同意書を作成する際、特定の処理について、具体的で明示的な同意の取得が必要なのか、それともすべてのデータ処理に関するより一般的な同意で足りるのかについて判断しなければなりません。具体的で明示的な同意を取得したいのであれば、データを用いて何をする計画なのか、その要点を明確にしておく必要があります。

　例えば、宣伝広告メールを送信することについて消費者から同意を取得したい場合には、次のような文言を記載した紙の書式またはウェブサイト上でチェックの入っていないチェックボックスを提示することができます。

> ［　］はい、貴社のウェブサイトのプライバシーポリシー（当該ポリシーへのハイパーリンクを挿入）に基づき、貴社の製品やサービスに関する案内を電子メールで私に送ってください。

　一般的な販促活動に関する開示の一部が埋め込まれている場合に、単なる一般的なウェブサイトプライバシーポリシーに対する同意を取得するだけであれば、「明示的」または「具体的」という同意の要件を充足できない可能性があります。また、プライバシーの取扱いについて同意を求めることで、例えば、他のEEA加盟国のデータ保護法を尊重しなければならない場面であっても不公平な契約条項に対して国内法を執行するドイツの消費者保護監督機関など、企業は、追加の法的要件、救済および司法権を発動する可能性があります。ただし、同意の取得は必要とされるものの、「明示的」または「具体的」な同意までは必要としない裁判管轄では、より一般的な同意でも適切といえます。そのような場合には、次のような文言になるでしょう。

> [　] はい、私は、貴社のウェブサイトのプライバシーポリシー（当該ポリシーへのハイパーリンクを挿入）を閲読し、理解した上で同意しました。

3.9.3　同意の仕組みの提示および表明

　消費者のクリックや署名が消費者の同意を示すことを明確にするために、いかなる場合も予め準備された同意文言は、チェックボックスや、「承諾」ボタン、署名欄の近くに表示するとよいでしょう。同意文言は、通常、「承諾」ボタンや「送信」ボタンの下には表示しません。同意文言は、チェックボックスや署名欄のすぐ上かすぐ隣にあれば、通常は十分です。

3.9.4　誰が同意を取得すべきか——データの管理者か、それとも処理者か？

　データ主体と直接関係を有するのはデータ管理者だけであり、同意を求める機会を有するのもデータ管理者だけなので、データ管理者のみが同意を取得しなければならず、かつ、そうできるのは通常管理者のみです。一般的に、データ保護法はデータ管理者に同意を取得する義務を課す傾向があるので、処理者は同意の取得を要求されません。技術的には処理者たる委託先が責任を負う場合（例：そもそも収集すべきでなかったデータを処理する場合）であっても、データ管理者の方がより過失があるとされ、法的責任も対象となりやすい傾向があります。それにもかかわらず、処理者たるサービス提供者もプライバシー法の遵守に強い関心を持っています。違反が発生し、訴訟になり、または、公表された場合、その件が自社の技術、サービス、ビジネス手法に悪い評判を与えるときには、サービス提供者は、不満のある顧客や売上への影響に対処しなければなりません。それゆえ、（顧客やデータ管理者よりも同意要件に詳しい）専門的なサービス提供者が適切な通知や同意書を作成して共有することは珍しくありません。例えば、ローテク企業向けにホームページのウェブ解析や行動追跡サービスを提供するハイテク企業は、同意要件を問題として取り上げ、同意書の雛型を顧客に提供するかもしれません。サービスの提供者の中には、契約上、データ管理者に同意を取得する義務を負わせている場合もあります。その他の

サービスの提供者は、そのような問題を提起するのではなく、データ管理者に任せるか、あるいは、顧客からの要請に応じてまたは顧客が契約上データ保護法遵守の責任をサービスの提供者に転嫁しようとする場合にのみ、同意文言の作成を手伝います。

3.10　契約

3.10.1　データ主体との契約とデータ主体からの同意との比較

　契約は両当事者からの同意を必要とします。企業が契約外でデータ主体から同意を取得する場合には、同意の表明はデータ主体からデータ管理者に対して一方通行で行われます。これに対し、契約の場合には、両当事者が相互に約束を交わします。したがって、同意を取得することと、契約を締結することとの概念的な違いの一つは、契約は両当事者に対して拘束力を有することです。契約を締結するということは、企業はデータ保護法やプライバシー法だけでなく、契約に関する消費者保護法を含む契約法をも考慮しなければなりません。実務上、企業はデータ処理の点ばかり重視した同意書を作りがちですが、契約ではしばしば追加の項目についても触れられており、通常、期間、解除、通知、準拠法および裁判管轄等の契約上の関係に纏わる側面を定義するための様々な条件が含まれています。企業は、時折、データ主体から同意を取得する代わりに契約を締結または変更することがあります。

3.10.2　ウェブサイトのプライバシーポリシーまたは
　　　　　一般的なプライバシー通知に対する明示的な承諾の要求

　企業が特にデータ処理に関して通知したり、同意を求めたりする際、しばしばデータ主体に自社のウェブサイトのプライバシーポリシーやその他のデータ処理に関する一般的な通知を承諾するよう要請することがあります。このような方法は一般的ですが、百害あって一利なしです。

- 承諾を求めることで、企業はデータ主体の同意が必要なことを暗に認めることになります。このことにより、(企業は、同意があり、かつ、有効であることを保証する責任を負担することになるので) 企業の義務を拡大し、さらに、(企業は、今後プライバシーの取扱いやポリシーについて、いかなる変更をする際にも同意を求めなければならなくなり、単にプライバシーポリシーの改訂版を掲載した後で変更を実施するという方法を採れなくなり) 将来的に企業の選択肢を狭めることになります。
- データ主体が承諾しない可能性や、データ主体が承諾したことを企業が後に証明できない可能性があります (例えば、証拠としての要件を充たす形で承諾が書面に残されていなかったり、「承諾」ボタン等をクリックしたのがデータ主体であることを企業が証明できなかったりするからです)。
- データ主体が承諾したとしても、形式的な欠陥 (例えば、通知や承諾の方法が十分に目につくようになっていない、翻訳が必要なのに見落とされている、データ主体が未成年者である等) ゆえに、承諾が無効とみなされる可能性があります。
- 企業がプライバシー通知の内容についてデータ主体から明示的な承諾を取得した場合、通常、企業はプライバシー通知に記載された方法のみでデータを処理するという効果を生ずる契約上の合意が形成されます。これは、将来、企業がこの方法を変更したい場合には、再び明示的な承諾を求めなければならないという結果をもたらし、データ主体は合理的な通知を以ってかかる合意を解除または撤回する権利を有する可能性があります。即ち、承諾が撤回されると、以後、企業は通知に記載された個人データの処理ができなくなります。
- プライバシー通知の内容について同意を求めることにより、企業は、さらなる監督や司法権の注意を引く可能性があります。例えば、ドイツの消費者保護監督機関は、他のEEA加盟国に設立された企業のデータ処理業務に関して、その他のEEA加盟国の法律や管轄権に従わなければならない場合であっても、不公平な契約条件に関する国内法を契約の形式または文脈で提示されたプライバシー通知に適用します。
- 米国型の法律では、企業は、「プライバシーの合理的期待」に基づく制限

を克服するために、データ主体に通知する必要がありますが、企業は、明示的な承諾を求めずに、一方的な通知を出すことで、これを達成することが最良といえます。また、ヨーロッパ型の法律では、企業は、ウェブサイトのプライバシーポリシーやこれに類する一般的な通知における会社のデータ処理業務に関する包括的な説明をデータ主体に提示するだけでは、要求される「具体的な」同意を取得することはできません。
● 長所としては、データ主体が明確な通知を受領し、明示的、自発的に承諾を表明すれば、データ主体は、通知に記載されたデータ処理に対して異議を述べる可能性は低くなります。また、特定のデータ保護法が存在しない裁判管轄では、曖昧な憲法や不法行為理論に基づく請求や異議から保護されるためには、明示的な承諾を取得して処理する方がより安全に思われます。

3.10.3　同意に代わる契約

　企業は、常に、プライバシーポリシーにおけるデータ処理方法について、データ主体の同意または承諾を求める代わりに、一つの重要な代替策を検討すべきです。同意や許可や承諾を求める代わりに、企業は、データ主体との取引契約において、個人データを処理する義務を負担することができます。契約上の義務は、企業がデータを処理することを要求すると同時に許容もします。ヨーロッパのデータ保護法では、契約上の義務は、正当化のための代替策の一つとして挙げられています。同意が具体的、自発的で、十分な情報の提供に基づき、書面でなされている必要がある一方で、データ保護法では契約成立の基準を設けておらず、企業は、契約上、より柔軟な方法を採れることが多いです。例えば、オンライン情報サービスを提供する企業は、ウェブサイトの訪問者に新しいサービスや更新に関する宣伝広告メールを送信するための同意を求めることができ、また、企業が新しいサービスや予定される更新に関する最新情報を提供する義務があるという条項をオンラインサービス契約に盛り込むことができます。最初のアプローチ（同意を求める方法）では、企業は、具体的、明示的、自発的な、十分な情報の提供に基づく、書面による同意を取得する必要があり

ます。第二のアプローチ（契約上の合意）では、企業は、契約の成立を促進するだけで足り、これは、黙示の承諾で達成することができ、通常、ほとんどの裁判管轄における法律において、書面によることは要求されません。同様に、広告を収入源としたソーシャルネットワークプラットフォームや電子メールサービスや情報サイトを提供する企業は、ユーザーの行動追跡、友達の招待、データ共有およびその他のデータ処理について、ユーザーの同意を求めることができ、また、ターゲット広告の配信、友達の招待の選択、データ転送およびその他の個人データの処理を要する行為について契約上合意することができます。

3.10.4　企業間の取引契約

データ保護法の観点から、企業は、他社と3つの根本的に異なる種類の契約を締結することができます。(1) データ処理契約、(2) データ処理再委託契約、および (3) 管理者間契約です。

- データ処理契約では、ある会社が、別の会社（即ち「管理者」）のサービス提供者（即ち「処理者」）として、データを処理します。データ管理者は、データ保護法に基づく大半の義務の遵守について責任を負います。データ処理者は、データ管理者からの指示や命令に従い、データ管理者のためにのみデータを処理します。データ処理者は、自己の目的のためにデータを使用したり、契約終了後もデータを保有したりしてはなりません。データ管理者は、通常、データ主体から同意を取得する必要はなく、また、データ共有に関する特に詳細な通知を提供する必要もありません。なぜなら、データ管理者がデータ処理について完全な責任を負い、管理をしているからです。
- 再委託契約では、データ処埋者は、再委託先と契約を締結し、データ管理者とデータ処理者との間のデータ処理契約に基づく義務を転嫁します。
- 管理者間契約では、あるデータ管理者は、別のデータ管理者たる他の会社と当該他の会社自身の利益のために、例えば、共同販促活動、電子メールリストの貸出・販売、関連会社グループ内での人事データの転送等に関して、データを共有します。このような場合、両データ管理者が、データに

ついて利害関係を有しており、いずれも法令遵守義務を負います。通常、最初のデータ管理者が、二番目のデータ管理者と個人データを共有することについて正当化するために、データ主体から同意を取得するかまたはデータ主体に対する契約上の義務を負います。
- データ処理契約と管理者間契約の特徴を併せ持つ混合契約も可能です。データ管理者は、データ処理に関して自らの利益も追求するサービス提供者を雇うことができます。例えば、ある会社が自社の従業員ストックオプション制度を管理するためにブローカーを雇い、当該ブローカーが当該会社の従業員に他の投資関連サービスも販売しようとしている場合です。このような場合、通常、最初のデータ管理者が、管理者間契約に適用されるより厳しい規則を遵守しなければならず、かつ、データ主体から同意を取得するか、またはデータ共有をデータ主体との契約上の義務を履行するために必要な範囲に制限しなければなりません。

3.10.4.1　データ処理契約の条件
企業は、データ処理契約において、以下の点について規定すべきです。

- データ処理者は、データ管理者のためにのみ、データを処理しなければならないこと。
- データ処理者は、データ管理者からの指示や命令に従わなければならないこと（ただし、受注管理の変更や追加料金が発生する可能性があります）。
- データ処理者は、データ管理者の指示なく、データ処理の特質の主要な側面、例えば、データ処理の場所や再委託先などについて、変更してはならないこと（データ処理者が提供する標準的サービスを変更しなければならず、データ管理者がデータ処理者に適宜指示をしたくない場合に、受注管理の変更や課金の可能性、解約、中途解約手数料が発生する可能性があります）。
- データ処理者は、データを安全に保持しなければならないこと。当事者は、具体的な技術的、組織的、管理上のデータセキュリティ措置、例えば、データ処理者か管理者の情報セキュリティポリシーなどに合意することが理想的です。

- データセキュリティに対するデータ管理者の責任はどこまでで、データ処理者の責任はどこから始まるのかについて。データが最終的に安全に保持されるように企業が明確な線引きをし、他の当事者にとって各々の責任が明確になっていることが理想的です。
- データセキュリティ違反、データアクセス・訂正権、監査および政府調査に関する通知、協力および補償義務。どのような場合に事業者は顧客に通知すべきか、当事者は状況の調査や改善にどのように協力するか、データ主体に対する通知文言の作成においてサービス提供者はどのくらい情報提供をするか、違反またはその疑いに起因する費用や損害について誰が支払うかについて。

3.10.4.2　データ処理再委託契約の条件

- データ処理者は、データ処理契約でデータ処理者が負担する義務の全部または一部を再委託先に転嫁する必要があります。
- データ管理者が直接指示をするのか、それともデータ処理者からかについて。
- 原データ処理契約で規定しなければならないすべての問題は、再委託契約でも規定すべきです。

3.10.4.3　データ管理者間契約の条件
データ管理者間契約において、企業は、以下の点について検討すべきです。

- いずれのデータ管理者が、個人データの使用および処理について、他方の管理者に対する契約上の制約を受けるのかについて。
- いずれの管理者がデータ移転の適法性を確保する責任を負うのか——送信者か、受領者か、それとも両者かについて。かかる義務は、しばしば送信者が自然と負いますが、稀に受領者もデータ主体から同意を取得するのに同等以上の立場にある場合があります。例えば、不動産売買における不動産仲介業者や銀行や保証会社として、両者がいずれもデータ主体と直接関

係を有する場合です。
- 移転または管理者の一方の作為不作為の結果、一方または双方の管理者が提訴された場合における賠償および協力義務について。
- データの流れは双方向性を有するので、権利義務も相互に適用されるように規定すべきかについて。

3.10.5 法律およびコンプライアンス指針で規定される条件

　企業は、法律が要求するとおり、いくつかの標準条項に同意して契約を成立させなければなりません。例えば、個人データの越境移転に関するヨーロッパの法律を遵守するために、企業は、EU委員会が公表した「標準契約条項」を実施することができます。また、健康情報の保護に関する米国連邦法（いわゆるHIPAAプライバシールール）では、対象事業者と一定の外部委託先事業者は、事業提携契約書を締結しなければなりません。この種の契約に直面した時は、発想を転換し、通常の取引契約との根本的な目的の違いを理解しなければなりません。この種の契約は、通常、一方から他方に対して強制されるのではなく、双方が法的要件を充足するために実施されます。あらゆる強制力が監督機関、データ主体およびその他の第三者からもたらされるでしょう。したがって、交渉段階で、当事者の利益は、通常の取引契約よりも一致している傾向があり、法令遵守の課題に取り組むという点で両者が同じ考えであるならば、より効率的にこの種の契約を実施できるでしょう。

3.11　実施要領

　通常、企業は、実施要領の作成を法律で強制的に義務付けられることはありません。一方で、大規模な組織は、実務上、データの収集、使用、開示、アクセス、保護およびその他の処理に関するポリシーを制定および周知する必要に迫られます。組織として、企業は、データ保護法に基づく膨大な要件（例えば、データを正確かつ安全に保持し、場合によっては暗号化すること、データ主体に通知、アクセス権および訂正権を付与すること等）を遵守しなければなりません。

このような実質的コンプライアンス要件を充足するために、企業は、従業員、請負業者、委託先が各々適用される法律や契約上の義務に従って行動するようにしなければなりません。企業は、研修、技術的・組織的対策、並びに、従業員や請負業者に対する実施要領や契約上の義務を含む、多数の異なる方法により、この目標を達成することができます。かかる実施要領は、簡潔かつ対象を絞ったものになるよう、特定の立場に焦点を合わせて、作成するとよいでしょう。長々とした包括的なポリシーは、各人の特定の業務に対して当該文書のどの箇所が適用されるのかについて理解するために時間をかけない従業員には、「官僚的形式主義」として無視されてしまう傾向があります。

データ保護法の遵守に関して、どのくらいの数の実施要領を必要とするかについては、その会社の取扱方法や従業員の数、さらには従業員の専門性や精通度によります。非常に機微な消費者のデータを取り扱う大規模な多国籍企業であれば、データ使用に関して沢山の実施要領を必要とするでしょう。これに対し、法人相手の小規模な新興企業では、基本的に従業員情報と顧客リストだけ鍵をかけて保存しておけばよいということもあるでしょう。実施要領を作成する際には、名宛人、対象になる部署が知っている事柄、要点を伝える最良の方法について考えましょう。各実施要領には、当該実施要領が対象とする人に関係のある規則のみが含まれていることが理想的です。

3.12 アンケートおよびデータ提出フォーム

企業がアンケートやウェブフォームなどを用いてデータを収集する場合、以下の点を考慮すべきです。

- フォームを用いると、会社は、受領するデータの種類を管理できます。質問がより具体的で、回答の選択の幅がより狭いほど、返信者は、会社が受け取りたくないまたは責任を問われかねないデータを送信しなくなります。例えば、ユーザーが作ったコンテンツをホストする会社は、権利者たる第三者に対し、著作権侵害の申立てに関する比較的限定された詳細なウェブフォームを提供することで、(申立先メールアドレスだけ公開した場合に予想

される）さらに状況の調査を要する曖昧な申立てを受け取るリスクを減らすことができます。一方、会社が質問する情報がより具体的になればなるほど、当該質問から生み出される回答の種類について会社はより責任を負うことになります。例えば、大家に物件の広告の掲載を認めている会社は、会社が用意した特定の質問を通じて大家が差別的嗜好を表明することを誘発している場合、会社はその大家が作成したコンテンツを掲載していることについて責任を免れることはできません（ウェブサイトの訪問者が自由に文章をアップロードできる場合、通常、その会社は、その訪問者が掲載した差別的コメントについて責任を負いません）。同様に、求職者向けのアンケートを掲載する雇用主は、細かく設定した質問を掲載して、予め用意された回答やプルダウンメニューで求職者が回答に含めることができる情報を制限することにより（後々反差別訴訟で引用できそうな）多過ぎるまたは機微過ぎる情報を受け取るリスクを減らすことができます。

- 会社が消費者からフィードバックを得るだけでなく、自社製品の宣伝もする目的でアンケートを電子メールで送る場合には、アンケートは広告とみなされ、その結果、迷惑メール防止法が適用される可能性があります（例えば、事前の明示的な同意や有効なオプトアウト措置などが要求されます）。
- 特定の種類のデータ処理について、既にデータ主体からの明示的な同意を求めている会社は、データ主体が対象となるデータを確認、更新、補足する機会を利用すべきです。これにより、企業がデータの完全性の要件を遵守し、通知要件から解放され、対象データに関するデータ主体の懸念を緩和することができます。例えば、雇用関係において、従業員は、外国の親会社の人事情報システム内で自己の個人データが処理されることにつき、各自が更新、訂正、確認ができるファイル内の具体的データを印刷して提供されると、より進んで同意する傾向があります。

3.13　決定事項およびコンプライアンスの取組みの文書化

企業は、EU の GDPR や EU －米国間プライバシーシールドプログラムに基づき、自社のデータ処理の記録を作成することが必要です。また、企業は、顧

客からの問合せへの対応、M&Aにおけるデューデリジェンス情報開示請求リスト、訴訟における過失による将来の賠償請求への備え等に関する文書も作成します。かかる文書は、既存または計画中の業務の法務レビュー（例えば、海外進出や新製品の発売に関する外国法への準拠など）を行う際に、関連するすべての事項や状況を記載していないことがあるプライバシー通知のみを見直すよりも役に立ちます。

このような文書を作成するには、自社が取り組んでいる要件を特定して明示的に列挙し、各要件の横に自社が実際に行っていることを記載していくことができるでしょう。例えば、EU‐米国間プライバシー・シールド原則や、GDPRに基づき適用のある要件、その他のデータ保護法に基づく主な義務をそれぞれコピーして、白紙のワード文書ファイルに貼り付け、ページごとに区切って、各要件にどのように取り組むかに関する自社特有の情報を付け加えることができます。文書を完成または共有する前に、記載されている取組みは正確かつ十分であるかを確認し（または取組みを変更し）、さらに、データ主体への通知、政府機関への届出、取引先との契約、その他の第三者に対する表明と一致しているかについて確認することが必要です。

通常、小さい組織でも、すべての多様なコンプライアンスの課題と対策（例えば、届出、データ保護責任者の選任、データ移転契約、ポリシー、委託契約の履行・維持など）を収集・監視するために、コンプライアンスの文書を作成する利点はあります。また、様々な現地の監督機関に伝える情報が、関連するグローバルシステム、手続およびポリシーと一致していることを確かめるのにも役立ちます。

3.14　政府機関への通知、承認

ほとんどのEEA加盟国、並びに、アルゼンチン、イスラエル、モロッコ、ロシア、スイスおよびウルグアイを含む、その他のいくつかの国において、企業は、データ保護監督機関に対し、個人データまたはデータベースの処理の全部または一部について通知することを要求されます。GDPRの前文において、既存の通知義務は、管理上および財政上の問題を生じさせた一方で、データ保

護の向上には十分寄与しなかったので、廃止すべきであると記載されています。EU 加盟国は、実際に廃止することについて合意できず、そのため、各国の通知義務の全部または一部は、2018 年 5 月の施行後も存続する可能性があります。

　通知および承認の要件は、次の事項に応じて、非常に多種多様です。

- 届出が要求される状況（例えば、全自動処理、一定数以上の従業員による処理、特定の種類のデータの処理、特定の目的での処理、越境移転、管理者と・処理者の業務、内部通報ホットライン等）
- 提出すべき情報に関するガイダンスを監督機関が提供する程度。ベルギー、フランス、スペインおよび英国を含む、いくつかの裁判管轄では、限定された記載欄や選択式の質問によるオンライン登録を提供しています。他の裁判管轄では、全部または一部の報告要件（例えば、更新）について、紙による通知を要求したり、自由書式による通知を許容したりしています。
- 提供される情報の量と種類
- 最初の受領者によるデータの再移転に関する情報の通知および開示を要する範囲
- 通知義務の免除がヨーロッパ外へのデータの越境移転を正当化するための異なる措置に適用される範囲（例えば、EU 標準契約条項、EU－米国間プライバシー・シールド認証、同意書等）、あるいは、データ保護責任者を選任する場合
- データ移転契約やその他の補足書類は、通知書とともに提出しなければならないか否か。裁判管轄の中には、データの越境移転に関して、監督機関が常にデータ移転契約の提出のみを要求することもありますが、その他の多くの裁判管轄において、監督機関はいつでも補足書類を要求する権利を留保しています。
- 管理者がデータ処理者にどの個人データがどの範囲で提供されるかを指定しなければならないか否か。
- 届出は現地語に翻訳する必要があるか否か。通常、届出は現地語でなされることが要求されますが、例外もあります（例えば、オランダでは、データ

管理者は、データ移転許可の要請を英語で法務省に提出することができます)。
- データ処理の全部または一部について、単なる通知のみで足りるのか、それとも事前の承認が必要なのか。

　ほとんどの場合、企業は、現地語で、公式の書式を用いて通知や承認申請を提出しなければなりません。しかしながら、企業は、すべての届出のドラフトを好みの言語で作成および保管しておくべきです。届出を提出する前に、現地法および現地語の観点から、当該ドラフトについて必要な見直しや修正をし、かつ、公に要求される書式に準拠させることができます。

　従前通知した情報に変更があった場合には、通常、法令により、データ主体および政府機関に対する通知の更新が要求されます。例えば、企業は、事業所の移転、権限を付与された連絡窓口担当者の引継ぎ、データ保護責任者の交代、主な委託先に関する変更などについて監督機関に通知しなければなりません。

　政府機関に対する届出を更新する際の書式は、国ごとに異なります。EEA加盟国の中には、変更に関する重要性の判断基準と詳細なスケジュールについて規定している国があります。例えば、オランダでは、オランダのデータ管理者の名前や住所の変更について、一週間以内に、政府機関に通知することが要求されます。その他の変更は、データ処理の目的、データ主体やデータの類型、データの受領者、EEA外の国へのデータ移転と安全管理措置の計画に関する重大な変更を含む、重要な変更についてのみ、年一回の報告で足ります。しかし、多くの国内法は、いかなる変更について通知が必要なのかが不明確で、データ保護監督機関に対する変更の通知について、些細な変更に関する例外や許容される遅延については明記されていません。

　様々な変化し続ける現地の要件に付いて行くことは、特に海外の子会社やデータの利用が沢山ある企業にとっては大きな負担となります。企業は、関連する変更が確実に中核となる責任者(例:最高個人情報保護責任者(CPO)、企業内弁護士、海外企業コンプライアンス管理者等)に報告される手続の実施について検討すべきであり、そうすれば、かかる責任者は、関連する変更について、直ちにまたは定期的に(例えば、年一回のEU‐米国間プライバシーシールド再認証時など)に届出を更新することができます。

第4章　コンプライアンス・プログラムの維持管理および監査

4.1　維持管理の課題

　データ保護コンプライアンス・プログラムを実施しても、それだけで終わりではありません。維持管理の段階が始まります。法律やプログラムの中には、定期的な作業を要求するものがあります。EU－米国間プライバシー・シールド・プログラムでは、企業に毎年再認証を要求しています。世界中の立法者は恒常的に法律を発令および改正します。組織は、合併、買収、分割、再編、配置転換、国際展開、増員、技術獲得等を通じて、様々な方法で再編されます。プライバシー保護を担当する従業員は入れ替わるかもしれません。これらの変更はすべてコンプライアンスに密接な関連があります。

4.2　文書化

　効率的な維持管理と継続性を確保するために、自社のプログラムの大まかな概要を準備することを検討し、主な文書の場所と意思決定者をリストアップし、従前のコンプライアンス評価の範囲（例：対象となる裁判管轄、委託先、サービス等）に関する情報を集めるべきです。このような資料を基に、プログラムに関する質問に答え、組織上の変更がプログラムの更新や拡大を必要とするか否かについて素早く評価し、定期的な再評価を文書化し、監査を手引きし、データ保護コンプライアンス・プログラムに関して同僚や後継者を教育することができます。

4.3 既存コンプライアンス・プログラムの承継および監査

（例えば、新たな職務において）既存のコンプライアンス・プログラムを承継する場合や、（例えば、M&Aのデューデリジェンスにおいて）プログラムを監査する場合には、新しいプログラムを実施する場合と同様の作業をして、文書化や要件が充足されていることについて確認することができます。また、会社がコンプライアンスを達成するためにこれまでに行ったことに関するより幅広い質問をした上で、より具体的な情報を要求することができます。例えば、次の情報を最初に要求することができます。

- 各会社および対象範囲内の支店の名称、住所、従業員数および労使協議会またはその他の集合的従業員代表団体
- データ保護責任者およびその他データ保護法遵守を担当する代理人の氏名および連絡先情報
- データベースの目録およびデータの流れ（データの種類、データ主体の類型、データ処理の目的および処理手続の詳細に関する概要を含む）
- データ保護およびセキュリティの遵守に関する外部向けプライバシー通知、声明および同意書の写し、並びに、社内規約および実施要領
- データ保護監督機関との通知、承認およびその他関連する連絡書類の写し
- データにアクセスできる主要なサービスの提供者の一覧表および委託契約の写し
- 選択したデータ越境移転のコンプライアンス措置と関連書類の写し
- データセキュリティ侵害、データ保護に関する苦情、紛争または問題に関する情報。特に、ダイレクト・マーケティング・プログラムに関して、会社がオプトアウトの要請にどのように対応し、かかる要請をどのくらい受領し、会社がオプトアウトの要請を尊重することを怠ったことに関する苦情を受領したことがあるか否かについて聞くことは有益です。

たとえ会社が素晴らしいコンプライアンス・プログラムを有する場合であっ

ても、移行や監査の手続においては、通常、相互に影響し合いかつ段階的なアプローチ（質問、回答、追加質問等）を伴います。ただし、重要な情報や容易に利用可能な資料を有していることにより、時間を節約することができ、非効率的で重複して繰り返しなされる作業を省略することができます。

4.4　M&Aにおけるデューデリジェンス

　ある会社が他の会社を買う場合、買主は、通常、対象会社のコンプライアンス状況に関する調査を行います。かかる調査において、どのくらい徹底してデータ保護に焦点を当てるかについては、個人データやデータ保護が買収対象事業にとってどの程度の重要性を持っているかに拠ります。

　例えば、買主が消費者である顧客との関係の獲得に関心がある場合、売主や対象会社は顧客データを移転することができるか、また、買主が承継して責任を負うことになる阻害要因たるコンプライアンスの不備に関する懸念があるかについて慎重に調査することになります。一方、買主が、他の事業の商品を製造するために、対象会社の知的財産権にのみ関心がある場合、データ保護に関するコンプライアンスは、多くのコンプライアンスの課題のうちの一つに過ぎず、（買主が保証違反に対する十分な遡求手段を有する場合には）主として契約上の保証として言及されるでしょう。個人データと取引に関するコンプライアンスの相対的な重要性に応じて、（取引の完了後に発生する）既存のデータ保護プログラムを引き継ぐ場合と同様に、買主は取引のデューデリジェンスに取り掛かり、前述のデューデリジェンス情報開示請求リストに追加の質問や要望を付け加えることができます。

　代替的にまたは追加で、買主は買収契約の表明保証の章に当該質問に対して期待される回答を記載することができますが、買収契約の開示書類の中でコンプライアンスの不備を自認するために売主に提示され、かかる自認は、取引が完了すると、今度は買主を悩ますことになり、上手に規定され、弁護士・依頼者間秘匿特権なしに共有されると、買主が対象会社の法令違反につき責任を負うことになり得ます。これはデータ保護固有の問題ではなく、M&Aにおける多くのコンプライアンスに関する問題に共通するものです。

M&Aにおけるデューデリジェンスの場面で考慮すべきもう一つのポイントは、買主や売主は、どのようにしたら取引の場面でデータ保護やセキュリティに関する法令の遵守を確保することができるかです。しばしば買主は、売主がデータ保護法に違反することなく適法に提供することができない売主の従業員や消費者である顧客の情報を要求します。かかる違反は、最初は売主や対象会社だけの問題ではありますが、取引が完了すると、最終的に買主の問題になります。したがって、両者は、できるだけ実用的に個人情報を編集・非識別化し、関係者以外極秘の厳格なアクセス制限を通じて（買主からの情報開示請求に対し、売主が情報や書類をアップロードする）データルームの安全性を確保するために協力すべきです。また、当事者やその代理人弁護士は、例えば、データルームや電子メールでやり取りされる情報や書類が暗号化されているか、いずれの当事者の誰が情報の閲覧を許諾されるべきか、すべての書類のダウンロードやコピーが許容されるべきか、交渉終了後は情報を削除または返却しなければならないか、またその方法について、検討すべきです。

　従業員データに関し、近年、対象会社は編集されたデータのみを準備することがより一般的になっています。大企業の一般社員については、氏名と社員番号を削除すれば十分な場合もあります。より小規模の会社や大規模なグループ企業内の小規模な子会社および主要な従業員については、たとえ氏名を削除したとしても、買主はしばしば誰の個人データかについて推測できることがあります。ただし、部分的に効果的な措置でも、データ管理者がデータを共有する正当かつ強力な利益を有するデータであり、かつ、当該データの開示によりデータ主体が不利益を被らない状況では、法的に許容される可能性があります。

4.5　サービスの提供者・外部委託先のデューデリジェンス

　サービスの提供者、外部委託先を調査する場合、通常、完全な監査は実施せず、単に顧客としての自社にとって重要なコンプライアンス面に焦点を当てます。通常、顧客は、サービスの提供者がデータを安全に保っているか、プライバシー保護に関する顧客の指示に従っているか、並びに、契約解除後はデータを削除または返却するかについてのみ気に掛けます。データ管理者は、委託先

の無関係なデータ保護問題について責任を負わないので、顧客は、通常、委託先自身の政府機関への届出要件や委託先自身の従業員に対するプライバシー通知等における委託先のコンプライアンスについてあまり関心がありません。

　サービスの提供者が他の管轄に所在している場合に、顧客は、データの越境移転に関する委託先のコンプライアンスへの取組み方についても評価すべきです。例えば、会社は、ヨーロッパからの個人データを EEA 外の委託先や再委託先と共有すべきではなく、また、データ管理者が適切なデータ移転契約またはその他のコンプライアンス措置が採られており、最新であることを確認する前に、委託先と再委託先との間でのかかる共有も許可すべきではありません。他のすべての委託先のデューデリジェンスに加え、代替としてではなく、追加としての調査や確認がなされるべきです。

第5章 データ保護のA-to-Z

　本章では、最近の話題や基本的・実質的なデータ保護法遵守義務に関する概要や重要な留意点について理解することができます。本ガイドブックでは包括的な論評の提供はできませんが、本章では問題の背景の説明や課題解決型の前の章を補足することを意図しています。各項目は、一般的な業界用語により、アルファベット順に、掲載されています。関心がある特定の項目から先に読み、関係の無い項目は飛ばしても構いません。見出しの中に特定の用語が見当たらない場合には、索引からキーワードを参照してください。

A. 広告（Advertising）

　広告目的での個人データの収集および利用には価値があり、一般的ではあるものの、ますます論争の的になっています。

(1) ダイレクトマーケティング

　ダイレクトマーケティングは、消費者が受け取る電話、電子メール、テキストメッセージ、郵便またはその他の個人に対して直接送られる広告宣伝に関する通信です。広告主やその委託先は、以下の事項について、確認する必要があります。

- 適法に消費者の連絡先情報を収集すること。業務上交換する住所に由来する場合には、収集および移転の適法性を精査すべきです。
- マーケティング目的でのデータの使用を許可されていること。具体的には、法律上要求される場合、消費者が事前通知を受領するかまたは同意を付与しなければならず、かつ、過去にこれと矛盾する約束がなされていないことが必要です。例えば、データはサービスを提供するためにのみ使用され

るというウェブサイトのプライバシーポリシーやサービス契約における規定です。
- 通信手段を用いて適用される迷惑メール防止法の下で許容されているコンテンツを入れること（「Ｕ－未承諾の通信」を参照）。

(2) 行動ターゲティング広告

行動ターゲティング広告は、氏名や連絡先情報（例：ロイヤルティ・プログラム）を含むが、例えば、ブラウザー追跡プロファイル（「T.トラッキング（Tracking）」を参照）を含まない、個人の興味や活動について広範かつ詳細に消費者のプロファイリングをする企業に関係します。関連するデータの収集（例えば、ウェブ追跡を通じて）は、ヨーロッパの法律に基づき消費者の事前の十分な情報に基づく明示的な同意が必要です。ただし、実務上は、通知およびオプトアウト・システムが展開されています。

(3) 懸賞

懸賞は、しばしば連絡先情報やその他の個人データを要求する企業に関係しており、懸賞の管理（例：当選者の決定や通知、従業員やその家族の除外ルールの実施など）のために当該データが必要で、かつ、そのためにのみ利用する限り、問題にはなりません。しかし、企業が他の目的（例：メーリングリストの作成）に当該データを利用したい場合には、参加者は、データの提供やマーケティングに同意しなくてもエントリーできる代替手段を提供され、かつ、参加者は、データの提供が任意であり、当選する確率は上がらないことについて通知を受けていない限り、データは賭けとみなされ、適法な懸賞も違法な抽選になってしまいかねません。

B. Brexit、GDPR、eプライバシー、プライバシー・シールド

1995年から2016年までのEUデータ保護法における眠れる安定した20年超の後に、企業は、多数の急速かつ重大な変更に迫られています。EUでは、

2016年5月にデータ保護指令に代わるGDPRが制定され、2018年5月から施行されました。本ガイドブック全般に亘り、新しい要件と罰則について検討、言及しており、「主な概念—対象地域」で概要をまとめています。EU加盟国の中には、GDPRで制定された新しい原則を上回り、制限し、修正し、あるいは、さらに明確にし、数多くの権利を実行するために、国内法を改正している国もあります。

また、2018年5月に採択を目指していた、元々（特にウェブクッキーに関するオプトアウト方式による既存の一般的な同意要件の引下げのために）2002年に制定され、その後（特にウェブクッキーに関するオプトイン方式による同意要件の引上げのために）2009年に改正された指令に代わるEUの新しいeプライバシー規則（Regulation on Privacy and Electronic Communications）があります。

2016年7月に、欧州委員会は、EEA内から個人データを越境移転する際の十分性の根拠となるEU－米国間プライバシー・シールド・プログラムを採択しました。2017年9月9日までに、2475の米国企業が任意にこの新しいプログラムに登録しました。EU－米国間プライバシー・シールド・プログラムは、2000年に欧州委員会が十分性認定していたものの、2015年10月にEU司法裁判所が無効の判断を下した米国セーフ・ハーバー・プログラムの後継となるものです。2015年10月から2016年7月までの間、EUのデータ保護監督機関は、EUの企業に対し、米国セーフハーバー登録に依拠することを止め、代わりに、データの越境移転を正当化するために世界中で利用できる代替措置として、EUの標準契約条項（SCC）の締結を強いていました。これらSCCもいずれ係争中の裁判手続またはEU委員会自身のイニシアティブのいずれかにより変更されるものと予想されています。詳しくは、このガイドブックの第2章で、SCC、プライバシー・シールドおよびその他の越境移転の措置の長所および短所についてまとめています。

EUにおける劇的な変化の中で、もう一つの重要なことは、2017年3月に、英国が2年以内（2019年3月まで）に正式にEUから離脱する手続が開始されたという事実です。英国がEUから離脱すると、EUのGDPRは英国の企業に適用されなくなり、EEA内の企業は個人データを英国に移転することを禁止されるようになります。英国のデータ保護法は、英国内では有効に存続し、

EU 委員会による十分性認定を正当化するのに十分なはずです。また、英国議会は、EU 指令のように、EU の GDPR のルールを国内法化して実施することができます。企業は、一般的に Brexit による移行期間は混乱するかもしれませんが、具体的にデータ保護に関してある程度情状酌量の余地を期待するでしょう。

C. クラウド・コンピューティング（Cloud Computing）

　遠隔のダイナミックに利用されるものと思われる複数のストレージ施設でデータをホスティングする企業は、しばしば自社のコンピューターの構成を「クラウド・コンピューティング」、「SaaS」、「PaaS」、「ASP」等の流行語で表現します。現在の用語例に則して、本章では、「クラウド・コンピューティング」をユーザーが追加のデバイスやソフトウェアを購入せずに追加の機能やストレージや処理能力を取得することができるすべてのホスト型ソリューションを総称するものとして用います。しかしながら、恒常的な雨に悩まされており、視界の悪化や判断力の鈍化を連想させ得るヨーロッパの国々では、否定的な意味合いがあるので、皆さんは、「クラウド」という用語の使用が特定の状況において本当に役立つのかについて、注意深く検討してください。

　データ保護の観点から、データ管理者や消費者は、多くの利点を経験しています。素早いアクセス、容易なバックアップ、ソフトウェアの相互運用における問題がほとんどないこと、通常は向上しているデータセキュリティ等です。顧客（即ち、データ管理者）や委託先（即ち、データ処理者）は、一つの重大な課題、即ち、クラウドのどこかに保存されているデータの管理を顧客にさせる必要性に直面してしまいます。顧客がデータの管理権を失った場合、サービスの提供者が共同管理者となり、このことにより、顧客がデータ主体に同意を求めることが必要になる可能性（例えば、ISP が迷惑メール防止対策やウイルス対策のためにメールのスキャンを外部委託したい場合、通常データ主体から同意を取得することは実際には困難です）も含め、様々な法令遵守義務が惹起されます。それゆえ、委託先は、契約上、その顧客のためにのみ、かつ、顧客の指示に従ってデータを処理すること、関連するセキュリティ基準を充足すること、デー

タ処理の主な特性（通常、サーバーがある国、再委託先の種類と場合によってはデータへのアクセス権を有する主な委託先の身元、並びに、データの安全管理措置および保存の基準の概要は含まれます）を顧客が合理的に評価できるようにすることを約束しなければならないのです。

　問題となっているデータや解決策によっては、顧客もまた委託先にEU標準契約条項、EU－米国間プライバシー・シールドに基づく再移転契約、HIPAA事業提携契約書（BAA）、PCI標準委託等を含め、適切なデータ移転契約を求めるかもしれませんし、サービスの提供者に特化している企業は、（連続して保護されるように、多くのデータ移転契約の雛型や法令における「ウィルス性」条項に基づき要求されるとおり）再委託先の関連する委託業務のセキュリティを確保するのが賢明です。最後に、データ管理者はデータ処理者に関する全責任を負い、処理者を拡張された会社の一部と考えることから、企業は、デュー・デリジェンスを実施し、委託先候補のデータセキュリティ対策への取り組み方を検証すべきです。

　ユーザーはますますクラウド・コンピューティングを取り入れるようになっている反面、データプライバシー擁護派や規制当局や弁護士は懐疑的になっています。批評家は、ますますプライバシーや個人データのセキュリティに関するクラウドのリスクについて懸念を表明するようになっています。彼らにとって、クラウド・コンピューティングとは、主として、ユーザーがデータを彼らの理解、所有、管理または認識すらしていない遠くのシステムに転送することを意味します。法的および技術的に複雑な問題に関わる場合にはよくあることですが、問題が過度に単純化され、国内の雇用の維持、地場産業の保護、破壊的な代替策から確立されたビジネスモデルを守ること含む、様々なポリシーや競合する議題を追求するために濫用されがちです。

　クラウド・コンピューティング・ソリューションの提供や購入を決める前に、意思決定プロセスを阻害する傾向がある共通の都市伝説について考えてみてください。

都市伝説 1 ——「クラウド・コンピューティングはデータ保護やセキュリティの遵守について根本的に新しい固有の課題がある。」

　実際には、消費者や企業は、長い間、通信会社、決済処理業者、会計士および様々な外部委託業者（例えば、給与支払い、コールセンター、IT サポート等）を含む、専門のサービスの提供者に個人データを委託しています。約 20 年近く、我々はインターネットを情報社会および経済の不可欠な一部としてきており、インターネットは、地域やデバイスや接続にかかわらずデータを分散移転する原理の基礎を成しています。現在「クラウド・コンピューティング」として喧伝されている多くのサービスやモデルは、当初「アプリケーション・サービス・プロバイダ（ASP）」と呼ばれた成熟産業によって 25 年以上前から宣伝されてきました。委託先へのデータの移転やリモートでホストされるソリューションには確かに課題がありますが、新しくもなければ固有のものでもありません。

都市伝説 2 ——「クラウド・コンピューティングはより多くのデータの共有が必要になり、プライバシー保護にとって本質的に悪い。」

　実際には、データ処理者（顧客のためにのみデータを処理します）へのデータの移転は、管理者（自己の利益のためにデータを利用し、データ主体のプライバシーを害する可能性があります）へのデータの移転とは大分異なります。処理者へのデータの移転は、多くのデータ保護法で特にデータ処理サービスの提供者がデータ移転に関する規制を免れているので、管理者へのデータの移転とはかなり異なります。

　データ処理者とのデータの共有は、プライバシー保護にとって本質的な良し悪しはなく、中立です。企業は常に人々に何かをさせる必要があり、人々は一緒に仕事をするためにデータを共有する必要があります。企業は法的な擬制です。企業が個人データを利用および処理する場合、自然人を介して活動することが必要であり、かかる自然人には、自社の従業員、個人たる外部委託先、法人たる外部委託先の従業員や個人たる再委託先等が含まれます。このような状況のいずれの場合も、データを処理する個人が、データに責任を負う会社、即ちデータ管理者のためにその指示に従って活動することが重要です。そして、

データ管理者が適用のあるデータ保護法に準拠していることが重要です。プライバシー保護の観点から、データ管理者が、従業員や請負人として実際に処理を行う個人とどのように契約し報酬を支払っているのか自体は重要ではありません。データ処理に関与している各個人が法令およびデータ管理者に従っていることが重要です。

　ほとんどの企業にとって、社内で保管されていた人事データベースを外部クラウドベースソリューションに切り替えることにより、共有の増加や追加の地域への移転にはつながりません。今日、ほとんどのデータは、様々な場所で必要なため、国境を越えて移転されています。伝統的に、データは無数のデバイス、接続、アクセス者を介してインターネット上で共有されています。データ保護の程度が異なる従来のシステムを利用している紙のファイルやスプレッドシートや電子メールから、アクセス制御のある一元的なクラウド・コンピューティング・ソリューションに切り替えることは、データの共有に伴うプライバシーリスクを増加させることにはなりません。通常、この切換えは、より整然として組織化された安全な共有を意味します。

都市伝説３──「クラウド・コンピューティングはデータセキュリティにとって悪い。」

　実際には、従業員の悪意や過失（例えば、ラップトップを失くす等）が多くのデータセキュリティ侵害の原因になっています。サイバー犯罪者によるハッキングも増加しています。「社内」データ管理者または外部委託先が保護するシステム上の個人データが安全か否かは、各特定の組織によって展開されているセキュリティ対策に拠ります。委託先が不注意でセキュリティが脆弱な場合、クラウドにデータを移動することは、データセキュリティにとって悪いことになります。一方、委託先が良い技術を提供し、データ管理者によるアクセス管理、データの保有、データの完全性の維持に役立つ場合には、良いことになります。委託先のクラウド・システムがより安全ではあるものの、データを公開し続けるシステムを顧客が使用する場合（例えば、顧客が適切なユーザーにデータへのアクセスを正しく制限するようセキュリティ設定をしていない場合、顧客がセキュリティ保護のない接続を使用する場合、顧客がクラウドからセキュリティ保

護のないローカル・デバイスにデータをダウンロードする場合等）には、どちらともいえなくなります。中には、大規模なマルチテナント・クラウド設備は、ハッカーにとってより魅力的なターゲットになり得ることを心配する会社もあります。そのような会社は、専用の「プライベート・クラウド」を好むかもしれません。他の会社では、他の多くの組織が利用する設備であることにより提供される相対的な匿名性や無名性による追加の保護を嗜好します。各社がそれぞれ自社の情報技術力とセキュリティポリシーの方が、規模の経済を活用でき、顧客の情報を安全に保つことに関して風評被害のリスクによる強い動機付けがある専門の委託先が提供する対策よりも優れているか否か自問する必要があります。

都市伝説4――「クラウド・コンピューティングが、データの越境移転により、データ保護法の下で追加の問題を引き起こす。」

　実際には、ほとんどの企業が、裁判管轄を超えてインターネットを利用していること（例えば、スプレッドシートを様々な場所にあるオフィスに電子メールで送ること）や他の裁判管轄に子会社、顧客、サプライヤー、チャネル・パートナーが所在することにより、既にデータの越境移転をしています。ほとんどの場合、データの移転は、データが保存されている場所が問題になるのではなく、別の裁判管轄でデータが必要になるために発生します。例えば、グローバル人事システムにおける従業員データに関し、企業は、自社でホスティングするか、それともクラウド・コンピューティング・サービスの提供者を利用するかにかかわらず、システムに入力するために、国境を越えて個人データを転送する必要があります。

都市伝説5――「米国内のデータは米国愛国者法とNSAにより危険に晒されている。」

　実際には、2001年9月11日のテロ攻撃の後、国家安全保障局（NSA）を含む、法執行機関および諜報機関に追加の調査権限を提供することにより、テロリズムや資金洗浄行為と闘うために、米国は、テロリズムの阻止と回避のために必要かつ適切な手段を提供することにより米国を結束・強化するための法律

（いわゆる「米国愛国者法」）を制定しました。これらの権限は、2015年に米国自由法により取り消され、米国愛国者法に優先するとされた時、再び裁判所および職権による決定に服しました。それ以前にも、次の事項について、検討に値するとされています。

- 米国当局は、NSAのプログラムに関する暴露が示しているとおり、インターネット経由で、あるいは、他の裁判管轄の諜報機関や法執行機関の協力を得て、他の国に保存されているデータにアクセスすることの難しさを少々感じているようです。
- 法執行機関や諜報機関の監視は、クラウド・コンピューティングにおける多くの種類のデータとは無関係です。
- 米国政府は、通常、最初は政府に知られていないサービスの提供者からよりも、データ管理者（即ち、クラウド・コンピューティング・サービスの利用者）から直接データを取得する方が可能性が高いでしょう。
- データ管理者とデータ主体が米国内に所在しておらず、かつ、米国と強い関係性がない場合、データが米国内でホスティングされているか否かにかかわらず、米国政府はデータに興味がない可能性があります。
- 米国政府がデータに興味がある場合、データがホスティングされている場所にかかわらず、司法支援や共助条約を通じて、通常、外国政府を介してデータへのアクセス権を取得することができます。
- 他の国々にも類似の権限や保護措置の不足が存在します。
- データは、通常、データ管理者やデータ主体が所在する場所の政府機関によりアクセスされるリスクの方がより高いです。
- NSAや米国政府機関による監視の問題は、当該法律の現実の適用の虞を強調する関連性のない話題に役立てるために、しばしば国外で取り上げられます。

米国政府がテロや資金洗浄と闘うために求める情報は、ほとんどの企業がクラウドで保存・処理しているものではありません。例として、クラウド内でホスティングされているグローバル人事情報システム（HRIS）を取り上げます。

米国政府がHRIS内に存在する類のデータに関心がある可能性はほとんどありません。たとえ米国政府が関心があったとしても、雇用主の方がデータ主体とより密接な関係があり、追加の情報を持っている可能性もあり、政府は初めは雇用主がどのクラウドサービスを利用しているか知らないので、データを取得するために、まず初めに雇用主に接触する可能性が高いです。雇用主が他国に所在する場合、米国政府は、通常、（スイスやその他の外国の銀行でさえ、例えば、米国における彼らの市場でのプレゼンスや活動に対する圧力により、米国政府に銀行業務の詳細を引き渡さなければならなかったように）何としても開示させるために圧力をかけます。

　米国政府は、外国政府の協力を通じて情報を取得することができ、EUとの司法共助協定の他、50ヶ国以上との間で司法共助条約を締結しています。司法共助の取決めに基づく協力は、法執行機関の間での電子情報の実質的な共有を含み得るものです。また、2013年以来NSAプログラムをめぐる世間の注目は、他の政府機関が運用している類似の諜報およびサイバー監視プログラムに対するかなり僅かな脚光にも影響を与えました（世界の状況の詳細、各国の比較、ヒートマップ等は、こちらを参照してください：http://globalitc.bakermckenzie.com/surveillance/）。

　あらゆる国が、その法執行機関や諜報機関に対し、一定の状況において、個人情報や機密情報へのアクセスを許可しています。多くの国が、2001年9月11日以降、追加の法執行権限や、最小限のデータ保存・国内保有要件を提供するために、データ保護法を改正しました。いくつかのケースで、データが物理的に別の裁判管轄に所在しているという事実により、データ主体のプライバシー保護にとって違いを生じさせますが、このことは、保護に資する場合とその逆のいずれにも作用します。例えば、あるケースで、米国の破産裁判所は、ドイツ居住者との電子メールをドイツ政府に引き渡すことを拒否しました。このケースでは、彼の電子メールが米国に保存されていたという事実により、ドイツ居住者のプライバシーがより保護されました。ドイツ政府は、彼がドイツのISPを使用していた場合には、簡単に彼の電子メールにアクセスすることができたでしょう。

　国際的外部委託における米国愛国者法に関する懸念を提示した最初のケース

の一つでは、カナダの労働組合がブリティッシュ・コロンビア州保健省を訴えました。組合は、ブリティッシュ・コロンビア州政府が、州の公的健康保険プログラムの管理を米国を拠点とするサービスの提供者に委託する契約を阻止しようと試みました。組合は、提案された委託は、米国愛国者法の規定に基づき米国当局がブリティッシュ・コロンビアの居住者の個人の健康情報にアクセスすることを可能にするもので、ブリティッシュ・コロンビア州公共部門プライバシー法（「FOIPPA」）に違反すると主張しました。裁判所は申立てを却下し、労働組合の試みは、以後、国内の雇用維持や地場産業の保護等の他の本題のための口実としてプライバシーの懸念が取り上げられる例として引用されています。

都市伝説６──「記録保存法はデータを国内に保存することを要求する。」
　実際には、裁判管轄中には税法、記帳法、会社法等いくつかの法律で、歴史的に、一定の記録を国内に保存することを要求していました。しかし、かかる要件は、特定の種類の記録にのみ適用され、原本かバックアップコピーが国内に保存されている限り、クラウドにデータを移転することは禁止されない可能性が高いでしょう。かかる法律が雇用記録に適用される場合、例えば、グローバル雇用主は、自社ホスト型か、それともクラウド・コンピューティング・サービスの提供者によりホスティングされるかにかかわらず、グローバル・クラウド・コンピューティング・システムに記録のコピーをアップロードできるでしょう。今のところ中国、カザフスタン、インドネシア、ロシアのみを含む、極少数の国が、広範なデータの国内保存要件を制定しています。

都市伝説７
　EU−米国間プライバシー・シールド・プログラムは委託には適用されない。
　実際には、データ処理者も参加資格を有し、証明書を通じて十分性を充足することになります。すべてのEEA加盟国のデータ保護監督機関は、米国企業がEU−米国間プライバシー・シールド・プログラムに参加している場合、データ管理者と処理者のいずれとして活動しているかにかかわらず、「十分性」が認められる裁判管轄に所在しているか否かについて検討しなければなりませ

ん。

　もちろん、クラウド・ソリューションの利用者は、各特定のサービスの提供者に個人データを委託することができるか否かについて確認する必要があり、この要件は、EEA 内の提供者についても同様に適用されます。各地のデータ保護技術や法律の相対的な強みや弱みを比較すると、EEA 加盟国の中にも情報技術やインフラやデータ保護法が米国よりも脆弱な印象を受ける場合もあります。

都市伝説 8 ――「サービスの提供者がプライバシー・シールドの認証を受けていれば契約上の規定は必要ない。」
　実際には、EU－米国間のプライバシー・シールド認証は、EEA 外のサービスの提供者に、EEA 内におけるサービスの提供者として十分性を付与すると推定されますが、さらに、ヨーロッパの法律では、提供者が EEA 内外のいずれに所在するかにかかわらず、すべてのサービス提供者へのデータ移転につき、特定の契約条項を要求します。
　企業は、ヨーロッパの個人データを（クラウドまたはその他に）越境移転する前に、3 つのハードルを越えなければなりません。第一に、収集および使用が（同意、契約上の義務、法令等に基づき）許容されなければなりません。第二に、移転が正当化されなければなりません。第三に、受領者が、EEA または欧州委員会から十分性認定を受けた国以外を拠点とする場合、十分性の要件を充たさなければなりません。EU－米国間プライバシー・シールド・プログラムに基づき認証を受けることにより、米国を拠点とするサービスの提供者は、顧客が第三のハードル（十分性）を乗り越えるのに役立ちますが、その証明書はデータの移転の正当化には役立ちません。受領者が米国に所在するのか EEA に所在するのかにかかわらず、顧客が移転を正当化しなければなりません。他のデータ管理者へのデータの移転につき（即ち、受領者が自らの利益のためにデータを利用したい場合）、データ管理者は、通常、データ主体から同意を取得するか、法定のデータ移転義務に依拠することになります。しかし、会社がサービスの提供者にデータを移転する際、十分な契約上の措置を通じてデータに対するコントロールを維持している限り、データ主体の同意を取得する必要はあり

ません。特定の契約条項の出番です。

　選択肢の一つは、データ処理者へのデータ移転向けに欧州委員会によって公表された標準契約条項に署名することです。代わりに、企業は、サービス提供者との契約に関する国内法の要件を充たす契約を実施することもできます。EEA加盟国の様々なデータ保護監督機関により公表、歓迎、規定された雛型は、かなり多様で、当該条項がどのように法的拘束力を持つのか、データ保護監督機関の承認手続における質問や審査なしに、承認されるのかも不明確です。その結果、「自作」や「国内政府機関の雛型」を選ぶ顧客やサービスの提供者は、時間も費用も掛かる法的分析、長い交渉、最終的に多数の契約を準備しなければなりません。比較として、欧州委員会の標準契約条項は、「十分性」が推定されるものとして、すべてのEEA加盟国がこの雛型を受け入れることが想定されるので、より魅力的です。したがって、「十分性」に関するEU委員会による先取した受容を維持するために、かつ、EEA全体で一つ契約書式を利用できるよう、EUの標準契約条項について交渉や修正をしないことが両当事者の最善の利益になります。

都市伝説9──「データ保護とセキュリティに関する法令遵守は提供者の責任である。」

　実際には、データ保護およびセキュリティに関する法律は、主としてデータ管理者、即ち、サービスの提供における顧客が、法令遵守の責任を負うものとしています。顧客が、特定の種類のデータ処理に適用される様々な法令遵守義務の特定を主導し、かかる義務のうち、どれがサービスの提供者が効率的に対応できる、ないし、すべきで、どれがデータ管理者自身がより上手く責任を果たすのかについて検討すべきです。最後に、データ管理者の様々な法令順守義務は、データ管理者が所在する場所に拠ります。データ処理者が別の裁判管轄を拠点とする場合、データ管理者は、充足しなければならない遵守要件について、データ処理者を教育し、指示する必要があります。

都市伝説10――「クラウド・サービスの提供者は顧客に管理を任せられない。」

　実際には、多くの組織にとって、ホスト型IT設備を提供するサービスの提供者をサービスとして採用するのか、それとも自らシステムを管理するのかにつき、現代のITシステムを自ら管理し続けることが困難に感じられるからです。自動オペレーション・システムでさえ、ほとんどの企業は、通常、メンテナンスを実行するために、システムやデータへのアクセス権の付与を要するサポート・サービスの提供者と協働することが必要です。ほとんどの企業が、標準提供の一部として委託先が提供するコンフィギュレーションオプションを超えて、システムをカスタマイズすることは（自己ホスト型なのか、サービスの提供者がホスティング・サービスを行うのかにかかわらず）、非常に高額だと考えます。それゆえ、ユーザーが自社のシステムに行使できる、ないし、したいコントロールの度合いに大幅な制限があります。

　もっとも、法的な観点からは、サービスの提供者がデータ処理者としての役割に、顧客がデータ管理者の役割に留まることは不可欠です。サービスの提供者が処理の側面や詳細についてあまりにも多くの裁量権を取得または保持すると、サービスの提供者は、いずれの当事者にも承服しがたい共同管理者となり、サービスの提供者が突然あらゆる種類の法令遵守義務を承継することになります。クラウド・コンピューティング・サービスの提供者は、データ主体やどのようなデータがシステムにアップロードされるか分からないので、これらのデータ管理者の義務を負うことはできません。サービスの提供者が事実上データ管理者となった場合、顧客は、通常、法律上の禁止事項やデータ共有に関するプライバシーポリシーの規定に違反することになります。したがって、サービスの提供者と顧客はともに、提供者がデータ処理者の役割に限定されるように協働しなければなりません。

　自己ホスト型システムでは、サービスの提供者が、提供後は、システムに対するコントロールをほとんどまたは全く保持していないことを証明しやすいことが多いです。一方、クラウド・コンピューティングでは、データはサービスの提供者がコントロールする物理的領域内のサーバーに存在します。しかし、重要なことは、データ保護法の観点から、「コントロール」とはデータの「コ

ントロール」を指し、データが存在する領域の「コントロール」ではありません。例えば、大家は、データが保存されている建物を所有し、建物やテナントの不動産に関する契約や法律に基づきアクセス権や取戻権を有しているので、単なるデータ管理者とはみなされません。

　クラウド・コンピューティングに関するコントロールの焦点は、どのデータをアップロード、ダウンロード、アクセス、移転、削除およびその他の処理をするかについて、顧客が決定するようにすることです。このことは、サービスの提供者がデータの種類や処理の目的について関心、認識、影響を持たず、サービスとしてプラットフォーム（PaaS）やソフトウェアの機能（SaaS）を提供することが多いので、ほとんどのクラウド・コンピューティングの提供に当てはまります。例えば、ホスト型人事情報システムに関して、サービスの提供者は、顧客がアップロードや処理をするデータを閲覧や使用する必要はありませんが、顧客は、サービスの提供者がテクニカル・サポートを提供するためにデータにアクセスする必要があります。当事者は、契約上および技術的に、サービスの提供者の担当者がサービスの提供および技術的な問題への対処のためだけにシステム上のデータにアクセスできるようにすると、顧客は、自己ホスト型のシステムで顧客ができるのとほぼ同じ位コントロールすることができます。顧客が物理的安全やアクセス制限を監視および保護できる自己ホスト型のシステムのコントロールをより忠実に再現するために、クラウド・コンピューティング・サービスの提供者は、保管場所、処理業務および再委託先に関する重要な情報を提供しなければなりません（ただし、サービスの提供者の中には、かかる情報を営業秘密として保護の対象になるとして公表しないこともあります）。また、安全管理とデータ保護に関する契約条項は、再委託先に転嫁する必要があります。

　コスト効率のよい標準化されたクラウド・コンピューティング・ソリューションに関し、サービスの提供者にとって個人顧客からのカスタマイズ要求に対応することは、非常に困難で高くつきます。しかし、顧客がすべての関連するデータ処理の詳細および変更について事前に通知を受け取る権利を留保している場合、変更が受け入れがたいときには、データを回収したり、クラウド・ソリューションの利用を変更することができるため、顧客はデータ処理に関するコントロールを保持することもできます。あるいは、サービスの提供者が契約

で規定されているデータセキュリティ措置を低下させないことを条件として、サービスの提供者が適切であるとみなす限り、顧客が提供者に随時サービスやテクノロジーのアップデートについて同意または指示することもできます。顧客と提供者が契約解除権や中途解約料についても合意するか否かは、ビジネス上の観点であって、データ保護法遵守の観点から規定されるものではありません。

都市伝説11――「委託先はデータセキュリティ侵害に対して無制限の責任を負わなければならない。」

　実際には、サービスの提供者は、データ主体自身ではなく、法人顧客と契約した場合に、常にデータ主体に対する自己の責任を限定できるわけではありません。ハッカーがグローバル人事情報システム内の従業員情報に不正にアクセスできた場合、サービスの提供者は、理論的には、過失の理論に基づき、従業員に対して直接責任を負うかもしれません。

　しかし、データ保護法は、当事者間の商事責任の分担については規定していません。洗練された企業は、通常、補償、限定責任および保証の条項において、様々な方法で、リスクを細分化し分散しています。顧客とサービスの提供者のいずれが主に違反や損害発生に寄与したか、サービスの提供者は契約上の義務や情報セキュリティポリシーや適用法令を遵守していたか、並びに、当該顧客を含むいかなる会社であっても具体化したリスクを合理的に阻止できなかったか（例：大規模なサイバー攻撃や2014年のハートブリードバグのようなソフトウェアのセキュリティ上の弱点）に基づき、リスク分配条項で違いを設けることは非常に一般的です。

　また、クラウド・サービスの提供者は、例えば、ウイルスや違法コピーやポルノ画像のアップロード等の顧客または顧客の顧客による法律違反について責任を問われ得るのかにつき、ますます意識するようになっています。同様の懸念は、データ保護法に違反して収集されたデータを顧客がアップロードした場合にも、サービスの提供者がデータ保護法に基づいて処理されない可能性がある個人データの処理をすることになるので、理論的に生じ得ます。このようなリスクはいずれも、契約上、サービスの提供者から顧客に転嫁することができ

ます。

都市伝説12――「顧客は監査目的で提供者のデータ・センターおよびシステムにアクセス権を有していなければならない。」

　実際には、サービスの提供者は顧客企業の拡張部分であるため、顧客はクラウド・システムに保存されているデータのコントロール権を保持していることが必要であり、顧客がクラウド・サービスの提供者のコンプライアンス措置について監査権限を留保することが必要です。しかし、他の顧客のデータのセキュリティを損なうかもしれないので、サービスの提供者は、マルチ・テナント・データ・センターに顧客を立ち入らせないことがあるのも事実です。代わりに、クラウド・サービスの提供者は、一般的に認知されている中立的な監査法人によるシステムに対する包括的な監査を定型的に手配し、その結果をすべての顧客が利用できるようにすることもできます。顧客が監査リストについて追加の項目を要求した場合、顧客が追加の作業に対する支払いも厭わず、当該コントロールがサービスの範囲に含まれていれば、提供者は、次回定期監査の範囲を広げることができます。これとの比較で、個別の監査は、必要以上に破壊的で、高額であり、しばしば平均的な顧客にはあまり意味がないものです。

データ処理（クラウドまたはその他の場所）の外部委託に関する実務上の手順
　(1)　個人データへのアクセス権を付与されているクラウド・コンピューティング・サービスの提供者やその他のサービスの提供者は、以下の手順を実行すべきです。

> 要実施事項！
> ・不正アクセスからデータを保護するためのサービスの提供者およびその再委託先の技術的および組織的措置に関するデューデリジェンスの実施
> ・サービスの提供者に以下の義務を負わせる当該提供者との契約の締結：(1)顧客のためにのみ、顧客の指示に従って、顧客のデータを処理すること、(2)契約で十分に定義されている技術的および組織的データセキュリティ対策を維持すること、(3)データ処理のアレンジとの関係で、顧客だけでは充足できない法令遵守義務を引き受けること、(4)データセキュリティおよび

> データセキュリティ侵害に影響を与え得る変更について顧客に通知すること、(5) 提供者の契約上の義務の不履行に起因する顧客の費用および損害を補償すること、(6) 合理的な監査報告書を提供すること、並びに、(7)（合理的な移行期間と支払いを条件として）要請に応じてすべての顧客データを返却または削除すること。
> ・例えば、アクセス制御やクラウド・システムとの安全なデータの伝送に関するポリシーの実施によって、自社の従業員にデータの安全性が確保された方法でクラウド・コンピューティング・システムを使用させるための技術的および組織的措置の策定

(2) 魅力的なクラウド・コンピューティング・ソリューションを顧客に提供したいサービスの提供者は、以下の手順を実施すべきです。

- 潜在的顧客のコンプライアンス・ニーズについて自らを教育すること、並びに、標準約款、認証、監査報告書および対象となる顧客グループが法律上の義務を遵守し続けている必要がある開示を提供すること。例えば、提供者は、SSAE 16/SOC 監査、情報セキュリティポリシーの詳細な開示、クレジットカード業界の基準（PCI 基準）など、適用のある業界標準に基づく認証について検討すべきです。米国の提供者は、加えて、EU－米国間プライバシー・シールド・プログラムへの参加や、管理者から処理者へのデータ移転に関する EU 標準契約条項の締結や、個人の健康情報に関係する HIPAA 事業提携契約書についても検討すべきです。
- 顧客に対するコンプライアンス義務についてサービスの提供者をバックアップする再委託先との十分性の認められる契約を締結すること（例えば、まず初めにサービスの提供者が、顧客データにアクセスするすべての再委託先の契約締結を確保しない限り、提供者は、管理者から処理者へのデータ移転に関する EU 標準契約条項の締結を提供できない等）。
- データの種類に応じて適切なレベルでデータの安全性を確保するために効果的な技術的および組織的措置を実施すること（例えば、確定申告情報については高度なセキュリティが保証される等）。

- 顧客の作為不作為（違法なデータないし悪意のあるコードのアップロード等）に起因する責任から自社を契約上保護すること、あるいは、（データアクセス要求や調査への対応に要する費用、中途解約、特別の監査要求、並びに、特別なデータアクセスまたは削除要件等）商業的見地からより適切に顧客が責任を負担すること。

D. データ保有およびローカリゼーション（Data Retention And Residency Requirements）

　データプライバシー、データ保有およびデータ所在地（「データローカリゼーション」や「データ主権」とも呼称されます）は、しばしば混同される概念です。2015年9月1日にロシアは、世界初の広範なデータローカリゼーションに関する法律を一般的なデータプライバシー法を改正する形式で制定しました。その後、同様に、カザフスタンが、2016年1月1日に、類似の一般的なデータプライバシー法に対する類似の改正をしました。中国、ドイツおよびインドネシアも、そのデータプライバシー法にデータローカリゼーション要件を追加しました。しかし、データプライバシー要件と、データローカリゼーション要件とは、実際には非常に異なり、全く逆の目的・効果を有しています。データローカリゼーションやデータ保有の要件には、政府当局者、裁判所、監査人およびその他の人々が必要な時に確実にデータにアクセスできるようにする意図があります。一方、データプライバシー法は、個人データの利用やアクセスの制限を意図するものです。データ移転規制は、例えば、会社が個人データを一つの裁判管轄から別の裁判管轄に移転する能力を制限します。EU諸国は、プライバシー保護のため、数十年間、データの越境移転を規制してきました。しかし、このような要件はプライバシーの利益を害するため、データを最低限の期間保持させたり（データ保有）、特定の場所で保持させたり（データローカリゼーション）するいかなる要件も真のデータプライバシー法には含まれていません。データプライバシー法は、個人データを政府機関や企業によるアクセスや利用から保護するための法律です。データ保有やデータローカリゼーションに関する法律は、個人データへのアクセスを確保するものであり、これらはアン

チ・プライバシー法といえます。

　企業は、しばしば相容れない矛盾する要件を強制するデータプライバシー、データ保有およびデータローカリゼーションに関する各法律の遵守に悩まされます。

　ヨーロッパ型のデータ保護法は、企業に対し、正当な必要性のなくなったデータの削除を要求するため、企業は、データ保有期間の上限について遵守する必要があります。その他の法律ではデータ保有期間の下限を指定できるので、その期間中、企業は、データを保有し続け、要求に応じて、例えば、税務当局や法執行機関の当局者に対して、データの利用を可能にしなければなりません。また、企業は、ユーザーが利用できるようにユーザー・アカウント情報を保有したり、潜在的な請求の支持や抗弁のための証拠を保持したり、キャリア・マネージメントのために従業員の業績を追跡する等、会計基準や契約や業務上の必要性から、一定の最低限の期間、データを保有する必要があります。そのため、あらゆる種類のデータについて、企業は、3種類のデータ保有期間、即ち、法律で要求される最低保有期間、業務上の理由により会社が必要とする期間、法律で要求される最長保有期間について検討しなければなりません。物事をより複雑にするものとして、これらの要件は、裁判管轄ごとに異なり、記録単位だけでなく、データの種類や処理の目的に応じた適用もあります。一つの書類が複数の目的や裁判管轄に関係する場合、理論的には、一部のみを保存し、残りは削除するよう要求される可能性があります。その上、米国の法律に基づき、企業は、特定の状況（リティゲーション・ホールド）において訴訟に関連し得る証拠を保持しなければならず、通常の記録保存方針に優先します。

　多くの企業は、適法な記録保存プログラムを作成することの圧倒的な複雑さの前に降参してしまい、単に永久にデータを保存しています。保有期間の下限を要求する法律に基づき生じるリスクの大きさを考え、まだましな方として、データ保護法に基づく保有期間の上限違反を選択するのです。このことは、保有データの継続的増加を招き、訴訟における文書保存義務の費用の増大に加え、企業のデータセキュリティ侵害に対する脆弱性をますます増加させます。

　企業の中には、組織的にこの問題にアプローチし、一定の種類の記録につき、最低保有期間、最長保有期間、業務上必要な保有期間を裁判管轄ごとに列挙し、

保存手続の概要を記した記録保存スケジュールを準備しています。事業規模に応じて、企業は何千もの異なる種類の記録を取り扱い、(書式と留意点のいくつかを記載するためだけに)例えば、以下のような書式で、膨大な一覧表を作成しなければなりません。

表4　記録保持・削除に関する一覧表の例（注：以下の内容は例示に過ぎず、対象となる会社の業務や裁判管轄により異なります）

記録の種類	業務上必要な保有期間	最低期間・根拠／法律	最長期間・根拠／法律	保存手続
請求書	[5年間] 消滅時効	[7年間] 税法、会計基準等	「必要でなくなるまで」データ保護法	紙の請求書の原本：[7年間] 電子コピー：[7年間]（ただし、保存する旨のフラグがない限り削除）
応募書類	永久	[1年間] 差別禁止に関する法令等、証拠保存	「必要でなくなるまで」データ保護法	候補者を雇用した場合：雇用期間＋[3年間] 雇用しなかった場合：保存する旨のフラグがない限り原本[1年間]、電子コピー[3年間]
電子メール	内容によって異なる。[180日間]（各従業員がより長期の保管を選択した場合を除き、その後個別に選択）	内容によって異なる。	「必要でなくなるまで」データ保護法	サーバ・コピーおよびバックアップ・コピーは[180日間]、その後バックアップ・コピーは削除。従業員は各自の選択により個人用フォルダーにコピーの保存可、個人用フォルダーは退職後[5年間]保存
内部通報ホットラインの報告書	将来の参考として永久	訴訟リスクが解決されるまで	調査不開始決定後[3ヶ月間]	調査不開始決定の場合は[3ヶ月後]にアーカイブ保存、それ以外の場合は調査完了時および対応措置が採られるまで保存

D.　データ保有およびローカリゼーション

業務上必要な期間、最低期間、最長期間、並びに、記録保存業務の形式面を定義するために、企業は、様々な関係者と専門家（データ保護担当弁護士は税法、会社法、輸出入関連法、労働法に基づく記録保存要件や消滅時効を専門とはしていない場合があります）に相談する必要があります。一つの裁判管轄に費やした労力やリソースを会社が拠点や子会社、顧客等を有する裁判管轄の数で乗じた分まで広げる必要があります。また、法令やビジネス・ニーズの変化は頻繁であり、ある国固有のスケジュールを準備した時までに、最初のアップデートが既に期限を迎えている可能性もあります。

「正しく行う」ために掛かる多額の費用と、何もしないことによる許容しがたいリスクに関し、企業の中には、両者のバランスを取ろうと、主な記録の保存スケジュールや手順の作成を開始している会社もあります。正確な最低限および最大限の要件の確定ではなく、企業は、ほとんどの最低限の要件を充足する数字（例えば、10年間）を選ぶことができ、原則として「無期限」に近付き過ぎないようにし、特に保存する場合の費用が高額またはリスクが高い記録、例えば、電子メール、クレジットカード番号、システムログおよび一定の紙の記録等については、より短期の保存期間を適用するとよいでしょう。また、企業は、部署ごとに始め、より簡単に解決できるところ、例えば、人事や経理といったしばしば既にシステムや指針となる業界基準がある部署から取り掛かるとよいでしょう。

データ主体は、例えば、データが間違っていたり、会社が元々当該データの収集を許されていない（例：必要な同意を得ていない）場合に、自己の情報を削除するよう会社に要求することができます。しかし、データ主体は、自己の個人情報に関して財産権や一般的な削除権を有していません。EU司法裁判所、GDPR、並びに、ロシアおよびその他のいくつか国の国内法において、正しいかもしれないがもはや関連性がない自己の不都合な情報の消去を要求する権利を個人に付与する「忘れられる権利」が創出されました。かかる法律は、プライバシーを保護すると同時に、「忘れられる権利」が、批判者を黙らせたり、過去のスキャンダルを隠すためにしばしば濫用されるので、情報および表現の自由に関する深刻な懸念を高めています。カリフォルニア州法では、オンラインサービスの提供者は、2014年から、未成年者が自分自身の掲載を削除でき

るようにすることを要求されていますが、オンライン検索結果や第三者の再掲載を検閲する義務ではありません。

E. 従業員データおよびモニタリング（Employee Data And Monitoring）

雇用主は、様々なシステムにおいて、異なる目的で、従業員候補者、現従業員および元従業員のデータを収集しています。この点、雇用主は、データ保護法のみならず、労働者の権利の保護を目的とする、EU内を含め、国ごとにかなり多様な労働法における規制も遵守する必要があります。

(1) 求人および身上調査

雇用主は、（例：求人募集ウェブページや面接で）候補者や、身上調査提供者に尋ねるべきで、かつ、そうできる質問のリストを慎重に作成すべきです。身上調査は国によっては一般的ですが、実務上（データがないため）意味がない国や違法な国もあります。雇用主は、情報源と質問の適法性について慎重に身上調査提供者と話し合うことをお勧めします。米国のいくつか州では、たとえ従業員の同意があっても、信用情報や運転履歴の照会は規制されています。裁判管轄の中には、一定期間履歴書を保存することを要求しているところもありますが、その他の裁判管轄では、採用されなかった候補者には応募書類を返却することが一般的または法的に要求されています。

(2) 従業員台帳

多くの国で、従業員台帳に記載が必要および可能な事項（最低限と最大限の内容）について規制されており、従業員には情報にアクセスして誤った情報や古い情報の訂正や削除を要求する権利が与えられています。また、犯罪行為や処罰に関する情報も一定期間経過後は記載しないまたは削除しなければならないとすることができます。労働法で定められた制限の範囲内で、雇用主は、従業員のデータを処理する必要があります。雇用主は（雇用契約、並びに、様々な税、社会保障および雇用に関する法律に基づき）データを収集および処理することが法的に要求されるので、通常、データ保護法の観点では重大な問題に直面

しません。しかし、雇用主は法律で要求される範囲を超えてデータを処理したい場合、データ保護法について、特に、多国籍グループ内グローバル人事情報システム、内部通報ホットライン、従業員のモニタリングおよび調査に関して検討しなければなりません。

(3) 従業員の同意

雇用主は、従業員の同意を求める影響について慎重に検討しなければなりません。同意を求めることにより、雇用主は、将来の変更について同意を要するという期待を持たせたり、契約上の権利を創出する可能性があります。ほとんどのEEA加盟国で、同意が真に任意の付属的プログラム（例：米国親会社からの従業員ストック・オプション、会社の出張の手配に関する航空会社の機内食の選択についての登録、緊急連絡先の個人との関係等）に関する場合を除き、従業員の同意は強制されたものとみなされるがゆえに無効になります。従業員の同意が強制されているとみなされない場合でさえ、従業員は、同意を拒否または撤回する権利を認められることがあり、このことは、全従業員の参加を要するプログラムに関して雇用主を難しい立場に追いやることになります。したがって、ほとんどの雇用者は、同意が必要かつ容易に取得できる場合、あるいは、従業員が本当に任意に承諾または拒否できるプログラムに関してのみ、同意を求めます。

(4) グローバルHRIS

人事情報システム（HRIS）は、「グローバル従業員データベース」とも呼ばれますが、通常、人材需要や昇進に関するグローバル・プランニング、並びに、国際的人事交流に役立てる目的で、多国籍企業によって実施されます。経済効率性やデータの完全性およびセキュリティについて、多国籍グループ企業は、しばしば各国のローカル・システムではなく、グローバル従業員データベースを使用します。HRISの実施は、重要なデータの収集、グループ会社内の他の法人との個人データの共有および個人データの越境移転を招来します。HRISに参加している多国籍グループ企業の雇用主は、次の三つの障害を乗り越えなければなりません。

- 障害1：雇用主として活動する法人は、HRIS用のデータの収集を正当化しなければなりません。雇用主として活動する法人は、通常、既に雇用関係の管理（例：給与支払、源泉税徴収、福利厚生、人事評価等）のために、多くの必要な種類の情報を収集できるまたはしなければばらないので、比較的簡単にこの障害を乗り越えることができます。グループの最上位の親会社が別の国に所在する場合、他の国では適法に収集できないデータ欄の入力を求める可能性があります。例えば、米国企業は日常的に民族に関するデータを収集し、ドイツ企業は給与支払いに関するコンプライアンスの一環として教会税を源泉徴収しなければなりませんが、人種や宗教に関するデータは、通常、他の国では収集できません。したがって、企業は、HRISに入力する前に、各管轄においてどのデータ欄が適法に収集できるかについて検討する必要があります。
- 障害2：雇用主は、HRISにアクセスする他のグループ会社とのデータの共有を正当化しなければなりません。多くの国において、雇用主たる法人は、実務上の問題なくかかるデータ移転について従業員の同意を取得することができます。しかし、ほとんどのEEA加盟国において、従業員の同意は、強制されたものとみなされるがゆえに無効になります。それゆえ、多くの多国籍雇用主は、同意の取得が不可能な場合や必要不可欠ではない場合には、従業員の同意を求めようとはせず、代わりに、「正当な利益の例外」として、組織的必要性に基づきデータ移転を正当化しようとします。例えば、多国籍企業は、数多くの理由に基づく国際的なデータ共有の必要性を見いだすでしょう。
  - すべてのグループ企業は、グローバル企業グループ内における国際的協力、連絡およびチームワークを促進するために、従業員の氏名、役職、資格および連絡先情報といった基本的な情報が必要であること。
  - グループの最上位の親会社と「知る必要がある」関連会社の上司は、適切な人員配置の確保と特定の仕事に関する従業員の適性の評価、昇進、出向、会計およびグループ企業間の給与費のクロスチャージを含みますがこれらに限らず、世界規模での人事計画および管理の目的で、業績や

給与情報が必要であること。
- ▷最上位の親会社が子会社の従業員に対し直接サービスまたは福利厚生を提供する場合（例：従業員ストック・オプション）、その限りにおいて、親会社は、関連する計画やプログラムの提供・管理のために、追加のデータが必要であること。
- ▷最上位の親会社は、子会社に関する法令遵守事項、例えば、国際的通商禁止、汚職防止法、通関要件、独占禁止法の遵守等につき、責任を負っており、かつ、正当な利益を有していること。
- ▷企業は、当該目的のためにどのデータ項目が正当に必要かについて慎重に評価する必要があること。雇用主が収集できるまたはしなければならない項目はおそらくすべてではないでしょう。特定のデータ項目を他のグループ企業が使用する必要がない場合には、雇用主たる法人のみが、自社固有の目的のために、特定のデータ項目にアクセスできる限りにおいて、他の法人のデータ処理サービスの委託先として活動するある一社がホスティングするグローバルHRISに、当該データを保存し得る可能性があります。
- ●障害3：データの越境移転に関する規制を克服するために、企業は、EUおよびその他の多数の裁判管轄の法令を遵守するための特定のコンプライアンス措置を選択および実行しなければなりません（第2章参照）。ほとんどの裁判管轄において、特にデータの越境移転を規制しておらず、雇用主が従業員の同意を得ることにより、データの越境移転をすることを許容しています。

(5) モニタリング技術

雇用主は、従業員が法令を遵守し、職務を遂行し、会社の利益、知的財産権およびデータを保護するよう合理的な努力をすることが必要です。労働法を守り、職務を実行にし、会社の利益、知的財産権、およびデータ保護を確保するため合理的な努力をする必要です。かかる努力の一環として、多くの企業が、ネットワークのセキュリティ保護、並びに、会社の知的財産の盗難、過度のコ

ンピューターの私的利用、違法または不適切な従業員の行動の検出・防止のための技術を展開しています。また、企業は、法律、規制または業界の要求、例えば、職場におけるハラスメント防止のための命令、公衆との通信記録の保存要件に関する証券取引所の規則、データ保護法に基づき発生するデータセキュリティ要件等を遵守するためにもかかる技術を使用することがあります。

最新のネットワーク・セキュリティ・ツールは、会社のコンピューター、スマートフォン、ネットワークおよびシステムの各自の利用の様々な側面を監視する機能を提供しています。このようなツールは、訪問したウェブサイトのアドレスや、ユーザーがウェブサイトに投稿したフォームデータやユーザーと第三者との間の電子メールやチャットの全文を含む、実際に送受信されたデータの内容を記録できます。中には、オフィス内やラップトップに監視カメラを設置したり、キーストロークを追跡したり、車やデバイスのRFIDタグを通じて従業員の居場所を監視したりしている雇用主もいます。

このようなモニタリング技術は、非常に有効であるがゆえに、データ保護法遵守への対応も必要になります。かかる技術は、従業員や従業員が通信する社外の人々のプライバシーも侵害します。それゆえ、企業は、モニタリング技術の使用に関する多数の規制や制限を遵守する必要があります。

米国では、ほとんどのプライバシー保護法が、プライバシーの合理的な期待が及ぶ場合、即ち、具体的な状況下で実際にプライバシーを期待をすることが合理的であると裁判所が判断する場合にのみ、モニタリングを規制しています。雇用主は、明白で、詳細で広範な文言の通知により、従業員のプライバシーに対する現実の期待を打ち砕くことができます。

雇用主にとって、従業員が通信する人々（顧客、取引先、個人的連絡先）の現実のプライバシーの期待や権利を打ち砕くことは、より困難ですが、雇用主は、外部に発信される電子メール、ウェブサイト、契約書、コール・センターのマニュアルに通知を追加できます。それらの権利を破壊するより困難になることができます。スクリプトです。また、雇用主は、契約上、従業員に個人的連絡先への通知を義務付けることもできます。裁判所が従業員やその他の人々の限定的なプライバシーの合理的な期待を発見するかもしれないので、雇用主は、実際に利用されている技術に関して、これらの通知を最新に保つことが重要で

す。さらに、米国の雇用主は、ロッカー・ルーム内の監視カメラ（例えば、カリフォルニア州では、このようなカメラの設置は禁止されています）等の特に侵襲性の高い形式のモニタリング、RFIDタグや類似の追跡技術を介した位置情報の追跡（これもカリフォルニア州では禁止されており、一定の形式の車両の追跡については同意の例外が存在します）、電話、テキスト・メッセージ、インスタント・メッセージおよびおそらく電子メールのやり取り（これについては多数の米国の州で全員からの同意を要求しています）等の生の通信の傍受に関する州法の要件も慎重に検討すべきです。迷惑メール防止やウィルス対策のための電子メールのフィルタリングが全当事者の同意を必要とする傍受を構成するか否かについて、米国の裁判所では未だ完全には決定されておらず、ほとんどの企業は、このようなフィルタリング技術が世界中の企業や政府により一般的に利用されているので、心配はしていないようです。ただし、企業の中には、傍受に関する懸念を排除するために、迷惑メール防止フィルター機能のオン・オフを各従業員の裁量に任せることに決めた会社もあります。通信の宛先たる受信者は、ほとんどの法令において、自己の裁量で、自由に通信のフィルタリングをしたり、破棄したりできることが多いですが、全当事者の同意なしに会話を録音することについては規制が適用されます。

　ヨーロッパおよびヨーロッパ以外の一部の国では、プライバシーの合理的な期待の存否にかかわらず、従業員およびその他のデータ主体は、モニタリングおよびその他のプライバシー侵害から保護されています。米国以外のほとんどの労働法には、モニタリング技術の導入を含む、雇用条件の変更について、雇用主は、従業員と明示的な合意に達する必要があります。一部の裁判管轄では、同意しない従業員を処罰または解雇できますが、ヨーロッパでは通常できません。さらに、ほとんどのヨーロッパ諸国において、従業員の同意は強制されたものと推定され無効です。ヨーロッパに所在する企業は、不正行為が具体的に疑われる場合、電子メールの検索を正当化できますが、継続的なモニタリング技術の展開を正当化することは困難であり、従業員代表（労使協議会や労働組合等）との労使協定や、データ保護監督機関、労働裁判所およびその他の政府当局の事前の承認が必要になる可能性があります。それゆえ、多くの企業は、その他の状況から疑いが生じた場合（例：具体的な苦情や上司による観察結果等）

を除き、ヨーロッパの従業員を継続的なモニタリングの対象としません。

　グローバルシステムに関し、特定の国や地域についてモニタリング機能を無効化することは困難に思われます。一部の会社は、技術スタッフがヨーロッパの従業員に対し、特定の監視機能を有効化したり、積極的に使用することがないよう契約によって責務を負わせようとしています。理論的には、雇用主は、従業員が会社の機材および通信ネットワークを個人的または私的な目的で使用するのを断固として禁止することにより、ある程度制約を乗り越えることができます。一般的に純粋な業務上の目的による情報へのアクセスは、遥かに規制が少ないからです。しかし、多くの雇用主は、そのような禁止事項を定めることを合理的とは考えず、そのような効果を狙って選択的に施行された規則は司法からは無視されがちです（例えば、仮に雇用主が禁止事項を定めたとしても、実際には従業員の個人的使用を許さざるを得なくなります）。

　一部の会社は、従業員が会社のシステムを個人的に使用する場合、その従業員が監視されることに対する明示の承諾をしない限り、使用を許可しないという制度を採っています。そのような承諾をした従業員は、監視の下、システムを個人的または私的な目的で使うことができます。似たような例として、従業員がスマートフォンまたはその他のデバイスを、仕事や仕事に関連した目的で使用したい場合、自発的な「自分のデバイスを持ち込む（BYOD）」プログラムに基づき従業員個人のデバイスを、会社所有のシステムに対して適用されるのと同じ監視およびセキュリティ規定に則って取り扱うことを条件に、会社から許可されるという事例もあります。これが意味するところは、例えば、そういったデバイスが紛失や盗難に遭った場合、雇用主は遠隔でデバイス内のすべてのデータ（個人的な写真を含む）を消去することができますし、雇用主がデバイスを調べたり、リティゲーション・ホールドをかけることもできるということになります。従業員が前記の承諾をしなかった場合でも、会社所有のデバイスを使用する際には監視の対象となります。かかる監視が従業員のプライバシーに不合理な影響を与えるようなことがあってはなりません。なぜなら、従業員に必ずしも会社所有のデバイスを個人的な目的で使用する意図があるとは限らないからです。前記のような規則を定めておけば、従業員に認識させ、従業員のプライバシーの利益と、雇用主の正当なデータセキュリティおよびコン

プライアンスの利益との調和を図り得るように思われます。しかしながら、裁判所や政府当局がいかなる場合にもこのようなアプローチを承諾するか否かについては明らかではありません。

　企業がこれらの法的要件を遵守しない場合、雇用、プライバシー、盗聴およびその他に関する法律に違反するリスクがあり、これらの法律の多くが厳しい刑事罰を伴っています。フランスで起きたある著名な事例では、雇用主が会社のシステムにある従業員の電子メールを調べ、その従業員が仕事中に会社のリソースを使い、違法かつ会社の利益と競合する事業を行っていたことを突き止めました。しかし、電子メールを調べたことが違法と判断されたため、雇用主はその不誠実な従業員を復職させ、賠償金を支払わなければなりませんでした。同様に、会社がある裁判管轄の法律に則って活動するために必要な証拠が、別の裁判管轄の法律では保持または使用を禁止されている場合があります。

　結論として、雇用主は以下のようにするべきです。

要実施事項！
- 従業員に関わる情報を記録するために、どのような技術を購入・配備したか把握すること。この場合の技術とは、その主たる目標が監視であるもの（監視カメラ、キーロガー、ウェブログ、電話録音、自動電子メール保存、位置追跡デバイスなど）、他に使用目的があるが従業員の承認あるいは意図的な行動がなくてもデータを保存するもの（電子メールフィルタリング、ネットワークセキュリティツール、盗難されたデバイスを回収するための位置追跡機能）などを含む。
- 関連する裁判管轄において、これらの技術の導入が完全に違法かまたは一部規制されていないかを見極めること。また、それらの技術の導入の際、従業員への通知、あるいは従業員および／または外部のデータ主体から同意を得ることが必要か否かについても調べること。
- 法的規制を回避するため、管理上または組織的な対策を取ることを検討すること。例えば従業員に、主たる監視の対象となっていないツール（例えばスパムフィルターなど）を設定・管理する権限を与える等。
- 詳細な通知書と同意書（従業員および外部のデータ主体、会社所有のデバイス、従業員所有のデバイスに対してのもの）を準備・維持すること。それらの文書は、理想的には頻繁かつリアルタイムな通知（例えば、ログイン・ス

クリーン等）および導入された技術の使用に関する内部規程によって補足することが望ましい。
- 米国以外で法的に必要とされる労使協議会や従業員代表との協議を行うこと。
- 米国以外で法的に必要とされるデータ保護監督機関、労働裁判所またはその他の政府機関当局から承認を得るための通知または申請を提出すること。

(6) 調査

　特定の従業員を調査する確固たる必要性が生じた場合、雇用主は予定される調査がデータプライバシー法および労働法に抵触しないかを見極め、調査の結果、集められた証拠がどのように使えるか、どのように取り扱わなければならないかについても評価しなければなりません。

　もし緊急事態が発生し、雇用主が危険行為または違法行為を止めることを第一に考えているとき（例えば、会社の営業秘密の盗難の危機が差し迫っている等）、雇用主は早急に行動しなければならないと考え、プライバシー法への複雑な法的調査の結果を待つことができない、という決定を下すことがあります。そのような場合、雇用主は自らをデータプラバシー法または労働法に抵触するリスクに晒してしまっており、訴訟手続のために集めた証拠を問題を起こした従業員に対して使うことができなくなるかもしれないことを意識しておくべきです。

　状況がさほど切迫していない場合、雇用主は行動を起こす場合と起こさない場合、それぞれで発生するコストと利益について慎重に検討すべきです。状況によっては、全従業員に対し社内規程について念を押しておくだけで、自社を労働法あるいはプライバシー法に曝すことなく、自社が法的な立場について関心を持っていることを示し、また会社の法的な立場を高めることもできます。しかし、特定の監視技術その他の導入、あるいはその利用によって事態の調査を行う決断が必要とされる状況の場合、会社は関連する裁判管轄において関連する可能性があるすべての法律を考慮に入れる必要があります。さらに、以下の事項に気を付けるべきです。

- 影響を受ける可能性のある従業員や外部のデータ主体が、必要に応じて適

切な通知を受けたり、適用される監視に対して同意を行っているか確認すること。
- 必要とされている従業員代表との協議および政府からの通知や承諾要件が充たされているか見極めること。
- 必要に応じてデータの越境移転について法的根拠が設定されているか見極めること。
- 予定されている監視および調査により発見される証拠について、問題を起こした従業員や外部のデータ主体に対し、実際に法的に使用できるか検討すること。

(7) 内部通報ホットライン

　米国の証券取引委員会と証券取引所は、米国の上場会社に対し、内部通報者が法令遵守に関わる問題について匿名で通報できるホットラインを設置することを義務付けています。また、多くの会社は、役員、従業員、取引先が法令遵守を怠ることで発生するリスクを低減するために、このような通報システムを実施すべきだと考えています。したがって、多くの米国企業が、ほとんどの場合、専用のウェブサイトやコールセンターを使用して内部通報ホットラインプログラムを実施するようになっており、同様の取組みを行う米国以外の企業も増えています。

　一方、ヨーロッパのデータ保護監督機関は、前記のホットラインや匿名通報の濫用の危険性を危惧しています。従業員を傷付ける可能性のある潜在的に機微なデータが、透明性が大して確保されないまま、アクセスもできず、またデータが匿名で通報されたり、決定が外国でなされ、外国法の裁判管轄に置かれた場合には、特に従業員が自分自身を守る機会も与えられない状態でデータの処理や保管が行われる可能性があります。例えば、米国企業がカナダやドイツの子会社に対し、米国の通商禁止法に違反したとして従業員を解雇するよう指示することもあるかもしれません。従業員がその違反をカナダやドイツの法律に基づき対処して欲しいと主張しても、そういった主張は必要とされない上に許可もされないのです。20世紀において、匿名での通報がファシスト政権下

や社会主義政権下でどのような結末を迎えたかについての経験があるため、一部のヨーロッパのデータ保護監督機関ではホットラインの設置前に政府の承認が必要とされており、多くのデータ保護監督機関が、内部通報ホットラインによる法令遵守プログラムには厳しい規制を要求しています。特に以下のような事項が規制に関連しています。

- 通報される違反の種類（犯罪か、社内の行動規範違反か）。
- 通報が役員のみを対象とするか、他の従業員や取引先の代表者も含むか。
- 通報される違反の一部または全部が匿名で通報されるのか。
- 会社が最後まで調査をやり通したか、あるいはやり通さなかった場合のいずれでも、会社がどれくらいの期間、通報された情報を保持していたか（通常2ヶ月未満）。

米国企業がヨーロッパに子会社を有している場合、グループ企業が法の適用を受けるあらゆる法体系において、どのような義務が課せられるかにつき慎重に見極める必要があります。もし会社がヨーロッパにおいてホットラインを設置することを義務付けられていない、または興味がないと判断した場合、会社はヨーロッパをプログラムの対象から外すことができます。しかしながら、会社がヨーロッパもプログラムの対象にすると決めた場合、会社はより厳しいヨーロッパ各国の要件を充たす、正式なヨーロッパ版の通報プログラムの設置が可能か、また設置を行いたいかを判断しなければなりません（プログラムによりいくらかの管理上の効率化と節約ができますが、最終的には酷く「効果の薄まった」プログラムとなるでしょう）。また、会社が各裁判管轄において匿名の通報を可能な限り許可するかどうかも決める必要があります（許可する場合、国ごとに通報プログラムを現地法化する必要が生じ、法的見直しにより高額の投資を行う必要が生まれ、また結果として国ごとに通報のルールがバラバラになるでしょう）。いずれにせよ、プログラムに参加する各ヨーロッパの子会社は、従業員に対し、プログラムのデータ処理に関する側面と、通報によって従業員個人がどういった影響を受けるのかという側面の両方について通知する必要が出てきます。さらに、一部の会社は内部通報ホットラインプログラムを開始する前に、地方政

府の事前の承認も得る必要があります。

(8) ソーシャルメディア

多くの雇用主が、従業員のブログやソーシャルメディアへの関わり方に関する規則を定めるために苦労しています。問題となるのは、原則として、従業員の他のコミュニケーション方法に関わる問題と同様です。もし従業員がどの雇用主の下に所属しているか明らかにする発言をした場合には、そういった発言は媒体が印刷物であれ、プレスリリースであれ、あるいはソーシャルメディアであれ、雇用主に責任があるものとされます。そういった発言は雇用主の評判に影響を与え、会社の広報活動、保証規程、業績結果予測やその他と同義として捉えられるか、あるいはそれらと矛盾します。したがって、原則として、雇用主はソーシャルメディアを旧来のコミュニケーション手段と同等に捉え、発言がメディアに載る前に適切な審査を行うべきです。膨大な量の審査のリクエストが届き圧倒されるかもしれません。雇用主はソーシャルメディアによるコミュニケーションにどれだけの価値があるかを測り、審査のプロセスを制限的に扱うか、審査のために更なるリソースを割くかを決める必要があります。

従業員が雇用主についての発言（例：製品、サービス、財務状況など）を自分がどの雇用主の下に所属するか明らかにせず行った場合、そのような発言は世間を容易に惑わせます。雇用主は重要情報が公開されていない宣伝や、サブリミナル広告等に関して、不正競争防止法を遵守しなければなりません。多くの雇用主はそういった行為を断固として禁止しています。

リクルーターや人事担当者は、応募者や従業員に関する情報に特別の関心を持つ傾向があります。ソーシャルメディアのプラットフォームは、豊富な情報源となります。経験則からいって、リクルーターは応募者に直接聞いても問題ない情報のみをネットで探すようにすべきです。多くの米国の州が、雇用主、大学、その他特定の組織に対し、応募者にソーシャルメディアのユーザーアカウントの資格情報を提供するよう求めることを明示的に禁止しています。しかしながら、そういった明白な法律が適用されない場合でも、そのような行為はソーシャルメディアの利用規約に違反しており、コンピューター干渉に関する法律（米国のコンピューター詐欺および不正使用取締法を含む）に抵触し得ます。

さらに、人事担当者は、以下の点に留意する必要があります。

- 応募者が情報アクセス（例：応募書類のプロフィールへの言及）に積極的に同意した場合、応募者の情報を探ることは一般的に許容されます。応募者が特に制限を設けずに公衆の場に投稿したり配信した情報、例えば、完全に公開されたプロフィール上に存在した場合にも同様のことがいえます。プロフィールがソーシャルメディアのプラットフォームで限定的に公開されている場合には、より注意が必要です。その場合、人事担当のプロはソーシャルメディアのプラットフォームにおいて業務目的のために公開されている情報のみ利用し、純粋に私的に投稿されている情報には（たとえその情報にアクセスできるとしても）手を付けるべきではありません。こちらの情報を積極的に隠す調査手法（例：匿名アカウントを使用する、「偽のフレンド申請」等）は多くの裁判管轄の法律により不公正な取引方法または虚偽表示とみなされます。
- オンライン調査が基本的に適法な場合でも、企業は過度に情報を取得することが自分たちにとって最適な結果となるか慎重に検討する必要があります。ソーシャルメディアのプラットフォームでは、企業が不注意により知るべきでない機微な情報を知ってしまうことがあります。例えば、応募者の性別、性的指向、民族、障害、政治的信条、組合活動、宗教等です。このような情報に基づき差別的取扱いを受けたと主張されるリスクを減らすため、企業はオンライン調査、応募者選考に別々の従業員を割り当て、調査員には選考に適法に使用することができず、差別的取扱いを受けたと主張される可能性を高める種類の情報を選考者に渡さないよう指導するという方法があります。似たような理由で、特に大規模な会社では、オンライン調査の量と方法について一貫した規則と慣行を設け、調査結果の正確性を慎重に確認するようにすべきです。

ソーシャルメディアに関する規則で他に気を付けるべき点としては、以下のような事項があります。

- 機密性
- 勤務時間中の私的な使用または雇用主の機材を用いた私的な使用の制限
- 情報、アカウント、その他の所有権（例：従業員は退職の際、ツイッターのアカウントとフォロワーのリストを譲渡しなければならない等）
- 同僚に対するハラスメントの禁止
- 雇用主による監視に関する情報の開示
- 迷惑メール防止法の遵守

F. 財務情報（Financial Information）

人々は財務情報に特に関心を寄せるものです。立法者や業界団体は、企業が財務情報に関して遵守しなければならないいくつもの具体的な法的要件を作成しており、以下の事項が含まれます。

- 企業は米国内のほとんどの州の法律および増加しつつある同様の法律を整備した外国の法律に則り、データ主体に対し、セキュリティ侵害や特定の財務情報の紛失について、被害にあったデータが暗号化されていない限り、通知を行わなければなりません。
- 企業はいくつかの州の法律の下では、データが暗号化されていない限り米国の社会保障番号を送信してはなりません。
- クレジットカード業界が設定した基準（PCIデータセキュリティスタンダード、略称「PCI DSS」）に則り、銀行、事業会社、その他の関係する企業は、クレジットカードや商取引に関する一定の情報を暗号化し、その他のデータセキュリティ基準を適用しなければなりません。
- 信用調査機関は多くの裁判管轄においてその法律に則り、データ主体に対し、一年につき一つ無料の信用状況報告書へのアクセスを提供し、また補正プロセスも提供しなくてはなりません。
- 企業はいくつかの裁判管轄の法律において、信用状況報告書を特定の判断に使うことができず、また信用状況報告書の情報に基づいた不利な決定の

対象となるデータ主体に対して通知し、データ主体が自らを守る行動が取れるようにしなければなりません。

さらに、金融サービス提供企業は、業界固有のデータセキュリティおよび多くの裁判管轄におけるプライバシー法の対象であり、その中には米国のグラム・リーチ・ブライリー法（GLB）も含まれます。

G. 政府機関による調査、情報開示請求 (Government investigations, information requests)

企業は、政府機関に対し、定期的に提出する情報について、記録を残し、明確なガイドラインに従わなくてはなりません。また、異常な情報についての請求が、例えば、調査に関連する場合も同様です。適用法令により、通常、企業が政府に対し、特定の目的のために使用されるデータを開示する特定の義務が定義されていますが、同時に、企業が開示することができる情報は、データ保護法により制限されています。警察が特定のデータが欲しいからといって、企業が当該データを作成することが法律で許容されているとは限らないということです。

このことは、特に国境を超える取扱いの場合に顕著で、会社がある国の法律（例：米国）に基づいてデータ提供を求められる一方で、他の国の法律（例：スイス）ではそのような開示を禁じているといったことが起こり得ます。そのような状況では、一貫した管轄権に関する分析が求められます。法の抵触が解消できない場合、会社はいずれの法律を遵守し、いずれを遵守しないかにつき、リスク分析に基づき決断しなければなりません。実際の事例として、ヨーロッパの航空会社各社が板挟みになったことがあります。米国の監督機関が特定の搭乗客のデータを要求し、従わない場合には法的に処罰するとした一方で、ヨーロッパのデータ保護監督機関は開示を禁じたのです。その他の事例として、米国の税務当局がSWIFT（世界的な銀行ネットワーク組織）とスイスの銀行に対し、米国の納税者の海外の銀行口座の情報を提出するよう断固たる要求をしたことがあります。これらの事例において、ヨーロッパの航空会社と金融機関は、米国からの圧力に屈し、適用されるヨーロッパのデータ保護法や銀行機密

法、障壁規則に明らかに反する形で、個人データを開示しました。ヨーロッパの監督機関は、これに対し、行政手続と刑事手続の両方で応じました。上記のような二つの国の法の抵触により、企業がデータの提供を一方からは禁止され、他方からは要求されるような事例は比較的稀です。多くの場合、企業は、事前に準備しておくことで、法の抵触を回避または軽減することができます。例えば、企業は、データベースのコピーを、その国の政府からアクセス要求がくるであろう裁判管轄に置いておくことができます。これにより、政府からの要請に応えるために国境を越えてデータを移転する必要がなくなり、いくつかの裁判管轄で定められている障壁規則に抵触することを避けられます。また、企業は、特定の状況下で情報を開示することについて、顧客に事前の承諾を求めることもできます。また、企業は、自社の組織構造を慎重に計画することで、裁判管轄権上のリスクに曝されることを避けることができます。例えば、データベースと営業部門とを別々の法人と裁判管轄に分割することが考えられます。

　もっとも、単一の裁判管轄内においても、企業は、政府機関から、データ保護法に照らして応じてはならない情報開示請求を受けることがあります。非公式な要請、瑕疵のある召喚状、令状、裁判所命令に基づきデータを開示した企業が、しばしばデータ開示の影響を受けたデータ主体により訴えられたり、違法なデータ開示に対して他の政府機関から制裁を受けたりしています。政府からの要請が適法であると誠実に信頼することは、通常、完璧な防御策ではありません。前述のような要請を頻繁に受ける企業は、情報開示を行う際の条件と手順を定めた明確な内部規程を設けるべきでしょう。頻繁に発生しない要請についても、企業は、少なくとも基本的な手順は定めておくべきです。例えば、データの開示につき、社内弁護士または社内のデータ保護責任者が同意しない限り応じない等です。

　開示義務の法的制限や禁止の中で、企業は、通常、一定の裁量を有することになります。かかる裁量を、企業は、その事業目的に照らして慎重に行使すべきです。例えば、顧客から詐欺にあったり、一部の顧客から、別の顧客に詐欺を働かれたと抗議を受けた会社は、警察に対して容疑者の個人データを法的に許される限り開示したいと考えるでしょう。一方で、金融機関は、海外の税務当局に対し、顧客のデータの開示は顧客や顧客との関係、業務への影響を考え

てできる限り少なく済ませたいはずです。電気通信会社、インターネット・サービス・プロバイダ、ソーシャルメディアは、利用者の身元や住所について証拠や情報をもっているため、利用者、政府機関、司法の間の争いに巻き込まれがちです。それぞれの事業の特徴に応じ、企業は、通常、情報開示について積極的になるか、拒否するようになるか、もしくは案件ごとに違った対応を取るようになるか（例：警察が小児性犯罪者や詐欺師を現場で捕まえるためには情報を積極的に開示するものの、有名人の名誉毀損に関する訴訟や、反対派に対する政治運動に関する情報開示は拒否する等）に別れていきます。規則を設定する際に会社が考慮する必要のある他の重要な要因としては、政府の情報請求の処理に必要なコストやリソースです。会社間の取引では、データ処理サービス提供会社（例：クラウド・コンピューティング会社）は、契約により政府による調査関連コストを彼らの法人顧客へ移そうと試みることができます。しかし、消費者向け事業においては、クリックで確認を取る利用規約に載っている補償や返金の条項では実効性がないかもしれず、それどころか違法である可能性さえあります。

　上記および他の考察から、企業は、内部規程およびデータ主体に対する外部のプライバシー通知や、指針および契約書を注意して作成しなければなりません。プライバシー通知や指針および契約書の場合、企業は情報開示のレベルを、容易に開示できる（例えば、利用者の会社に対するプライバシーに関する請求や、その延長線上で政府に対する請求を抑制する会社の情報開示規程について、同意を得るか事前の通知を行うことで、開示が可能となる）とするか、政府の要請があっても開示に強く反対する（例：利用者とプライバシーに関する声明において、政府の開示請求に反対する論拠となりうる、開示に関する厳格な約束を取り交わす）とするか選ぶことになります。また、企業は保存するデータの量を多くするか少なくするか、また保有期間を長くするか短くするかについて、政府機関が将来どのような要請を行うか、それに対し企業がどのような情報を開示するかについての予測に基づき、データ保持およびデータ削除の要件を考慮しながら決定することができます。企業が政府から情報請求を受け、それが他の裁判管轄で問題になった場合、企業はより狭い範囲について交渉を試みることができます。時折、特に請求された情報が、例えば、子会社にあるなどして海外に置かれている場合、司法や政府機関は国際礼譲による配慮に同意します。しかし、

米国の司法は基本的に、訴訟に関連した発見を背景とする立場を取るため、米国内に物理的に存在する情報もしくは米国内にいる個人がアクセス可能な情報は、米国の国内法に則り作成されるべきで、海外の法律についてはあまり考慮しなくてよいとしています。

　もし会社が特定の政府からの要請について、応じることが法的に禁止されていると判断した場合、もしくは会社が要請に応じることは法的な義務になっておらず、経営的判断から要請に応じないと判断した場合、会社は政府からの要請への反対の際、データ保護法や関連するデータ主体のプライバシーの利益について言及することができます。あるいは、会社はデータ主体に対し政府の調査について通知し、データ主体に対し政府に直接挑む機会を与えることもできます。しかし、企業は一般的に、自身のプライバシー権について強く主張することはできません。なぜなら、企業は一般的に、例えば米国においてはデータプライバシー保護からは除外されているからです。一方、オーストリア、イタリア、スイス等、少数の国々では、法人のデータもまた「個人データ」として保護されています。したがって、それらの裁判管轄では、政府の調査に対し、企業もまた自らが持つプライバシー権を主張することができるかもしれません。

　特定の状況においては、企業は営業秘密保護法やデータ保護法を根拠に、情報を保護することができるかもしれません。また、要請が過度に負担となる、あるいは要請されたデータが要請の理由に照らし不適切であるとして、要請を断ろうとすることもできます。

H. 健康情報（Health Information）

　企業は、ヨーロッパのデータ保護法の下、健康関連情報について、その特別な重要性や開示された際のリスク（例：雇用主並びに健康に関連する情報をもとに活動する保険会社による差別の可能性）に鑑み、「機微な個人データ」に対して適用される特定の規制を遵守しなければなりません。特に、健康情報や他の機微な個人データについて、ヨーロッパのデータ保護法の下で処理する前に、明示的な同意を得なければなりません。

　米国では、医療供給者とその委託先には、健康情報の携行性と説明責任に関

する連邦法（HIPAA）および一部の州法に基づき、分野を特定した法制度が適用されます。医療または医療保険の供給者ではなく、かかる事業者とともに働くこともない企業（例：オンラインの消費者向け健康関連情報サービス）は、たとえ個人の健康に関する情報を収集・使用していたとしてもHIPAAは一切適用されません。しかし、2015年以降は、カリフォルニア州の医療プライバシー法が適用される可能性があり、同法は、医療に関連する商品を取り扱うオンラインサービス、ソフトウェア、ハードウェアの提供者も対象としています。委託先のうち、HIPAAの対象となる米国の病院、医療保険、その他の「対象事業者」を対象として営業したい者は、HIPAAの下で「事業提携者」として判断されるか、また結果として生じるコンプライアンスの費用が経営上負担できるかについて自らを査定する必要があります。HIPAAにおけるデータセキュリティおよびデータ保管の要件は、通常、ほとんどのサービス提供会社にとって対応できるものです。しかし、一部の企業は、データアクセスおよび消去の義務、そしてすべての委託先と事業提携契約書を締結する必要があるのを難しいと考えるでしょう。実際、委託先の領域（例：クラウド・コンピューティング、SaaS、データ処理）に存在する会社は、「事業提携者」としての義務や、コンプライアンスにどう取り組むか、自分たちが顧客に対し契約上何を約束できるかについて、慎重に分析するべきです。過去にはいくつかの提供会社が、自分たちは健康に関する情報を扱ってはいるが、その役割は「単なる導管」（例：通話または電子メールサービス提供会社、データ・ストレージ会社、PaaS、SaaS）に過ぎない以上「事業提携者」として取り扱われないはずだと抗議したこともありました。しかし、米国政府はこのような見方を許しておらず、実際に2013年のガイダンスで反対の意を表明しました。また、顧客も理解または賛同しないかもしれず、結果として生じる混乱が取引の遅れや妨げになるかもしれません。委託先がHIPAAの下で「事業提携者」の義務を果たせると考え、医療分野におけるコンプライアンスの取組みに成功した場合、委託先は、標準契約書雛形とデータセキュリティプログラムの詳細およびチェックリストを用意し、顧客の契約および要件について再調査を行うべきです。

　実務上、医療分野外の企業は、健康に関する個人データの収集量は、規制による影響を避けるために可能な限り少なくすべきです。雇用主は、福利厚生の

管理や、障害のある従業員への配慮や労働災害の処理のために一部の健康情報を収集しなければならないかもしれません。しかし、雇用主は、一般的にかかる情報を関連会社や非関連会社と共有する必要はありませんし、またするべきでもありません。ただし、法的に必要な場合またはデータ処理契約において受領した会社が単にデータ処理会社（例：共有サービスセンター、汎用データストレージ等）だった場合は別です。雇用主は健康情報をグローバル人事情報システムに入力することは避けるべきです（勤怠情報を参照できても、そのうち「病欠」の情報だけ特に抜き出せるようにしないことです）。また、雇用主が折に触れて医療サービスや健康維持プログラム（例：インフルエンザの予防接種、マッサージ、健康およびフィットネストラッカー）を提供したいと考えた場合、かかるサービスを組織化する方法を探ることで、委託先は直接従業員と関わることができ、雇用主は個人の健康情報を収集・共有する必要がなくなります。

I. IoE、ビッグデータ、データ・ブローカー (Internet of Everything, Big Data, Data Brokers)

製造業者は、携帯電話その他の無線通信接続が遍在し、経済的に実行可能になったため、様々な目的のために、より多くの製品に接続機能を追加しました。自動運転車、ドローンおよびその他の機器は、安全性と紛失・盗難防止の目的で、相互に追跡することができ、第三者（サイクリストや歩行者を含む）と通信することができます。IoTやIoE、M2M通信は、デバイス並びにその所有者、所持者、運営者、乗客およびセンサーの近くにいる人々に関する膨大な量のデータを波及させます。通知、同意および説明責任に関する懸念に加え、規制当局および消費者保護当局は、ビッグデータや、より一般的には大容量のデータベースについて、それらに付随するデータセキュリティ侵害のリスクに対して特に懸念しています。世界中の市民は、NSAでさえもデータを安全に保持できないと警戒しています。多くの業務用システムや消費財は、安全性が低く、攻撃に対して脆弱です。米国連邦取引委員会は、データセキュリティ機能が不十分なデバイスを販売する企業に対して法的措置を講じています。例えば、送信するデータがインターネット上で閲覧できるのに、連邦取引委員会の期待よりも低いデータセキュリティ保護策しかないセキュリティカメラを販売した企

業や、既知の脆弱性を持ったままのソフトウェアアップデートを販売した企業です。サイバーセキュリティの懸念は、車、武器システム、工業団地、エネルギープラント、飛行機およびその他のハッカーによって遠隔地から乗っ取られる可能性のある機器についても同様です。企業は、あらゆる製品、システム、構内の設計プロセスにおいて、慎重にサイバーセキュリティについて検討する必要があります。

　IoTはビッグデータも処理します。IT企業は、膨大な、しばしば構造化されていないデータを大量に処理できるテクノロジ、サービス、アプリケーションについて説明する際に「ビッグデータ」という用語を使用しています。例えば、認証やセキュリティ目的のための顔認識システムの開発、新たな形態の検知分析、都市計画、交通予測と最適化、医学研究等の目的が含まれます。他方、データ保護監督機関や活動家は、企業や政府がデータ主体に対する事前の通知なしに、過剰な量の既存のデータを新しい目的のために使用し、かかる状況に対してデータ主体から有効な同意が付与されていない状況、例えば、法執行やマーケティング目的で人を識別するための顔認識システム用にソーシャルメディアページ上の写真を収集したり、レーダーコントロールを配置して交通違反者を捕まえるためにGPSデータを収集したり、特定の製品に対する関心を予測するために閲覧履歴を収集する等を指すために、否定的な意味合いを込めてこの用語を使用しています。

　ビッグデータ分析のもう一つの情報源は、オンライン調査です。企業は「ウェブスクレイピング」技術を使用して、検索エンジン技術をサポートするウェブサイトの索引付けや、ビッグデータ分析のためのデータ収集等を含む、無数の事業目的のためにインターネットウェブサイトから自動でデータを収集します。そのようなデータ収集方法は、（個人を識別することが可能なデータが収集されたデータの中にある場合）プライバシーに関する法律に、（抽出されたウェブサイトでは自動ツールによる使用を許可していない場合）著作権法に、抽出されたウェブサイトが、ロボット、ウェブ・スパイダー、ウェブ・クローラー等のウェブスクレイピング技術によるアクセスを明示的に禁止している場合）米国のコンピューター詐欺および濫用に関する法律（US Computer Fraud and Abuse Act）を含む、侵入禁止およびコンピューター干渉に関する法律に違反する可

能性があります。一部の国の法律では、個人データは、意図的に公表されていると保護されませんが、ヨーロッパの法律では、そのような広範な適用除外はしておらず、データ主体の同意がない限り、ウェブスクレイピングによる個人データの収集も禁止される傾向があります。例えば、データ主体が自分の経歴情報を個人のホームページに制限を付けずに投稿した場合、他の人々は、「正当な利益の例外」（または明示の同意―ホームページにかかる同意が表示されている場合）に基づいて、自らの目的のために、検索エンジンやその他の技術を通じて、かかる情報にアクセスすることが許容されます。しかしながら、ウェブスクレイピングに従事する企業にとって実務上の困難な点は、どのページが許容される使用条件に基づき個人データを掲載していて、どのページがそうではないのかを判断しなければならないことです。企業が「ロボットではないこと」という注意書きを無視して、CAPTCHA等のアクセス制限や登録要件を（登録のためだけにウェブメールアカウントとユーザーIDを自動的に生成することにより）迂回する「ウェブスクレイピング」技術を利用する場合、不公正な取引方法、オンライン詐欺、技術的保護手段の迂回を禁止する法律（米国著作権法第1201―4章、デジタルミレニアム著作権法（Digital Millennium Copyright Act：DMCA）の一部等）に違反する追加のリスクを引き起こすことになります。

　ビッグデータは、「データブローカー」、即ち、個人情報を含む情報を購入して再販売する企業によって取引されます。「データブローカー」は、直接的な取引関係のないデータ主体の情報を処理します。かかるデータ主体は、通常、プライバシー通知を受け取っておらず、データブローカーの身元や業務についてほとんど知りません。このことは、近時、米国において、懸念や規制当局の関心を高めています。EEA内のデータ保護法に基づき、データブローカーは、既に、一部の裁判管轄において、既存の通知や同意要件の対象になっており、「正当な利益」の例外、特に、データ主体が制限を付けずに利用可能にしたデータ、例、公開されているホームページやソーシャルネットワーク上の写真等に関する例外に依拠することもできます。

J. 裁判管轄（Jurisdiction）

すべての法令遵守の試みや法的責任の分析は、次の二つの問いから始まります。(1) どの法律が適用されるか、そして、(2) それがどのように執行されるか、です。データ保護法の遵守について、特に国際的な文脈で必要なことは、関連する法令を明らかにし、法令遵守の取組みを優先することです。

(1) 適用法令

第1の問い、つまり、どの外国のデータ保護法が適用されるのか、に対する答えは、長くなります。国際慣習法の下で、すべての主権国家は、あらゆる事項について自由に法律を定めてよいとされています。一般的に、国家は、自国内に従業員や機器を配備した企業に対し、自国のデータ保護法を適用します。一部の国では、それをさらに発展させ、外国企業であっても、自国内の取引先を通じてデータを収集していたり、自国を対象にしたウェブサイトを開設（使われている言語や内容、掲載されている電話番号から判断）したり、あるいは単に法律を制定した国の居住者や市民からデータを収集していた場合、自国のデータ保護法を適用します。したがって、外国に多かれ少なかれ事業上直接的なつながりのある多くの企業は、より綿密な調査の結果、外国のデータ保護法がそのデータ処理に適用されることに気が付くでしょう。

EU 法は、EU 加盟国が自国のデータ保護法を他の EEA 加盟国で設立された企業に対して域外適用する権能にいくつかの制限を設けています。EEA を本拠地とするデータ管理者は、たとえ他の EEA 加盟国からもデータを収集していたとしても、支店やその他の実質的な物理的拠点を置く EEA 加盟国の法律のみ遵守すればよいのです。ただし、この特権は、EEA 外の企業には適用されません。そのため、EEA 全域に顧客を有する米国を本拠地とする電子商取引企業は、30 を超える国々の異なる現地法を遵守しなければならない可能性があります。ただし、当該米国企業が、ヨーロッパ全域の顧客にとって唯一の契約当事者かつデータ管理者として、子会社を例えばアイルランド（法人税率が低い）やルクセンブルグ（付加価値税率が低い）に設立する場合、新しい子

会社は設立された裁判管轄のデータ保護法のみを遵守すればよいことになります。この利点の意義は、EU の GDPR がもたらすハーモナイゼーションにより減少する可能性があります。米国企業は、州際通商を差別したり、過度な負担を掛ける州法に対し、合衆国憲法の「通商条項」に基づき類似の防御策を無効とすることができる可能性があります。

(2) 執行可能な法令

　第 2 の問い、つまり、データ保護法が国境を越えてどのように執行され得るかに対する答えは、一般的に、より難解になりますが、国際的な法令遵守に優先して取り組む際に、通常とても役に立ちます。一般的に、国家は、自国の領土内に、会社が所在していない場合や、資産や従業員を有していない場合には、自国の法令を適用することは容易ではありません。慣習的に、国際法は、国家に対し、政府職員を国境を越えて派遣し、警告や罰金の徴収、逮捕をすることを禁止しています。たとえ手紙や電子メールであっても、国境を越えて、命令や公式の警告や通告をすることは、執行対象が帰属する裁判管轄から同意を得ない限り許されていません。一部の国々の間で、特定の事項について、比較的近い協力関係を築いています（例：EU 加盟諸国）。しかし、大抵の場合は、外国に所在する企業に対して自国の法律を執行することは難しく、負担が大きいのです。私人の原告（例：データ主体）は、しばしば自国の裁判所で、外国企業に対する裁判管轄権を認めさせています。しかし、国境を越えて判決を執行するのは難しく、時には不可能です。差止命令、罰金その他の制裁は、通常、国境を越えて執行することはできません。金銭賠償（例：損害賠償請求に対する判決）は、一般的に、懲罰的または制裁としての要素がなく、また行使される訴訟原則が公序良俗に反しない限り、外国においても執行しやすいとされています。しかし、そこで得られるのは金銭的損失に対する補償のみであり、その額は一般的に少なく、データ保護関連の訴訟を遂行するのは割に合わないかもしれません。これら事情やそれ以外の様々な実務上の理由（費用、他の裁判管轄での賠償請求の遂行が難しいこと、言語、司法システム等）により、外国のデータ保護法を執行されるリスクは、それらの法を適用されるリスクに比べるとずっと低いといえます。

しかしながら、いくつもの注目に値する例外は存在します。企業が契約上外国のデータ保護法の遵守に合意した場合（例：EUの標準契約条項や自由形式の委託契約書）、問題を追求する手段と動機がある外国の取引先から、例えば、彼ら自身が直接政府当局の執行対象となっていたり、彼らの事業にとって法令遵守が重要であると考えていることにより、法の遵守を強制されるかもしれません。また、許認可やEU・米国間プライバシー・シールド・プログラムへの申請に関して、会社が大なり小なり自発的に外国の法律に従い、外国のデータ保護監督機関に協力することに合意する可能性もあります。

　以上を考慮に入れ、企業は、データ保護法の適用および執行の対象になり得る裁判管轄の優先順位リストを作成することができます。このリストの中で、①自社とのつながりの強さ（物理的拠点があり、データ処理をする従業員がいる＞現地を対象とするウェブサイトがある＞データ主体がいる）、②自社が契約その他に基づき（例：許認可、EU－米国間プライバシー・シールド・プログラム等）現地の法令や裁判管轄権に従うことを約束したか否か、③自社の本社所在地の裁判管轄が、当該外国のデータ保護監督機関やその他の法執行機関に協力しているか否か、に基づき裁判管轄のランク付けをすることができます。それでもまだリストが手に負えない場合には、関連する市場の状況、例えば、主要市場のある国、データ保護法違反に対して厳格で、事業に不利な影響がある国（例：ドイツ等）、特におそろしい執行事例があった国（例：天文学的な罰金を課したスペインや米国のデータプライバシー担当者を公開逮捕したイタリア等）などを考慮に入れることにより、さらに一般的な優先順位付けをすることが多いです。

K.　契約書（K—Contracts）

　企業は、データ保護を考慮に入れて契約書雛形を作成し、契約内容を検討し、相手方との契約交渉をしなければなりません。これは、比較的規模の大きい組織では、運用上の障害になり得ます。なぜなら、取引契約書の管理者の誰もがデータ保護法遵守について詳しいわけではないからです。それゆえ、企業は、契約書案の作成時や契約交渉時に、適宜、データ保護法遵守の責任者が関与す

るようプロセスを定めておき、一定の標準的な状況において、自社に必要な書式や規定の雛型を取引契約書の管理グループに提供しておくことが必要です。

契約書は、データ保護法の遵守に関し、以下の事項を含め、いくつもの重要な役割を果たします。

- 契約書があることで、企業は、個人データを処理することができます。なぜなら、契約書には、データ主体がかかる処理を許可する条項か、会社が個人データの処理を要する義務を負担する条項のいずれかが含まれているからです。一部の企業では、データ主体から同意を取得する代わりに、個人データの処理を正当化する事由として機能するよう、契約上の義務を意図的に契約書雛形に入れています。
- 契約書は、法令遵守義務を充足および転嫁するために、企業が、その従業員、個人の請負業者、委託先に対し、規制やデータセキュリティ義務を強制する手段となります。
- 契約書により、企業は、データ保護法遵守に関するデータセキュリティ侵害、賠償請求および訴訟の際に、事業上のリスク、責任、賠償および協力義務を割り当てることができます。
- 一定の法令遵守要件、例えば、EU標準契約条項、HIPAA事業提携契約書、PCI基準に基づく一定の遵守義務等を充足するために、一定の条項が含まれている契約書を導入する必要があります。
- 契約書により、更なる審査や裁判管轄の介入を招く可能性もあるので、プライバシー通知やポリシーについてデータ主体に同意や合意を求める前に、二回見直してください。

検討すべき項目や入れるべき条項に関する詳細に関しては、第3章を参照してください。

L. 位置情報（Location Data）

位置情報は（現在のところ）、EUのGDPRにおいて「特別な類型に属する

個人データ」（いわゆる「機微データ」）という定義には分類されていませんが、「プロファイリング」の規制の中で特に言及されており、かかるデータは、価値ある資産、並びに、プライバシーや個人に対するリスク要因としてますます注目を集めています。多数の裁判管轄において、位置情報の追跡に使われるデバイス（例：車両、コンピューター、スマートフォン）の所有者から明示的な同意を取得しているか、あるいは、法執行のための裁判官の令状がない限り、RFIDタグやその他の技術を利用した位置情報の追跡を規制する法律が制定されています。モバイルアプリのプラットフォームは、アプリ提供者に対し、位置情報に関する標準化された許可を得ることが必要になっており、規制当局は、十分な通知や同意なく位置情報を収集する企業を取り締まるようになっており（例：連邦取引委員会は、利用者から位置情報を集めていた懐中電灯アプリの提供者を訴えました）。企業は、位置情報に基づく行動ターゲティング広告プログラム、会社の車両管理用の位置情報追跡デバイス、紛失・盗難コンピューターの位置情報特定ソフトウェアの導入に際して、法令遵守要件を精査して対処する必要があります。

M. 未成年者（Minors）

　子どもは、一般的に、有効な同意を付与したり、契約を締結する法的な能力を有していません。したがって、多くの国において、たとえ子どもを保護するための特別な法律がなくても、契約の成立やデータ処理には保護者の同意が必要とされています。

　米国では、データプライバシー法の下で、同意や契約が一般的に必要とされておらず、立法者たちはインターネット企業から子どもを保護するために特別の法律を制定しました。1998年制定の児童オンラインプライバシー保護法（COPPA）では、ウェブサイトの管理者が故意に13歳未満の子どもからデータを収集することや、13歳未満向けのウェブサイトについては、特定の要件を遵守しなければなりません。連邦取引委員会は、最近、たとえ無名のデータをクッキーなどの永続的識別子から収集する場合でも、保護者からの同意が必要であることを明確にしました。ウェブサイトが子ども向けか否かについては、

ウェブサイト上の話題、画像、モデルの年齢などを検討して判断されます。ウェブサイトの利用規約の項目に利用者は 13 歳以上でなくてはならないと記載してあっても、COPPA の適用を免れられません。COPPA が適用される場合、ウェブサイトの管理者は、子ども用と保護者用の 2 種類のプライバシーポリシーをそれぞれ用意し、保護者から同意を取得しなければなりません。ウェブサイトの管理者にとって、同意した人間が本当に子どもの保護者であるか否か（子ども本人が別の電子メールアドレスとユーザー ID を使っていないか）を確実に知るのは難しいことです。ウェブサイトの管理者が、連邦取引委員会から承認された自主規制ガイドラインに従っていれば、ウェブサイトの管理者は COPPA を遵守しているとみなされるでしょう。

EU の GDPR では、オンラインサービスの提供者は、原則として 16 歳未満の子どもから個人データを収集する前に、保護者の同意を取得しなければなりませんが、各 EEA 加盟国は、米国の場合と同様に、13 歳未満まで基準を引き下げることができます。

N. データセキュリティ侵害通知（Notification Of Data Security Breaches）

カリフォルニア州の企業は、2003 年以降、権限のない者が、一定の暗号化されていない機微情報（元々、健康情報や社会保障番号（SSN）やクレジットカード情報が含まれていましたが、現在は、オンラインアカウント証明書や自動ナンバープレートスキャナデータも含まれています）に不正にアクセスした場合、不当な遅滞なく、データ主体に対して通知することが必要になりました。データ処理者（クラウド・コンピューティングその他のサービスの提供者等）は、通常、データ管理者に通知する必要はありますが、データ主体に対してはありません。

アクセス権限がない従業員による善意のアクセスは一般的に除外されています。その他の米国の州および国でも真似をして、追加のデータの種類、30－60 日の通知期限、特に深刻な事案の政府機関に対する通知要件等を含む、類似の法令を制定しました。

EU は、2016 年まで待ってから、データ保護法の改正について、非常に広汎で厳格な要件を制定し、2018 年 5 月に施行しました。EU の GDPR では、

EEA内の企業は、偶発的または不正な個人データの破壊、紛失、改変、不正開示、アクセスを招くセキュリティ侵害に関し、データ保護監督機関およびデータ主体個人に対する72時間以内の通知が要求されています。

　一部の企業は、プライバシー通知または契約でも、顧客やその他の取引先に対し、通知義務を負っています。

(1)　セキュリティ侵害対策

　データセキュリティ侵害対策として、企業は、領域横断的侵害対策チームを設置し、職場全体を教育すべきです。全従業員は、実施要領の簡単な概要について、おそらく従業員ハンドブック内か、別個の一枚紙に記載して渡され、あらゆる事案について、直ちにかつ秘密裏に、チームに報告するよう全従業員に指示されるべきです。実施要領は、報告すべき事案について広範に定義し、実施要領を簡明に保ちながらも、情報が最大限に盛り込まれたものでなくてはなりません。侵害対策チームは、事案に対応するプロセスの要点が記載された簡潔な実施要領を準備しておくべきです。かかるプロセスは、特定の組織にとって最も発生し得るまたは最も深刻な影響を与え得る特定の事案を想定して作成するとよいでしょう。特に発生しやすい、ないし、深刻な事案について想定する努力をすることにより、会社にとって次の二つのメリットがあります。両者はともに一般的にコンプライアンスの向上につながること、そして、侵害事案阻止の第一歩になることの二つです。例えば、従業員の社会保障番号が不正アクセスを受けた事案が発生した場合のリスクと責任について分析することにより、新しい暗号機能の導入や、人事部の社員のラップトップからスプレッドシートを削除する等の決断ができるかもしれません。また、会社がデータ処理業者として膨大な量の情報を他社のために取り扱っている場合には、特定の事案につき、通知が必要か否か素早く判断できるように、契約上の通知義務の目録を作成することができるかもしれません。

(2)　委託先

　委託先は、一般的に、契約上の特定の約束の懈怠や違反があった場合に、セキュリティ侵害について無制限の責任を負いたがらないものです。一部の企業

は、特定のセキュリティ侵害に対する保険に加入していますが、その掛け金および控除される免責金額は、比較的高額です。データ処理業務を委託する際、企業は、セキュリティ侵害の影響を受けたデータ主体との連絡の調整や、影響を受けたデータ主体に対する信用保護サービスも行う可能性等、データセキュリティ侵害への対処の仕方に関する特別のプロセスについて取り決めをすることが多いです。時折、データ管理者は、契約で通知義務を委託先に転嫁しようとします。しかし、これは双方にとって利益になりません。データ管理者がデータ主体と主たる関係を有しており、この関係は主に通知の不手際や法定の通知義務により損なわれるからです。委託先は、しばしば、通知を提供できる立場にはなく、顧客たるデータ管理者から追加の連絡先情報をもらう必要がありますが、データ管理者は、侵害発生後、直ちに提供することを躊躇しがちです。また、データ主体は、委託先からではなく、データ管理者から通知されることを期待しています。

(3) 侵害への対処

侵害事案が発生した場合、対策チームは、重要な情報を集め、以下の事項を含む、必要な手順を踏まなければなりません。

- 事案の性質と影響を受けたデータの特定
- さらなるデータの不正な利用および開示の阻止
- 調査および事後的措置に必要な証拠の保存
- 不正アクセスされた可能性のあるデータの種類・システムの解明
- 影響を受けた可能性のあるデータ主体の身元および場所の判定
- 既に事案発生について知っている社内および社外の人物の確認
- 潜在的脅威・濫用・侵害の兆候の調査

対策チームのメンバーは、(社内の脅威に関する懸念がある場合)必要になるであろう調査について疑念が生じないよう、慎重に選ばれなければなりません。対策チームには、通常、弁護士と、データセキュリティまたはITの専門家が含まれるべきでしょう。法務担当者は、できる限り弁護士・依頼者間の秘匿特

権が維持されるよう、調査を主導すべきです。通知をするという決定がなされるまで、不用意に噂が流れて世論に晒されるのを避けるため、事案について知らされている人数は最小限にとどめるべきです。公表が避けられない場合、広報の専門家とその他の関係者（例：従業員のデータが影響を受けた場合には人事部、顧客のデータが影響を受けた場合には顧客担当者）もチームに加えるべきです。対策チームは、予想される通知について、例えば、まず初めに、通知が必要または望ましい場合に、法執行機関の当局者、次に、影響を受けたデータ主体、最後に、取引先と一般市民への公表といった形で、タイムテーブルを作成する必要があります。たとえ会社ができる限り事案を隠し通したいと思っていても、マスコミに関心を持たれたり調べられたりした場合に備え、プレスリリースや、主張の要点・台本等を準備しておいた方が賢明でしょう。

　企業は、法執行機関やデータ主体やデータ管理者に対して通知するよう法的に要求される場合があります。企業が、かかる通知において、何を開示すべきで、何を開示すべきでないかは、概ね法律上の要件に拠りますが、それらは裁判管轄ごとに異なり、相反することもあります。例えば、ある管轄では、影響を受けた可能性のあるデータ主体に対しできる限り速やかに侵害について開示することが要求されるのに対し、その他の管轄では、法執行機関と相談するまで、開示を差し控えるよう要求されるかもしれません。データセキュリティ侵害の被害にあった場合、適用のあるすべての法令に基づく開示義務の正確な性質について判断し、どのように対応するかについて計画しなければなりません。大規模な侵害事案では、異なる要件について把握するための表を準備すると役立つでしょう。侵害通知の受領者は、互いに連絡を取り合ったり、世間に公表するかもしれないことを考えると、一部の管轄で特定の詳細の開示が法的に禁止される事項を除き、すべての必要な開示に適用のある法令に基づき要求される最も詳細な書式の使用を決定することもできるでしょう。

　法律上通知が要求されていない場合であっても、通知義務の適用があるか否かよく分かっていないか、通知が対顧客関係や広報活動の観点から有益と考えたか、あるいは、影響を受けた可能性のあるデータ主体がリスクや損害・損失を軽減する手助けをしようとした等の理由により、企業は、時折、通知することがあります。このような自発的な開示は、有益かもしれませんが、同時に、

裏目に出ることもあり、データ主体が過剰に反応したり不必要に騒ぎ立てる可能性もあります。例えば、クレジットカード番号を取り扱うシステムの脆弱性について自発的に開示すると、たとえ侵害の可能性が増加しているという確固たる兆候が全くない場合であっても、クレジットカードの所有者は、クレジットカードをキャンセルして、信用調査機関とともに訴えを起こすかもしれません。

他にも関係者（例：会社の取引先や顧客）がいる場合には、連携、協力、費用や責任の分担を検討しなければなりません。データ管理者が委託先を非難する通知を世間に公表し、委託先がデータ管理者に非難を転嫁し返そうとすれば、かかる論争は、さらにマスコミの注目を集め、すべての関係者に損害や損失を及ぼすでしょう。

要実施事項！

　すべての企業に推奨される行動は、以下のとおりです。
- 技術的・組織的データセキュリティ措置（暗号化、物理的構内安全管理措置、システムアクセス制御、委託先の管理、従業員の教育等）の実施
- データセキュリティ、侵害の脅威の可能性および準備に関する定期的な自己査定（または専門家による監査）
- 委託先および委託契約の査定・監査
- 侵害の虞および発生に関する報告義務および手続を規定する全従業員向けの簡潔な実施要領
- 適切な侵害事案への対応を確保する実施要領に基づき報告を受領および処理するデータセキュリティ担当者またはチームの選任

O. 所有権（Ownership）

データ主体は、財産法の見地からすると、自分自身に関するデータを所有はしていません。ほとんどの裁判管轄において、情報および表現の自由を保護するため、事実や情報には財産権の適用はないとされています。

通常、企業は、不正競争や著作権関連の財産法に基づき、自社のデータベー

スに対する投資を不正な販売、複製、使用から保護することができます。たとえデータベースに個人データが含まれているとしても、通常、個々のデータ主体ではなく、データベースの作成者が財産権を有しています。

しかし、個々のデータ主体は、通常、パブリシティー権を有しており、宣伝広告における自己の氏名や肖像について利用権を認められています。例えば、企業がデータ主体の写真を広告に使いたい場合、多数の裁判管轄において、不法行為やその他類似の法令に基づき、当該データ主体から同意を取得する必要があります。

P. プライバシー・バイ・デザイン（Privacy by Design）

新しい製品やサービス、業務プロセスを設計する際、企業はデータプライバシーへの配慮を早い段階で考慮に入れることで、「設計段階から（by design）」プライバシー保護に配慮すべきです。例えば、会社が従業員を監視するソフトウェアを他の会社に販売するために開発する場合、データプライバシーに関する問題は顧客の側で解決すべきという立場を取るべきではありません。むしろ先を見越して、管轄ごとに異なる設定にできる機能を追加すべきです。ソフトウェアの開発者がかかる設定を取り入れることで、当該ソフトウェアを使用する会社は、世界中の盗聴その他のプライバシーに関する法令に基づく異なる要件を遵守することができます。そのような設定をしなかった場合には、製品は適用法令に違反する形で導入される可能性があり、その結果、当該製品のユーザーが責任を問われたり、当該製品は市場で成功できないかもしれません。

標準を下回るデータおよびサイバーセキュリティ保護を実装した製品を販売した企業が保証および消費者保護に関する法律に基づき訴えられました。例えば、米国連邦取引委員会は、不十分なデータセキュリティ保護しかないスマートフォン、監視カメラ、宿泊施設、ソフトウェア製品の提供が不公正な取引方法に該当するという立場を取っています。また、ソフトウェア開発者は、データを処理するサーバーの管理を行っていた場合、オンラインSaaSソリューションのユーザーによるプライバシー侵害について寄与責任があるとされる可能性があります。一方、ユーザーがホスティングおよび運用をするためのソフト

ウェアを販売した企業は、通常、ユーザーによるプライバシー侵害について寄与責任の心配をする必要はありません。逆に、製品の開発や販売をする企業は、自社製品が「設計段階から法令遵守（compliance by design）」している製品として表明されていないかについて、自社製品の顧客による法令遵守について責任を問われる可能性があるため、より心配をすることが多いです。いずれにせよ、どの企業も、ユーザがプライバシーに関する法令遵守のためにしなければならないことを考慮に入れることにより、自社の製品やサービス、プロセスをより使いやすく、そして価値あるものにすることができないかについて、最低限検討してみるべきです。

　確実にプライバシーに関する法令遵守の考慮がなされるように、一部の会社では、開発の早期の段階から法務担当者を関与させるようにしています。例えば、開発者にアンケートに記入するよう要求することにより、法務担当者が、さらに製品のコンセプトの見直しを行うようアドバイスすべきか否かについて素早く判断できるようにする等です。

Q. アンケート（Questionnaires）

　既存の顧客や潜在的顧客にアンケートを送付する際、迷惑メール防止法を遵守していること（オプトインまたはオプトアウトの要件を含む）、また、アンケートの文言が明確に迷惑メール防止法における宣伝広告のための通信の定義の範囲外であることを確認しなければなりません。また、従業員を対象とするアンケートは、従業員が同僚や上司に対する苦情の申立てにも利用できる場合、内部通報ホットラインに適用される規制も適用できます。もし不完全な回答の提供や回答しないことにより不利益を被る場合には、データ主体に明確に通知しなければなりません。データ主体が匿名で回答できることを約束する場合には、個人が再識別化されるリスクを可能な限り最小限にする技術的措置を実施すべきであり、残存する個人を識別する潜在的なリスク（例：オンライン調査を提出する際のIPアドレス）をすべて開示すべきです。また、特定の質問に対する回答が機微な個人情報（例：政治的信条、労働組合組員資格、健康情報、民族、宗教、性的指向、犯罪歴）を送信する結果を招く可能性がないかについても検討し、

適用法令により要求される場合には、より高度な同意やセキュリティ基準を適用してください。最後に、回答が公表される場合には、ユーザー・コンテンツに基づく名誉棄損の寄与責任についても検討し、効率的な通知および削除のプロセスを導入してください。

R. 権利、救済手段、執行（Rights, Remedies, Enforcement）

　企業は、通常、優先順位付けやリスク分析の一環として、請求や異議申立ての根拠、特定の業務や不作為に関する責任の可能性、事業への影響等を判断しようとします。リスク因子は当該会社に固有のもの、例えば、会社の規模、業種、訴訟や政府当局による制裁の履歴、司法の関心および法令遵守の取組み状況等であることが多いです。さらに、いくつかの基本的な考慮事項として、以下の事項は、すべての会社に当てはまります。

- どの裁判管轄で請求や訴訟を提起できるか？
- 誰がデータ保護に関する請求を主張する可能性が高いか――政府当局、データ主体（顧客、従業員）、法人顧客または取引先か？
- 請求者は何を要求することができるか？　要求を認めざるを得ない場合、会社の事業にどのような影響を与えるか？
- 請求者にとってデータ保護法違反を立証することの難易度、会社にとって当該請求に対して防御することの難易度はどのくらいか？
- 顧客や広報活動におけるデータ保護に関する訴えによる会社の評判への影響は何か？

　会社がこれらの大まかな質問に対する事前の回答を、理想としては重要な裁判管轄ごとに、準備し始めたら、会社は、通常、特に訴えられるおそれが高い機微な領域をいくつか発見するでしょう。会社は、かかる管轄や機微な領域における法令遵守に集中して取り組むこともできます。以下はいくつかの関連する経験則です。

- データ保護法に基づく訴えは、理論的には、データ主体が所在するどの裁判管轄でも提起できます。しかし、通常、企業は、自社が物理的拠点、従業員、データ処理施設を置いている管轄のことしか気にかけません。データ保護監督機関は、自己の管轄を越えて会社を訴追したり罰金を科すことは滅多にありません。なぜなら、国境を越えて行政処分や刑事罰を執行することは事実上不可能だからです。国境を越えた民事訴訟は、それに比べてやや一般的ですが、私人の原告やその代理人弁護士たちも、たとえ理想的な判決が出たとしても、執行が困難または不可能な訴訟については、尻込みしがちです。本章「J．裁判管轄」の項も参照してください。
- 最も訴訟を提起すると思われる当事者は、事業や裁判管轄により、極めてまちまちです。ほとんどの管轄において、企業がデータプライバシー侵害の訴えを提起することはできません。生存している個人のみが保護されているからです。どの国でも、企業間の契約違反（例：データ処理契約に基づくデータセキュリティ侵害等）に基づく契約上の請求は可能ですが、かかる契約上の請求権は、原告がデータ主体や政府当局に期待する度合いによって間接的に影響を受けることが多いです。
  ▷ ヨーロッパでは、例えば、データ保護監督機関は、データ保護法の執行、事前通知や承認手続の要求、監査の実施において、比較的活発な役割を果たしています。企業は、EU の GDPR が 2018 年 5 月に施行され、様々な違反に対する制裁金の上限が 2000 万ユーロまたは全世界における年間売上高の 4％ のいずれか高い方に引き上げられた後の執行や審査のレベルの向上を予想できるでしょう。それゆえ、ヨーロッパ諸国に拠点を置く企業は、監査で発見されやすい形式的不備がないように、すべての形式的要件（届出、現地代理人やデータ保護責任者の選任、データ移転契約等）を遵守することが強く推奨されます。ヨーロッパのデータ保護法に基づき障害となり得る他の要因は、ヨーロッパではデータ保護責任者と従業員代表が法律上協議することが必要とされていることです。一方、個人の民事訴訟は、ヨーロッパでは比較的稀です。なぜなら、予想される損害賠償の額が非常に制限されており（懲罰的損害賠償は認められておらず、現実に発生した損害は、通常、金銭的な損失に限定されています）、

また、弁護士は、成功報酬型の依頼を受けることが認められていないからです。ほとんどのヨーロッパの国では集団訴訟を認めていません。しかし、一部のヨーロッパの国では、消費者保護および人権保護団体（例：ドイツの不公正取引対策センター等）が非常に活発な活動を行っており、最初に警告書を送った後に訴訟を提起しています。企業は、契約による限定責任や権利放棄や免責条項では有効に保護されません。なぜなら、そのような契約条項は、ヨーロッパの消費者保護法に基づきほとんどが無効または執行不能だからです。ドイツ法を準拠法とする標準消費者契約約款の中で米国型の免責条項や限定責任を規定している企業は、かかる規定に関して消費者を混乱させたとして、不正競争防止法に基づき責任を負うことになるかもしれません。

▷米国では、データ保護監督機関は存在しません。米国の連邦取引委員会と州司法長官が消費者保護法および不正競争防止法に基づき訴追しますが、通常、厳選された注目度の高い事案やデータ主体個人が苦情を申し立てた場合のみです。一方、民事訴訟は、集団訴訟および個別訴訟の形式で、非常に一般的に行われています。懲罰的損害賠償や「精神的苦痛」の損害に対する賠償が認められれば、たとえ原告が実質的な金銭的損失について立証できなくても、賠償金額は非常に莫大なものになるからです。多くの原告代理人弁護士は、たとえ取るに足らない訴訟であっても会社は和解を選ぶと予想しています。訴訟費用が比較的高い上に、米国の裁判では、基本的に、どちらが勝ったかにかかわらず、各当事者が自己の訴訟費用は自分で負担しなければならないからです。企業は、自社の賠償責任を著しく限定し、黙示の保証を否認し、免責を獲得し、紛争解決のための裁判地（消費者が不当に不利益を被らない限り、会社の所在地の裁判所や任意の仲裁機関）を事前に決めておくことができます。米国の法律では、クリックスルー契約やその他の形式の契約が概ね書面どおりに執行できます。

▷他の地域や裁判管轄では、それぞれ考慮しなければならない独自の特色があります。80ヶ国を超える国々がそれぞれ特有のデータプライバシー法やデータ保護法を制定しています。強力な労働法や消費者保護法が

ある管轄では、データ保護法関連訴訟を労働法または不正競争防止法に基づく申立てと解釈する場合があります。一方、多くの国で、データ保護法に基づく執行や訴訟は少数または全くありません。限られたリソースで世界的に事業展開している企業は、通常、確立されたデータ保護法と執行機関のある管轄に絞って法令遵守に取り組んでいます。

- 原告が求めている救済方法に関し、次の事項を考慮してください。
  - 政府機関は、業務の変更に注目する傾向があり、将来の侵害を防ぐために、他社に警告する意味を込めて、制裁を科すことがあります。したがって、政府機関は、しばしば差止命令を出したり、一定の方法でデータを処理することを止めるよう要求したり、場合によっては既存のデータベースの削除を求めることもあります。例えば、フランスとドイツのデータ保護監督機関は、現地の子会社に対し、適切なデータ移転保護措置が導入されるまで、従業員のデータを米国の親会社に送信することを禁止しました。これは時として非常に混乱を招くことがあります。EUのデータ保護監督機関は、執行により力を入れるようになり、罰金を科す事例が年々増え続けていますが、大抵の場合、まず初めに警告を発します。また、刑事罰の執行は比較的稀で、甚だしい侵害（例：私人による無許可の盗聴等）に限られます。
  - 私人の原告は、データへのアクセスや、訂正や削除を要求することができますが、通常、私人の原告は、主として、損害賠償請求をします。ヨーロッパの裁判管轄では、通常、金銭的損失を立証する必要があり、また懲罰的損害賠償や集団訴訟が認められていないため、争われる金額も少額になりがちなので、企業はこの手の訴訟についてあまり気に掛けていないことが多いです。一方、米国では、集団訴訟や懲罰的損害賠償が認められているので、企業は非常に気に掛けています。
- 一部の種類の訴訟は、他に比べてより簡単に提起または防御できます。
  - 企業がヨーロッパの法律に基づく形式的な遵守義務を懈怠した場合、データ保護監督機関、データ保護責任者、労使協議会、その他の機関は、当該懈怠を容易に発見して違反として取り扱うでしょう。会社が必要な届出を行ったか、必要な承認を取ったか、データ移転契約を締結したか、

通知をしたかといったことを知るのに、大した努力は必要ありません。また、そうした訴えから防御するのは通常は不可能です。なぜなら、そういった形式的な手続が必要か否かについては、法に比較的率直に書かれているからです。
- ▷私人の原告にとって提起しやすい訴訟として、しばしば会社が自社のプライバシー規約や通知を遵守していない場合が挙げられます。特にウェブサイトのプライバシーポリシーはしばしば過度の約束や宣伝広告の常套句で埋まっており、さほど法律解釈や複雑な弁護士による支援がなくとも、虚偽表示を主張する根拠となります。
- ▷しかし、集団訴訟の弁護士にとって、データセキュリティ侵害の結果生じた被害の立証は、より難易度の高いものです。なぜなら、ID窃盗やその他の詐欺のように被害者たるデータ主体はすぐに判明するものの、いたとしても通常のほんの僅かの人数であるのに対し、統一的な集団として、大勢の個々人が一様に同一の実害を被ったことを証明するのは難しいからです。また、消費者の集団の中には、しばしば、明示または黙示の同意に関し、様々な異なる状況に置かれた人々がいます。これは通知を読む際に、各人の意識の高さ、理解度、掛けた時間に違いがあるからです。
- ●企業に関わる他の疑問としては、プライバシー侵害の訴訟に関する公表をした場合の影響です。クラウド・コンピューティング・サービスの提供者の事業は、もしデータセキュリティ侵害を公表すれば大変な被害を被るでしょう。特に、法人顧客の機微情報を取り扱っていた場合にはなおさらです。IT事業分野以外の小規模な事業、例えば、顧客の機微情報の処理を行っていない建設業などでは、従業員のデータへの不正アクセスがあったことを公表してもあまり問題にはならないでしょう。

S. ソーシャルメディア（Social Media）

多くの他のオンラインサービスと同様に、ソーシャルメディアやソーシャル

ネットワークサイトで、ユーザーは、アカウント取得のために、いくつかの情報を要求されます。この点、このようなサイトは、データ保護法の観点から、とりわけ特別というわけではありません。一般的なルールが当てはまります。本章の「A. 広告（Adrertising）」、「T. トラッキング（Tracking）」、「U. 未承諾の通信（Unsolicited Communications）」の項目を参照してください。

　ソーシャルメディア特有のプライバシーの問題は、主にユーザーが作成するコンテンツと関連して起こります。ユーザー個人が、自己および周囲の個人についてどのような情報を開示するのか、という点です。この点につき、ヨーロッパ型のデータ保護法は、ほとんど適用されません。ブログや掲示板のように、ユーザーは、自己の裁量によって、個人的な目的で、ソーシャルネットワークサイトや同種のプラットフォームにデータやコンテンツをアップロードします。ユーザー自身のデータを共有したり、他人のデータを個人的な家庭内での利用の目的で処理することは、一般的に自由です。例えば、EU データ保護指令は、個人データを自然人が純粋に個人的または家庭内での活動の過程で処理する場合には適用されないと明示的に規定しています。ネットワークやプラットフォームの管理者がユーザーの活動を管理しようとしない限り、ほぼすべてのユーザーが作成するデータおよびユーザーが処理するデータはデータ保護法の範囲外にあることになります。

　ユーザーが不法行為（名誉毀損、プライバシー侵害、パブリシティ権侵害等）を行った場合、プラットフォームの管理者は寄与責任を負うことになります。ほとんどの管轄では、プラットフォームの管理者はコンテンツを依頼されて削除する場合、責任を免れることになります（例えば、ヨーロッパの電子商取引指令や米国の通信品位法の第 230 条に定められています）。

　雇用主は、前記のような責任に関する特権を持ち合わせず、従業員に対し、適用法を遵守したソーシャルメディアの使い方を教育し指示する必要があります。そのため、職場のプライバシーやコミュニケーション、秘密保持義務や事業利益一般に関わる労働法を遵守しなければなりません。雇用主はまた、オンライン調査についても慎重にならなければなりません。本章の「E. 従業員データおよびモニタリング（Employee Data And Monitoring）」を参照してください。

●消費者の声やカスタマーレビュー
　消費者の声やカスタマーレビューがソーシャルメディアのウェブサイト、ソーシャルネットワーク、ブログその他のウェブサイトに掲載される際、企業から直接的または間接的に支払いがなされている場合、その事実は公表されなければなりません。例えば、商品またはサービスを提供している会社の従業員により、レビューや証言という形で書かれている文章等が該当します。雇用主は、従業員に対し、適切な指導をし、従業員が私生活、匿名、その他の状況で業務について語る際のルールを定めなければなりません。

T.　トラッキング（Tracking）

　個人がコンピューターおよび通信デバイスを使用する際、膨大な量のデータを作成、保存、処理、転送します。このようなデータの多くは、特定の個人の氏名と結び付けられて保存されることはありませんが、そのようなデータから個人の氏名を特定するのは比較的容易にできます。例えば、ウェブサイト用のブラウザに特定のウェブサイトのアドレスを入力した場合、コンピューターはそのコンピューターとソフトウェア、ハードウェアの特定の情報とともに、訪問したいウェブサイトがあるサーバーに対しリクエストを送ります。このサーバーは受け取ったデータを処理し、リクエストに応じてウェブサイト訪問者に対し、ウェブサイト管理者によって提供されている画像やテキスト、それと大体の場合クッキー、つまりウェブサイト管理者により、ウェブサイト訪問者のコンピュータ・に配置される小さなソフトウェアファイルで、将来ウェブサイトを再訪する時のために訪問者の情報を追跡します。ウェブサイト管理者が訪問者の氏名を知った場合（訪問者がサービスの登録をしたり、商品の注文をしたりするため）、ウェブサイト管理者は自発的に投稿されたデータ（氏名、住所）と受動的に追跡されたデータ（前後に訪問したウェブサイト、ウェブサイトで過ごした時間、ソフトウェアおよびハードウェア情報など）を組み合わせることができます。このようなデータの大部分は、データ主体の主導により、通信と情報提供のために収集されており、その範囲内にある限り、かかるデータ処理はデ

ータ保護法でも許容されています。ただし、二次利用や、データ主体に対する契約上の義務を果たすのに必要な範囲を超えるデータの収集は、ヨーロッパ法令の下では同意が必要とされ、他の多くの管轄の法律の下では通知とオプトアウトの権利が必要とされます。

(1) Cookie（クッキー）

　クッキー、ウェブビーコン、タグおよびソフトウェアがウェブサイトのコンテンツとともに、ウェブブラウザーからのクエリに対応して送信されます。インターネットユーザーがインターネットアドレス（例：www.example.com）をブラウザ（例：マイクロソフトインターネットエクスプローラー）に打ち込んだ場合、ブラウザはクエリを行っているコンピューターのアドレスや構成を、選択されたインターネットアドレスのサーバー（物理的にウェブサイトの情報を格納しているハードウェア）に送信します。サーバーは、多くの場合、リクエストされた情報にクッキーまたはその他のトラッキング機能を付して返すのです。企業の中にはユーザーの氏名と連動させたクッキーを通じてデータを収集および格納していますが、一方でクッキーをIPアドレス、モバイルデバイス識別番号、その他の識別番号とのみリンクさせている企業もあります。いずれの場合も、ユーザーのプロフィールは基本的に、多くのデータ保護法に守られた個人データで構成されています。なぜなら、それらはデータに関連する個人の特定につながるからです。第三者の広告を掲載する多くのウェブサイト発行者は、第三者たる広告主に閲覧に際してクッキーを送信することを認めています。クッキーはリクエストを送ったコンピューターの特定の情報を収集し送り返すようになっており、主に以下の三つの目的で使われます。

　　(a) 一部のクッキーは、サイトの機能を補助します。例えば、クッキーは、オンラインの買物客が安全なアカウントにログインする前に、ショッピングカートに入れたものを保存します。また、クッキーは、ユーザー名、言語選択、その他の設定も保存します。クッキーは、ユーザーが発行者のウェブサイトを訪問する前後に訪れたウェブサイトに関する情報も集めることができ、これは発行者がウェブサイトを改善し、さらにカスタマイズし、

サイト内のページそれぞれの効果を測ることに利用できます。インターネットユーザーは、クッキーを利用したこの種のデータ処理について通知されていなければなりませんが、クッキーがデータ主体に対しサービスを提供するために必要な範囲内である限り、発行者は一般的に賛同の同意を得る必要やオプトアウトの選択肢を提供する必要はありません。

(b) 一部のクッキーは、ウェブサイトのトラフィック分析やサイトの改善、発行者によるターゲット広告（自身のウェブサイトまたはリターゲティングのために第三者のサイトに掲載）に役立ちします。このようなクッキーは、発行者およびそのサービスの提供者によって発行され、ユーザーがどれだけの時間特定のページを利用したかや、ユーザーが広告をクリックしたかそれともポップアップスクリーンを閉じたか等を計測します。これらのクッキーは、データ管理者間での個人データの共有につながらないことから、次の段落で説明する「サードパーティクッキー」と区別する目的で「ファーストパーティクッキー」と呼ばれています。多くの管轄で、ファーストパーティクッキーのうち、サービスの提供に必要不可欠でないものは、一方的な通知により発行してよい（例：ウェブサイトのプライバシーポリシー）ことになっています。ヨーロッパの法令の下では、ウェブサイト発行者は、ユーザーに対し、そのようなクッキーのオプトアウトの選択肢や、事前のオプトインへの同意まで求めなくてはならないかもしれません。例えば、ドイツ法の下では、データ管理者は、個人データをマーケティング目的で使用する場合、事前に賛同の同意を得る必要があります。その際、データがクッキーを通じて取得されたか、その他の手段が使われたかは関係ありません。ウェブサイト発行者がウェブサイトの訪問者にオプトアウトの機会を与えなければならない場合、発行者がオプトアウトを選択したユーザーに対し、その場合でもサービスの利用を許可しなければならないのか、それともオプトアウトを選択した場合、ウェブサイトやサービスの利用もできないと伝えてもよいかは、多くの場合、明確になっていません。1つの実現可能性のある実装方法としては、ウェブサイト発行者は、クッキーの発行に同意したユーザーに対し、無料または割引でサービスを提供するか、同意しなかったユーザーに課金する（無料・有料TVに類似）とい

う方法が挙げられます。

(c) 一部のクッキーは、ターゲット広告、および第三者広告主からの同様のトラッキングを補助します。発行者が第三者のデータ管理者に利用者が発行者のウェブサイトを訪れた際に、クッキーの発行を許可する場合、それはデータの共有だけでなく、第三者にデータを直接的に収集することを許すことになります。発行者は第三者広告主がどういったデータを収集するかについて、ほぼ何もすることもできませんし、そもそも何を収集しているかすらほとんど分からなかったりします。第三者広告主は、通常、消費者に対して通知を出す機会や同意を得る機会がないため、発行者に対して働きかけ、法的に必要な同意を得ているか、必要な通知が提供できているかといったことを確実にする必要があります。第三者広告主は、サービスを提供せず、またウェブサイト訪問者との契約があるわけではないので、ウェブサイトの発行者がデータ主体から同意を得ることが、一般的に、ヨーロッパの法令の下で、サードパーティクッキーを通じて適法にデータ収集を行い、データの共有やその他の処理を行う唯一のやり方なのです。

(2) ブラウザ機能設定

　ブラウザ機能設定やセキュリティソフトウェア構成により、インターネットユーザーは、ほとんどのクッキーを拒否または削除することができます。ユーザーは、大抵のブラウザの場合、チェックボックスにチェックすることでトラッキングを拒否でき、その後はブラウザがリクエストごとに「Do Not Track（行動履歴追跡拒否）」(DNT) 信号をウェブサイト発行者に送信します。ウェブサイト発行者や他のオンラインサービス提供者は、プライバシー通知にてDNT信号を認めるか否かを明示的に表明することを、連邦取引委員会は、ガイダンスで推奨し、カリフォルニア州は法律上必要としました。カリフォルニア州法は、会社に対し、実際にDNT信号を認めることや、ユーザーから特定の合意を得ることを必要としていません。しかし、一部の管轄のデータ保護法は、一般的に会社に対し、自主的で、説明を受けた上での、明示的かつ特定の同意をデータ主体から得ることを要求しています。もしユーザーがクッキーを

許可するブラウザ構成を積極的に選択、もしくは消極的に受け入れた場合、それらは同意と同義になります。しかし、ユーザーがブラウザの構成をDNT信号を送らない状態にしていたからといって、ユーザーが同意を示したとみなされるべきかどうかは議論の的になっています。インターネットユーザーにとって、ブラウザの構成を変更するのは簡単ですし、またユーザーは一般的にウェブサイトは自主的に訪問し、その際ユーザーのブラウザからウェブサイトの情報に対するリクエストが送られるわけです。ユーザーが説明を受けた上で同意していると断言するために、ウェブサイト発行者はプライバシー通知にて、彼らのクッキーや同種の追跡プログラムの詳細について公開することができます。ブラウザ設定による黙示の同意は、特定または明示的な合意であるとあまりいえませんが、しかし、ブラウザのメーカーがブラウザの初期設定をクッキー拒否にして出荷していた場合（一部のブラウザメーカーが近年そうするようになっています）、あるいはユーザーに段階を踏んで意識的かつ肯定的に、複数の種類のクッキーやウェブサイトに関して選択することを促す場合（例：オンラインアカウントの登録や、登録を考慮に入れたり必要としていないサイトにおいてサイトのポップアップウィンドウや目立ちやすい通知を介しての登録）、話は別です。

(3) アドネットワーク、アドエクスチェンジ

　アドネットワーク、アドエクスチェンジ、その他の媒体が、複数の参加している発行者のウェブサイトに向けてクッキーを発行し、複数の参加している広告主の広告を配信しています。データ共有契約の内容によって、アドネットワーク管理者と、すべての参加している発行者と広告主はデータ管理者としての役割を担い、それゆえデータ主体に通知する義務と法的に必要な同意を得る義務を負うことになります。参加している企業は、常に変わる以上、これは実務上大変な障害となります。ヨーロッパのデータ保護法の遵守を達成するために、ウェブサイト発行者とアドネットワークは協力し、個人データを受け取るアドネットワーク上のすべてのデータ管理者により、データ共有や身元情報やプライバシーの取扱いがどうなるかについて、ウェブサイト訪問者が適切な通知を受け、また彼らから明示的な、特定の、書面による同意を得ることができるようにする必要があるかもしれません。

(4) アドサーバー

アドサーバーや同様のサービス提供者はまた、サービス提供者が処理の過程で収集されたデータを特定のウェブサイト発行者からの指示のために使うというデータ処理サービス契約に基づき、特定のウェブサイト発行者のために活動することもできます。こうすることで他のデータ管理者とのデータ共有をすることがなくなり、法令遵守のための障害が遥かに少なくなります。

(5) IoT

IoT、M2M のコミュニケーション、顔認識技術は、トラッキングの規模をオンラインとオフラインの双方について飛躍的に拡大させました。顔認識システムは、道路、アパート、空港、サッカースタジアム、その他の人通りが多い場所で、人間を認識して追跡することができます。機械はデータを記録し、追跡し、また所有者やその他の人間にデータを転送することができます。テレマティクスソリューションは、レンタカー会社やトラック隊の管理者にレンタカーの位置を伝えるだけでなく、事故の際、当事者の家族に連絡することもできます。さらに、雇用主は、従業員の現在地と仕事ぶりを監視できます。配偶者が嫉妬にかられてテレマティクス製品を使うこともあり得ます。一部の企業は、コンピューター、ソフトウェア製品などに、製品の使用状況を収集し転送するファイルを仕込んでいます。例えば、「ドングル」と「ソフトウェア・ライセンス・コンプライアンス・マネージャー」は、ソフトウェアの「バックドア」を通じて、ソフトウェアがライセンス契約の範囲外の使われ方をした場合や、コピー、転送、再インストールが試みられた場合に、データを検知して転送します。デジタル著作権管理（DRM）は、コピーの回数を一定数に制限し、それを超える数のコピーが試みられた場合には報告させることができます。一部のソフトウェア製品は、製造者に対し、欠陥や強制終了があった場合、エラー報告を、自動的またはユーザーが報告を送信することにクリックで同意した場合に、送ることができます。大半の場合、前記のような技術は、個人データを収集します（なぜなら、デバイスやソフトウェアは、個人名で登録されているか、もしくは個人と結び付けることができるからです）。ヨーロッパでは、車に「コー

ルホーム」技術を実装することが厳しく制限されています。カリフォルニア州は、RFIDタグに対し、同意を必要とする規制を実施し、既にスマートフォン泥棒からは追跡に対する防御として使われています。より一般的には、通知と同意の要件は適用され続けています。企業は、プライバシーへの配慮を製品開発サイクルの早期から設計原則として入れることが推奨され、顧客がトラッキングおよびデータ報告機構を理解し同意しており（例：契約書に明確な項目を入れる）、すべてのデータ主体がそれぞれ適切な通知を受けている（例：情報の収集と転送を行う前に警告を入れる）ようにしなければなりません。

U. 未承諾の通信（迷惑メール、勧誘電話、その他）
(Unsolicited Communications (Spam Email, Cold Calls, Etc.))

一部の統計によれば、世界中の電子メールのトラフィックの70%は、未承諾かつ大部分が望まれないコミュニケーションによるものだとされています。個人、会社、政府およびその他の組織は、迷惑を被っており、技術的な手段を以ってこの問題に対応しようとしています。そのために迷惑メールフィルターが会社のシステムやウェブ上のメールプラットフォーム、個人のデバイスに導入されています。世界各国の議会は、それぞれ違う形で、迷惑メール防止法を制定しています。直近ではカナダで非常に複雑なカナダスパム対策法（CASL）が制定されました。多くのスパム業者は犯罪者であり、メールを送った経路を隠し、海外に隠れ、法や法の執行の手が及ばない場所にいます。しかし、法を遵守している会社は、時間とリソースを費やして、アンチスパム法の法令遵守の要件を充足しなければなりません。たとえそうした努力がスパム問題の解決に大して役に立たず、技術的な解決策が広く普及しているとしてもです。

ダイレクトマーケティング（取引先企業に直接的または間接的に行うか、もしくは「友人紹介」プログラムを通じて行う）に取り組みたい企業は、適用される法的規制や業界基準、対象地域の消費者の意識を精査しなければなりません。企業は、営業担当やマーケティング担当の従業員に入念に指導を行い、各従業員が、キャンペーンや個別マーケティング施策それぞれについて、以下の項目を含む、関連する法律および事業上の要件が考慮に入っているか確認しなけれ

ばなりません。

- マーケティング目的で、メーリングリストや他の連絡先を使用しても大丈夫か？　一部の管轄では、相手の事前の同意が必要となるかもしれず、また別の管轄では、最初のマーケティング目的のコミュニケーションを行う前に、通知とオプトアウトの機会を提供しなければならないかもしれません。第三者から連絡先を入手した場合（例：リストの提供者）、提供した第三者が、情報の収集や、収集した情報を会社にマーケティング目的で使用させるために転送することに対して許可を得ていたか確認を取るべきです。
- メーリングリストのうち、オプトアウトを選択した人はいないか？　ほとんどの管轄において、自社のサプレッションリストに基づくオプトアウト申請は尊重されなければなりません。一部の法域では、公の「電話／電子メール／FAX を希望しない」登録者も確認しなければなりません。取引先の会社が問題となっている広告を依頼したり、配信したり、そこから利益を得ている場合、取引先のサプレッションリストを確認し、また彼らに自社のサプレッションリストを確認させる必要があるかもしれません。従業員は、これらの要件が一斉送信の電子メールだけでなく、特別な個別の電子メールに対してや、新しい種類のソーシャルメディア、例えばユーザのウォールへの投稿などに対して当てはまるのかにつき、よく分かっていない場合が往々にしてあります。
- 電話・電子メールの件名や郵便物の封筒に、どのような情報を入れなければならないか？　ほとんどの管轄において、マーケティング活動の送信者や委託者たる特定の会社を可能ならば実在の住所とともに特定しなくてはなりません。さらに、メッセージが広告であることを件名において特に開示せねばなりません。たとえ広告が「複数の内容が混在するメッセージ」の一部であったとしても同様です（例：広告付きニュースレター、アップセリングの意図を含む顧客満足度調査）。
- 受信者はどのようにすればオプトアウトできるか？　多くの管轄において、企業は、受信者が自社のマーケティング用連絡先リストから外してもらうためのリクエストを簡単に送ることができる仕組みを設定しなければなり

ません。詳細は、技術的実装要件により異なります。例えば、ユーザーからの返信の電子メールを受け取る必要があるか、あるいはユーザーをオプトアウト用のウェブサイトに直接誘導できるか否か、「完全なオプトアウト」以外にどのくらい通信環境設定を提供しなければならないか、どの位の段階が必要になるか、などです。

- 勧誘電話に適用される要件をすべて把握できているか？　これは日時の規制、通話の傍受および録音に関する情報開示、そして「ロボコール」あるいは機械による折り返し電話システムの使用規制などを含みます。
- 広告内容が対象者にとって適切か？　多くの国々は製品あるいはコンテンツに対する規制を敷いています（例：薬品、ポルノ、アルコール、タバコに対する警告）。規制は子どもに対するマーケティングも対象としています。例として、2015年1月1日より、カリフォルニアでは会社は長いリストにおよぶいくつもの製品を子ども向けに広告できなくなりました。対象となるのはアルコール、拳銃、銃弾、外観を損なうおそれのある一部の塗料やエッチングクリーム、花火、タトゥーなどです。比較広告は米国では許可されていますが、他の多くの管轄では規制されています。

(1)　管轄による差別化

　企業があらゆる管轄において、法令で許容される範囲内で、広告を可能な限り直接的に行いたい場合、コミュニケーションの内容、技術、対象となる受領者について緻密な規程を作成しなければなりません。あるダイレクトマーケティングのキャンペーンがいくつかの管轄を対象にしている場合、広告主は差別化を図る必要があります。なぜなら、各地域の法は統一されているとは言いがたく、ほとんどの管轄では、たとえ送信者や発信者が他の国や州に居たとしても自国の法を適用して自国内の人間を守ろうとするからです。ヨーロッパ内でも迷惑メール防止法は、一部のみしか調和しておらず、米国内では州ごとに勧誘電話や通話の傍受に対して異なる法が適用されます。対象国の法律に加え、広告主は、自社や自社の委託先が活動している地域のデータ保護法およびその他の法律も遵守する必要があります。

(2) 世界的に同一の取組み

　ダイレクトマーケティングの取組みに対する規制を前向きに行う会社は、細かすぎず、かつ、より世界的なマーケティングへ目を向けた指針を作れるかもしれません。同一の取組みを世界で行うためには、次の点に気を付ける必要があります。非関連会社とマーケティング目的でデータを共有することは完全に選択肢から外すこと。すべてのマーケティングコミュニケーションにおいて（電話、電子メール、郵便、FAX、テキストメッセージなど）、原則として十分に情報提供した上で事前の同意を得ること。マーケティング目的のコミュニケーションはすべてそれと分かる形にすること（例：電子メールの件名や郵便物の封筒）。すべてのメッセージにオプトアウト要請が容易にできる機構を設けること。そしてオプトアウト要請には、2営業日内に対応することなどです。ただし、会社は、以上のような規制をすべての国で導入する必要はありません。多くの主要市場では事前の同意なしに何らかの形のダイレクトマーケティングが一般的であり、効果的に競争するためには、ほぼ必要不可欠になっています。

(3) 同意の充足

　通知や同意の要件を実施する際、会社は選択肢をオプトインとオプトアウトの2択に絞らないよう気を付けなければなりません。実際には、実施の代替策や適用要件には、遥かに多くの意味合いが含まれています。以下にその例を挙げます。

- マーケティング目的で個人データを使用するための積極的、明示的、個別の事前のオプトインとしての同意や、電子メールによる通信は、オンライン登録プロセスの最中に、予めチェックされていないチェックボックスを介して実行され、続いて確認用の電子メールにより同意した対象者を認証する形で行われたりします。ドイツの裁判所とデータ保護監督機関は、企業が前記のような「二重のオプトイン」プロセスを、たとえドイツの法がそのような面倒な手続を取ることを特に要求していないとしても、実施し、特定の消費者が同意を付与したことにつき立証責任が果たせるようにすべ

きとの立場をとっています。実際には、そのようなプロセスは比較的低いオプトインの比率につながります。なぜなら大抵の消費者は、たとえマーケティング・コミュニケーションの受信に前向きか無関心であったとしても、そのようなオプションを理解するための時間をかけないか、認証のプロセスを完了するのが煩わしいと感じるからです。

- 登録プロセス中に表示された予めチェックが入れてある同意について問うチェックボックス、もしくは予めチェックが入れられていないオプトアウトのチェックボックスを介して、マーケティングでの使用に対しオプトインを行う事前の機会が提供され、電子メールによる連絡が行われた場合、およそ同水準のプライバシー保護を提供します。一部の管轄では、同意について、「事前のオプトアウト」の設定が適格なものとして導入されるという文言があった場合、それを無視します。ただし、消費者が特定の行動（事前にチェックされていた「オプトイン」ボックスのチェックを外したり、事前にチェックが入っていなかった「オプトアウト」ボックスにチェックを入れたりする）を取った場合は別です。この方法は消費者に広告メールが全く届かないようにする機会を与えますが、そのためには消費者自身の側からも行動が必要になります。関心のない消費者はデフォルトになっているオプトインを選ぶことになるでしょう。

- 一部の管轄では、積極的なオプトインによる同意を必要とします（したがって、予めチェックが入っているオプトインボックスや予めチェックの入っていないオプトアウトボックスでは十分ではありません）。そのため会社は複合的な仕組みで決断を迫ることで（例：YesとNoのボックスを表示する）、無関心な層を逃さないようにする、あるいはチェックの入っていないボックスのみを用意し、消費者が第一に関心を持つ登録やその他のプロセスを進めるためにはチェックを入れる必要があるように設定するといった手法を取ります。このような方法はすべての管轄で受け入れられるわけではなく、またプロセスを最小限のクリックと手間で終わらせたいと願う多くの消費者を苛立たせることになります。

- 事前通知やオプトインおよびオプトアウトは、目立つ形で提供されるか、登録手続（例：携帯登録やコールセンターのスクリプト）の際に付託される

長いプライバシー規約や利用規約に大なり小なり隠れるような形で提供されるか、あるいはウェブサイトの一番下にリンクを貼る形で提供されたりします。事前のオプトイン同意を必要とするほとんどの管轄では、アクセスの難易度が高すぎる通知は認められません。したがって、いくつかの方法は適用法の下で不十分と判断されるかもしれません。

- 一部の管轄では、最初の広告メールで提供される通知およびオプトアウト方式しか許容および要求しません。例えば、米国の連邦スパム規制法（CAN-SPAM法）などがこれに該当します。したがって、米国では、広告主は、既にマーケティング用メッセージを特定の広告主およびその代理人から受け取っており、かつ、オプトアウトを選択した消費者以外には、スパムメールを送ることができます。オプトアウトの選択肢は極めて詳細になっており、消費者はどの形式のコミュニケーションの受け取りを望むか、あるいは望まないかなども選択します。いずれにせよ、連邦スパム規制法を含むほとんどの法律では、最低一つは容易に理解できる選択肢、例えば「これ以上広告メールを送らないでください」などがあることが最低限必要です。
- 詳細は第3章を参照してください。

(4) 混在するメッセージ

コミュニケーションの中には、広告や他の種類のコンテンツ（例：注文確認、支払催促など）は内容の一部でしかない場合があります。そのようにいくつかの内容が混在しているコミュニケーションは、一般的に迷惑メール防止法や類似の法律の適用を免れません。ただし、メッセージの目的および性質の大部分が非広告的なものであると法的に認められた場合は別です。連邦取引委員会はCAN-SPAM法のガイドラインにおいて実例を示しています。企業は、オプトアウト機構について説明する際、インボイスや支払催促といった種類のコミュニケーションでも、オプトアウトが可能という印象を与えないよう気を付けるべきです。

(5)　一斉送信、個別の電子メール、ソーシャルメディアについて

　迷惑メール防止法は、一般的に、一斉送信の電子メールだけでなく、あらゆる種類の広告目的の電子メールに提供されます。マーケティングおよび営業の責任者にはきちんとした指導を行い、営業およびマーケティング目的で送るすべての電子メールについてオプトアウトの選択肢を盛り込ませ、またオプトアウト申請を受け取った顧客のリスクを考慮に入れさせなければなりません。また、ソーシャルメディアのプラットフォームを介して送られたメッセージ、例えば掲示板や個人のページに投稿されたメッセージについても、電子メールと同様の情報開示とオプトアウト機構が必要になる可能性があります。

(6)　送信者、発案者および受益者が責任を負う場合について

　迷惑メール防止法および類似の法律を遵守する責任は、自社によりまたは他社に委託して広告を送信するすべての企業が負担します。「友人紹介」キャンペーン（消費者が自分の友達に宣伝広告用電子メールを送信・転送することを推奨されたり、報奨を付与されるキャンペーン）、および共同販売促進活動やマーケティングサービス提供会社との契約などについて、企業は、どのオプトアウト・リストをどこで使っているか（「照合しているか」）頭に入れておく必要があります。

V.　委託先の管理（Vendor Management）

　企業は、データ保護法を遵守するために、委託先を注意深く選定し、監督しなければなりません。委託先は、会社の拡張された重要部分を構成するため、会社は自社の一部たる委託先の行動に対し責任を負います。したがって、会社は、自社のデータ保護コンプライアンス・プログラムの一環として、標準委託先選定手順を検討すべきです。これには、技術および組織に関するデューデリジェンス、アンケート、標準契約書式、定期的な監査などが含まれます。

　社内および社外の専門家により、委託先候補の技術および財務に関するデューデリジェンスを実施すべきです。もし委託先が、安定している巨大な上場会

社であれば、ハイレベルなレビューと契約文書が相応しいでしょう。より知名度が低い事業者の場合には、現地視察や技術監査、技術面のアンケート、第三者によるセキュリティ監査、その他の手段が、合理的なリスクアセスメントに基づいて必要になる場合があります。会社は、自社のセルフアセスメントや監査で使っているものと同じ標準データセキュリティアンケートを用いて、委託先の技術に関するデューデリジェンスを実施することができます。

委託先が技術および財務デューデリジェンスの段階を終えた場合、委託先は委託元たる会社のデータセキュリティ基準や社内規則に従うと契約上同意する問われるべきです。この場合、会社は委託先に対し、会社の顧客やデータ主体に対し遵守すべき義務をすべて伝える必要があります。そうすることにより、会社は顧客の高い要求と委託先の低い献身との間で板挟みになることがなくなるからです。例として、もし会社がEUの標準契約条項を選択し、ヨーロッパから米国へのデータ移転を適法化しようとした際、会社は対象となるデータにアクセス可能なすべての委託先に対し、それらの条項を守るよう働きかけなければなりません。似たような事例として、会社がHIPAAの遵守を目的とする対象事業者の事業提携者となるための義務を受け入れた際、会社の委託先が対象となるデータの処理に関わっていた場合は、委託先も同様にかかる義務を守らなければなりません。また、会社は委託先からの協力義務を守ることが推奨されます。そうすることで、データ保護法や法令遵守要件が時間が経つにつれ変わるとしても、委託先に更なる要件や条件（おそらく更なる補償につながる）を受け入れてもらいやすくなります。

詳細については以下を参考にしてください。国際的なデータ転送契約については第2章、契約全般については第3章の3.10、デュー・デリジェンスについては第4章、データ処理サービスについては第5章の「C. クラウド・コンピューティング（Cloud Computing）」の項目。

チェックリストの書式については、購買責任者が以下の要件に沿って、データ保護担当弁護士や責任者とともに決めることができます。

- 委託先との契約の目的に関する簡潔な説明書並びに委託先のデータセキュリティおよびプライバシー保護措置に対する技術的検証はあるか？

- 委託先が収集およびアクセスの権限を持つデータの種類は何か？
- 委託先との契約により顧客、データ保護監督機関、データ主体その他に対して通知する要件が生じるかどうか？
- データの越境移転について、顧客側および委託先側の法的要件は充たされているか？
- 委託先との契約はデータ処理およびデータ移転に関する法律の要件を充たしているか？
- 会社の法務部とデータ保護責任者とで協議を行ったか？

W. 盗聴（Wiretapping）

　生の通信に対する盗聴やこれに類する傍受は、個人のプライバシーと通信の秘密に対する特に重大な侵害です。したがって、多くの管轄で、すべての当事者が同意しない限り、電話や他の通信手段に対する傍受を禁じています。伝統的に、法律は「生の」アナログの電話や郵便物の傍受を禁じていました。一部の有識者は、電子メールのやり取りが盗聴法により守られるのか疑問を呈していました。なぜなら電子メールは送信の過程で頻繁に格納されるため、「生の」アナログの電話よりは録音されたボイスメールに近い側面があるからです。しかし、多くの国が法律上の定義を更新し、インスタントメッセージ、オンラインチャット、SMSなど多様な電気通信も法律の範疇に入るようになりました。

　会社が通信の傍受を行う場合、様々な理由があります。具体的には品質管理（営業の電話の録音）、ネットワーク防御（スパムメールやウィルスのフィルタリング）、社屋の警備（監視カメラによる警備）、従業員の活動の監視（キーロガー、スクリーンショットの保存、電子メールやウェブ閲覧のフィルタリング）などがあります。会社は従業員からの同意は比較的容易に取得することができます。会社は一部の管轄（主にヨーロッパ）においては、従業員の同意の有効性が問題になることがありますが、それ以外の場所ではそこまで大きな障害に出会うことはないでしょう。しかし、第三者から同意を得ることはより困難です。インバウンドコールに対し、会社は台本に「通話内容は品質管理のため、録音およ

び監視されています」と入れることで通話者に情報を伝えることは可能です。しかし、アウトバウンドコールについては、受信者の多くはそのようなメッセージを聞いただけで電話を切ってしまうでしょう。そのため会社はアウトバウンドコールの際は監視するのをそもそも止めてしまうか、時機を見計らって電話の対象から同意を得てから、録音あるいは監視を開始するようにしています。

外部からの電子メールや、インスタントメッセージやSMSの交信相手から同意を取得することはさらに困難です。ほとんどの会社は、外部へ送られるメッセージに自動的に載せられる一般通知に頼っています。しかし、そういった通知では技術的に見て手遅れになります。なぜならメッセージは受信者が傍受についての情報を受け取る前にフィルターにかけられるからです。しかし実際のところ、ほとんどの人はそのような技術的フィルタリングのことは気にかけませんし、そういった技術が広範に使用されている以上、個別の会社にとってのリスクはかなり低いと考えられます。法令遵守のための（一般的な通知を介した）誠実な取り組みで十分だと考えられます。

X. X線、遺伝子、指紋、顔等の生体データ

人間は多岐に渡る生体認証情報により識別できます。例えば、指紋、網膜スキャン、音声録音、X線写真、遺伝子配列などによってです。また、開発者たちは、顔認識技術を飛躍的に向上させてきました。会社は、このような認証方法を特に魅力的に感じています。なぜなら、これらの技術は、人間の身体的な特徴に着目しているので、人間あるいは会社にとって、かかる手間が少なくなり（例：パスワードを考えつく、思い出す、リセットする手間や、スマートカードやバッジを持ち運ぶ、無効化する、交換する手間）、また偽装することが難しいからです。また、法執行機関や会社による生体認証方法を使っての問題の捜査は、データ主体から多くの協力を得なくとも進めることができます。顔認識技術を密かに導入し、データ主体がデータ収集デバイスに近付かずとも運用することも可能です。こういった技術を使用した結果得られるデータは、データプライバシーの側面から見ると機微なため、一部の管轄では、会社は、追加のデータセキュリティ、通知および同意の要件を充足するか、あるいは生体データ

を収集・使用したい場合、「正当な利益の例外」が利用可能なときは、それに基づく十分な論証を行う必要があります。

● 遺伝情報について

　遺伝情報は、研究機関、病院、会社、法執行機関やその他の手により、医学研究、病気の診断、病気の治療に関する決断、犯罪捜査における容疑者の特定、父系の特定などにますます使われるようになってきています。すべての個人はお互い特有のゲノムを持っています。遺伝情報は、たとえ個人の氏名や住所と結び付けられていなくても、指紋や社会保障番号と同等の識別子として機能します。したがって、ゲノムに関わる生体試料（例：生体組織の一部）、遺伝子配列は、個人データを含んでいるか、もしくは個人データで構成されているということができます。もし研究者が遺伝情報を調べるだけで個人の健康状態が分かるとすれば、そのような情報は、健康に関連する情報、言い換えればヨーロッパの法律における機微情報ということになります（米国 HIPAA においては遺伝情報が他の特定の識別子と結び付きがあるか否かで判断が分かれます）。研究者がゲノム配列の全部または一部が含まれたテスト結果を匿名化することは難しく、また、統合され、統計化された研究結果は、予想外に簡単に個人を再識別することが可能です。データ主体個人は、遺伝情報の処理の結果、識別され、差別されるという損害を被る可能性があります。例えば、生命保険会社や雇用主、その他の人々は、遺伝的素質により特定の病気に罹りやすい個人を冷遇するでしょう。一部の裁判管轄では、差別が起こるリスクを減らすための法律を制定しています。例えば、米国の 2008 年の遺伝情報差別禁止法などが該当します。したがって、企業は本当に遺伝情報が必要か否か、慎重に評価する必要があります。もし必要な場合には、企業は遺伝情報を他の特に機微な個人データと同様に収集、保有、使用および消去する必要があります。企業がデータ主体から遺伝情報の収集と使用について同意を得た場合、企業は、データ主体に対し、特に識別され差別されることに関する潜在的なリスクについて通知する必要があります。

Y. なぜデータプライバシーを守らなければならないのか？（Y—Why Protect Data Privacy?）

この疑問は、実際には哲学的というだけでなく、会社がプライバシーに関する法律に対する舵取りやデータ処理行為に対する判断をする際に考慮に入れなければならないものでもあります。

(1) なぜ政府はデータのプライバシーを保護するのか？

政府がデータプライバシーを保護する理由は、一般的に人間の尊厳と自己決定権（「独りにしておいてもらう権利」とも呼ばれます）を尊重するためです。データプライバシーが保護されることにより、市民は、言論の自由、信教の自由、集会の自由といった人権をより自由に行使することができます。また、民主主義のプロセスが機能することの助けにもなります。司法権が国の一機関として存在する場合、議会と裁判所が主にプライバシーに関する法を形成します。一部の管轄では、政策目標を明らかにするため、並びに、他の政府機関を監視するために、データプライバシー保護に関する執行機関やデータ保護責任者を置いています。

(2) なぜ政府は時にプライバシーを保護せず、場合によっては
データプライバシーを侵害することもあるのか？

政府の執行機関は、多くの役割を担っていますが、その中で最も重要なのが法の執行です。法の執行にはデータの処理が必要ですが、この点、よくプライバシーの保護の問題と衝突してしまいます。また、議会と裁判所も、データプライバシー保護と衝突する利益や、政策目標の方を保護する場合があります。例えば、知る権利や営業の自由などです。ある人物にとって、対象となる人物の情報を収集・共有する権利が、対象になっている人物のデータプライバシーを侵害してしまうのです。それぞれの管轄が、異なるやり方で、この相反する政策目標についてバランスを取ろうとしています。例えば、米国では、表現の自由、知る権利、営業の自由に比較的重点が置かれており、そのため、ヨーロ

ッパでよく見られるような包括的なデータ保護法の制定については反対に遭っています。また、2001年9月11日のテロ攻撃以来、米国は国家安全保障に非常に重点を置いており、政府の監視プログラムを強化し続けています。一方、ヨーロッパでは、全体主義国家による監視が、自分自身や他の市民にとって、どのようなものだったかについて、一部の人達は未だに覚えています。ヨーロッパの立法者は、個人データの自動化された処理に対する規制を断固として行い、出版や報道、非営利的な活動に対しても狭い範囲でのみしか例外を認めていません。データ保護法を理解、解釈、適用しようとする者は、適用される法体系における多くの相反する利益や、それらの相対的な地位について、理解する必要があります。

(3) なぜ会社はデータプライバシーを保護するのか？

　会社は、制裁と民事責任から逃れるために、適用法令に則り、データプライバシーを保護しようとします。法的保護が要究されるという理由以外に、一部の会社では、以下に挙げる理由で、データプライバシーを保護しています。なお、これら以外にも理由は存在します。

- 会社の評判を守り、顧客や従業員の欲求を充足することで、市場において自社を他社から差別化するため。
- 国際的に活動する会社は、法令遵守プログラムを合理化し、業務手順を簡潔にし、コストを下げるために、特定の管轄に関する法的要件を越えたプライバシー規約を定め、それを現地または国際的な標準にしようとしています。
- 従業員や、製品・サービスの利用者によるプライバシー侵害により発生する寄与責任のリスクを低減するため（例：ソフトウェアの設計の際、それがスパムメールやハッキングに使われるリスクを減らしたり、従業員に対し、システムへのアクセス権や使用権限を制限することで、プライバシーを侵害するツールを無効化すること等）。
- データ主体と法執行機関あるいは私人の原告の間で発生する利益相反の渦中に巻き込まれるリスクを減らすため、一部の会社は、意識的に収集する

個人データの量や保有期間を制限することで、自社が収集していない、あるいは最初から保有すらしていないデータの提出を求められる事態を回避しています。

(4) なぜ会社は時にプライバシーを保護せず、場合によってはデータプライバシーを侵害することもあるのか？

　政府と同様に、会社もまた、データプライバシーの利益と相反するいくつもの目的を追求します。以下はその例です。

- 法を遵守するために、会社は、個人データを政府や私人の原告に対して提供しなければならない場合があります（例：公判前証拠開示手続、法執行機関による調査に対する対応、税法その他の様々な監督制度の下、定期的な報告義務を遵守するため等）。
- 法的に必要とされる報告以外に、一部の会社は、個人データを司法や政府機関、他の会社に対し、様々な理由により提供することに関心を持つことがあります。例えば、個人に対して法的請求を主張するため、債権を回収するため、政府と協力して顧客の間で詐欺が起こることを減らすため、といった理由があります。
- 会社は、様々な事業目的や、顧客の役に立つため、顧客の好みを判別するため、対象に合わせた広告を送るため、従業員に支払いをするため、法令や社内規則の遵守の実施状況を監視するために、データを収集・使用しなければなりません。
- 会社はまた、データベースを構築し、知的財産として商品化するために、データの収集を行います。顧客リストとプロフィールは、多くの事業にとって中核となるもので、株主価値に直接的に変換されます。会社がデータの取扱いに関するプライバシーポリシーや通知により柔軟性を持たせるほど、会社にとってデータの価値は増加します（例：広告主やマーケティング責任者と共有できるデータベースの方が、共有や販売を行わないと顧客と約束

したデータベースよりも大きな収益を生みます。もちろん、会社が約束や制限をしない場合、そもそも魅力を感じる顧客がより少なくなり、結果として構築できるデータベースが小規模なものに留まるかもしれません)。
- コストを削減するために、会社は、データセキュリティや削除に費やす労力を削減します。技術や人的リソース、法的調査は高額です。データストレージは一方で比較的安価であり、特に暗号化やその他のセキュリティ措置を講じていない場合には安上がりです。多くの場合、短期間であれば最低限の措置のみ行うか、もしくは抗議に対し反応するだけにした方が、将来を見越して計画するよりも安くすみます。会社は、法令不遵守、セキュリティ侵害、広報の失敗などがどれほどのリスクになるのかについて、各社それぞれに異なる判断を下します。

一つの方策がすべての事例に当てはまることはありません。会社は、データ保護について、様々な考察を自社の個別の状況に応じて肯定的あるいは否定的にあてはめて検討すべきです。会社は、変化し続けるデータ保護法にまつわる情勢や将来の展望、業界の慣習などと照らし合わせて、自社の状況を定期的に見直すべきです。各社それぞれにとって最善な策は何かを見つけなければなりません。一般的な「ベストプラクティス」に頼るべしという考え方には反しますが、個別具体的に法律上および事業上の分析を行うやり方に比べれば、そのような方法は往々にして貧弱な代替品でしかありません。

Z. ZIPコード、IPアドレス、その他の番号（ZIP Codes, IP Addresses And Other Numbers）

カリフォルニア州の最高裁判所は、ZIPコード（米国の郵便番号）をSong Beverly Credit Card Actの下で「個人データ」として扱う判決を下しました。同法によると、カリフォルニア州の事業者は、取引に必要な情報を除き、クレジットカード所有者からいかなる個人データも収集、記録してはならないとしています。以前、控訴審は、ZIPコードは複数人に当てはまるものであり、それゆえ「個人」データの要件を充たさないとしていました。しかし、カリフォルニア州最高裁判所は、ZIPコードは、事業者が収集している他のデータとと

もに、個人宛て郵便の住所を特定するのに使われかねないとしています。米国内の他の州の裁判所、具体的にはマサチューセッツ州でも、ZIP コードについて、類似の見解を採りました。連邦取引委員会は、一貫性のあるデバイスの識別子と相互に関連付けられているデータであれば「個人データ」に該当するという見解を明確にしました。EU の最高裁判所である EU 司法裁判所は、識別できる個人と結び付けられる範囲において、インターネット上の住所にあたるインターネット・プロトコル・アドレス（IP アドレス）が個人データに該当するとしました。

　ZIP コードと IP アドレスは「個人データ」の定義の範囲をよく説明しています。もしこれらの番号を周辺情報が一切ないまま保存しても、そのような番号は「識別できる」個人とは結び付きません。しかし、たとえ最小限の周辺情報であっても、他の情報が加われば、ただの番号がすぐに一部の法律で「個人データ」と判断される情報へと変化するのです。例えば、「94111」や「123456789」といったデータだけでは、識別できる個人には結び付きません。しかし、「94111」がある店で商品を購入した特定の個人の自宅の住所の ZIP コードであるという情報を追加した場合、この「強化された」データは、識別できる個人に結び付くのです。同様に、「123456789」は電話番号である、あるいはクレジットカード番号である、もしくはある個人に対して発行された別の識別子である、といった情報を加えた場合、この番号は「個人データ」になります。一方、「123456789」が公衆電話の番号だとした場合、このデータを「個人」データにするには、やはり追加の情報が必要になります。例えば、その公衆電話から電話を掛けた特定の個人や、この番号に特定の時間に電話を掛けた個人に関する情報です。IP アドレスは、ルーターや他のデバイス（個人やインターネットカフェや会社が所有している）に自動的に割り当てられたり、インターネット・サービス・プロバイダー（ISP）によって能動的に割り当てられたりします。会社がウェブサイト訪問者の IP アドレスを取得した場合、一緒に何らかの個人データも取得したともいえます。なぜなら、相当数の IP アドレスが（会社自身によって、ISP との協力によって、あるいは電話サービス提供者によって）個人と結び付けられているからです。

　まず第 1 段階として、企業は、あるデータについて、そのデータが識別でき

る個人と結び付かないことが積極的に肯定できない限り、そのデータを「個人」データとして取り扱うべきです。次に第2段階として、企業がある特定のデータを処理したい場合には、そのデータがいかなる規制の対象にもなっていないかについて分析するべきです（データプライバシー関連法の中には、特定の種類の個人データにしか適用されない場合が数多くあります。例えば、個人の健康情報、クレジットカード所有者情報等です）。広範囲に亘って適用されるヨーロッパ型のデータ保護法の下では、企業による多くのデータ処理業務が個人データに関わっており、規制の対象になっていることが分かるでしょう。そこで最終段階としては、問題となっているデータがデータ主体に深く関連しない場合には、規制の適用対象から除外されないかについて分析するとよいでしょう（例：公開の電話帳の情報、仕事上の連絡先情報等）。

チェックリスト

データ保護コンプライアンスプログラム

　このチェックリストは、会議の議題の検討やプロジェクトの作業工程表の作成、組織の法令遵守状況の簡易な診断に役立ちます。しかしながら、これに従ってさえいれば完璧であるといった誤った認識は持つべきではありません。以下のチェックリストは、大きな隔たりがないかを確認してコンプライアンスに関する議論を進めるために用いるべきです。

1. **組織内のプライバシーおよびセキュリティに関する法令遵守の責任者は誰か？**
    - ✓ 最高個人情報保護責任者（CPO）を選任するべきか、現地の連絡担当者を選任するべきか、また、法律上データ保護責任者を選任することが必要か。
    - ✓ すべての関係者が各自の義務について指導、教育されているか、特に以下の人々について。
        - IT部門（データセキュリティ、データ保有、アクセス制御について）
        - 社内警備
        - 人事部門（従業員台帳、HRIS、モニタリング、内部通報ホットラインについて）
        - 営業およびマーケティング担当者（ダイレクトマーケティングに関し

て)

2. 会社がデータを保護するために何を行っているか？
   - ✓ 十分な物理的、技術的および組織的なデータセキュリティ措置が講じられているか。例えば、データベースアクセス制御やデバイスの暗号化など。
   - ✓ すべての従業員がルールを知っており、実際に遵守しているか。
   - ✓ 委託先は慎重に選ばれ、また、データセキュリティの観点から監督され、適切な契約が結ばれているか。
   - ✓ データセキュリティ侵害が起きた場合に、法律や契約に定められた通知や賠償の要件などに対して備えはできているか。
   - ✓ データの保有および削除に関するプログラムがあり、データが不要になったり、法的にこれ以上保有できなくなった際に、安全に破棄されているか。

3. すべてのデータ主体に適切な通知をし、必要な同意を取得し、それらすべての同意・通知のフォームが正確かつ最新か？
   - ✓ ほとんどの会社は、従業員に対するプライバシー通知と、ウェブサイトのプライバシーポリシーを必要とし、多くの会社が、ウェブサイトのクッキーの配布への同意や、オンライン・トラッキング、従業員やコールセンターの監視、ダイレクト・マーケティング、監視カメラによる警備についても同意が必要。
   - ✓ 法律上の要件だけでなく、事前の通知やプライバシーポリシーでなされた合意や約束についても考慮に入れること。

4. すべての関係するデータ保護監督機関やその他の政府当局について必要な通知・承認がされているか？　既になされた通知や同意の後、関連する事項について変更されていないか？
   - ✓ 自社のオフィス、従業員、その他の拠点があるすべての管轄について、政府機関に対し、データベースやデータ処理に関する通知が必要か、承

認や許可を取得する必要があるか。

5. 個人のデータを国境を越えて、例えば、従業員、消費者、法人顧客の代表者との間で送受信しているか？
   - ✓ ヨーロッパのデータ保護法を遵守するため、自社と取引先との間の適切なデータ移転契約、拘束的企業準則、同意、その他のコンプライアンス・プログラムを整備しているか。

6. 内部通報ホットラインやモニタリングの運用をしているか？
   - ✓ 内部通報ホットラインを運用している場合、通常、個人に対する通知、政府当局への届出、労使協議会との協議等が必要。また、報告の内容（何を報告し、何をすべきでないか）、報告の方法、報告先等について時に難しい判断を要する。
   - ✓ ほとんどの会社は、電子メールのフィルタリング、電話の録音、ネットワークの保護、監視カメラの使用、その他の技術によるデータセキュリティやコンプライアンスのためのモニタリングを実施している結果、従業員および外部のデータ主体に対する通知が必要。また、一部の裁判管轄の法令に基づき、同意の取得、政府当局への届出、労使協議会との協議、現地の法令の要件を充足するための展開する技術の変更を要することもある。

7. マーケティング活動が適用法令を遵守しているか？
   - ✓ 法律上必要な場合、事前の同意を取得しているか。例えば、ヨーロッパの法令の下では、宣伝広告用電子メールの送信や行動履歴のトラッキングについて必要。
   - ✓ 登録解除のオプションを提供し、かつ、その選択を尊重しているか。
   - ✓ 個人データを宣伝広告目的で他のデータ管理者と共有しているか、また、他社に自社の顧客やウェブサイトの訪問者から直接データを収集することを許可しているか（例：自社のウェブサイト上のサードパーティクッキーを介して等）。該当する場合、データ主体からの同意や様々な開示

が必要な場合がある。
- ✓ 第三者、例えば、電子メールリスト販売業者、身辺調査会社、データブローカー等から情報を購入しているか。該当する場合、当該情報の購入および使用目的が適法であることについて契約上の保障があるか。情報源の適法性の確認に関する合理的なデューデリジェンスの実施および文書化をしたか。

8. 従業員、顧客、製品の使用者が、データプライバシーおよびセキュリティ要件の遵守を許容または促進する製品、プロセス、標準契約書を設計しているか。
    - ✓ 自社のデータ処理に関する業務、設備、人員およびコンプライアンスプログラムに関する十分詳細な記録を準備しているか。
    - ✓ 新しい技術を採用したり、新しい製品・サービスを設計する前に、プライバシー影響評価を実施するプロセスがあるか。
    - ✓ 新しい製品やプロセスを開発する際、顧客やエンドユーザーのプライバシーやセキュリティ保護のニーズを考慮に入れているか。
    - ✓ 製品開発のプロセスにおいて、データ保護責任者や法務部からの意見を早い段階から取り入れているか。
    - ✓ 顧客やエンドユーザーに対し、データ保護法を遵守して製品を使用する方法や隠れた危険を回避する方法に関する指示、例えば、ユーザーマニュアル、製品案内、よくあるご質問（FAQ）等を提供しているか。
    - ✓ 自社の標準契約条項は、顧客に対し、あらゆるデータプライバシーおよびデータセキュリティの保護に関する法律上の要件並びに合理的に期待される表示および条項を提供しているか。

参考文献

　誰でも独自の調査手法や好みのやり方があります。以下は、著者が推奨する本ガイドブックの補完に有用と考えられる参考文献一覧です。ただし、ここに挙げられている文献や挙げられていない文献について、論評、ランク付け、評価をするものではありません。

ワールド・ワイド・ウェブにおいて、政府機関、法律事務所、ウィキペディア、電子フロンティア財団（EFF）、米国自由人権協会、メディア各社や個人の手により注意喚起や最新の情報が提供されています。ある話題についての初期の方向付けにおける出発点として、著者は一般的なインターネットのサーチエンジンに適当な単語や短い文章を入力しています。

EEA 内のデータ保護監督機関の見解　各国のデータ保護監督機関および各国のデータ保護監督機関の代表者によって構成される EU の機関（歴史的には「第 29 条作業部会」と呼ばれ、GDPR の下で「欧州データ保護委員会（European Data Protection Board：EDPB）」と改名されました）のかなり包括的なガイダンスが公開されています。

　これらの資料は英語で提供されており、EU のウェブサイトで無料で閲覧することができます（ウェブサイトの正確な URL／アドレスは頻繁に変更されます）。前記の作業部会は、元々 EU データ保護指令第 29 条に基づいて設立され、欧州経済領域（EEA）加盟各国のデータ保護監督機関の代表者によって構成されています。彼らの解説に法的拘束力はなく、また、必ずしもすべての加盟国の監督機関の意見を反映しているわけではありません。しかし、各加盟国のデータ保護監督機関は拘束力のある判断をする際に、しばしばその解説に言及する

ことがあります。企業は、第 29 条作業部会が出すガイドラインに隷属するかの如く従う必要はありませんが、完全に無視するのもよくありません。最低限、企業は、第 29 条作業部会の立ち位置と主張を考慮に入れ、その提案の全部または一部を採用するか、あるいは、受け入れないことで発生する障害に対して備えるべきです。英国 ICO のコミッショナーを含む、多くの各国のデータ保護監督機関もまた、有用なガイダンスと情報をこのウェブサイトに掲載しています。

米国の連邦取引委員会のガイドラインおよび事例　これらは英語で入手可能で、FTC のウェブサイトで入手できます。アドレスは www.FederalTradeCommission.gov です。サイト内の検索機能は限られていますが、一般的な検索エンジンに、検索したい単語と「FederalTradeCommission.gov」を入力することで、サイト内の情報を検索することが可能です。米国の企業は、一般的に、FTC の判断にしっかりと従っており、FTC を消費者の権利の非常に効果的な執行者であると見ています。FTC は、EU・米国間プライバシー・シールド原則および CAN-SPAM 法を執行する任務も課されています。全米州議会議員連盟は、米国各州のデータセキュリティ侵害通知の状況に関する概要を ncsl.org で紹介しています。米国政府は HIPAA に関するガイダンスや資料を http://www.hhs.gov/ocr/privacy で紹介しています。

　著者が所属する法律事務所である Baker & McKenzie LLP は、毎年 Global Privacy Handbook を発行しています。他の法律事務所も、それぞれのウェブサイトやニュースレターで価値ある資料を提供しています。

　有料の文献も多く存在します。以下はその例です。International Association of Privacy Professionals (IAPP) は、カンファレンスやトレーニング、認定プログラムを提供する他、日刊、週刊および月刊のニュースレターを発行しています。多くの研究者や弁護士が本を発行しています。例えば、ダニエル・J・ソローヴとポール・M・シュワルツによる Privacy Law Fundamentals（第 4 版、2017 年、318 頁。米国法の概要と EU 法の入門）、Lisa Sotto による 1400 頁の論文である Privacy and Data Security Law Deskbook、PLI の Proskauer on Privacy（第 2 版、2016 年、1658 頁）、Francoise Gilbert による

全 2 巻の Global Privacy and Security Law Treatise（3000 頁、定期的に更新）。米国連邦およびカリフォルニア州のプライバシー法に関する実務的ガイドおよび詳細な解説書として、本書の著者が執筆した California Privacy Law（第 2 版、2017 年）もあります。

略語

APEC	アジア太平洋経済協力（Asia Pacific Economic Cooperation）
第29条作業部会	ヨーロッパの各加盟国のデータ保護監督機関の代表者により構成される委員会
CAN-SPAM法	宣伝広告電子メールを規制する米国連邦法
CAPTCHA	Completely Automated Public Turing test to tell Computers and Humans Apartの略であり、人間による応答を確認するための自動化されたチャレンジ・レスポンス型テスト
CBPR	APEC越境プライバシールール（Cross-Border Privacy Rules）
CDA	米国通信品位法（Communications Decency Act）の略で、インターネットサービス提供事業者に対し寄与責任に関する免責を規定する米国連邦法
CFAA	コンピューター詐欺および不正使用取締法（Computer Fraud and Abuse Act）の略で、無許可のコンピュータへのアクセスを禁止する米国連邦法
CNIL	情報処理および自由に関する国家委員会（Commission nationale de l'informatique et des libertés）の略で、仏連邦データ保護監督機関
COPPA	米国児童オンラインプライバシー保護法（Children's Online Privacy Protection Act）
CRM	顧客関係管理（Customer Relationship Management）

DPA	データ保護監督機関（Data protection authority）
DPO	データ保護責任者（Data protection officer）
EU電子商取引指令	インターネットサービス提供事業者の寄与責任に関する免責を規定するEU指令（英語略称：e-Commerce Directive）
EEA	欧州経済領域（European Economic Area）の略で、EU加盟国にアイスランド、リヒテンシュタイン、ノルウェイを加えた国々
EU	欧州連合（European Union）
EUデータ保護指令	個人データの取扱いに係る個人の保護および当該データの自由な移動に関する1995年10月24日の欧州議会および理事会の95／46／EC指令（Directive 95/46/EC on the protection of individuals with regard to the processing of personal data and on the free movement of such data）
EU一般データ保護規則	個人データの取扱いに係る個人の保護および当該データの自由な移動に関する2016年4月27日のEU一般データ保護規則（General Data Protection Regulation（EU）2016/679）で、前記95/46/EC指令を廃止し、2018年5月施行
FCRA	米国の公正信用報告法（Fair Credit Reporting Act）
FIP（P）s	米国の連邦情報処理標準（Federal Information Processing Standards）または連邦情報取扱原則（Federal Information Practices Principles）
FTC	連邦取引委員会の略で、消費者およびプライバシー保護を担当する米国連邦政府機関
GDPR	前記EU一般データ保護規則を参照
GLB	米国の連邦プライバシー法であるグラム・リーチ・ブライリー法（Gramm-Leach-Bliley Act）の略で、別名「1999年金融サービス近代化法」（Financial

	Services Modernization Act of 1999)
HIPAA	1996年米国連邦法「医療保険の相互運用性と説明責任に関する法律」(Health Insurance Portability and Accountability Act) およびその改正
HR	人事
HRIS	人事情報システム (Human Resources Information System)、即ち、従業員データベース
IPアドレス	インターネット・プロトコル・アドレスの略で、コンピューター・ネットワーク上で各デバイス(例：コンピューター、ルーター、サーバー)に割り当てられる番号
ISO	国際標準化機構 (International Organization for Standardization) の略で、国際規格の設定のために協力する163ヶ国の国家標準化団体(一部は政府機関で、一部は民間団体)の代表による非政府組織
IT	情報技術
モデル契約条項	標準契約条項 (SCC) を参照
NSA	米国国家安全保障局 (National Security Agency)
PII	個人情報、即ち、個人を識別できる情報 (Personally Identifiable Information) の略
RFID	Radio Frequency Identifier の略で、電磁界を用いて対象物(例えば、小売店の商品(万引き防止)、家畜やペット、自動車(橋の通行料の支払い)等)に付いたタグを追跡する無線周波数を利用した識別方法
SAS 70	SSAE 16 により改廃された旧監査基準
標準契約条項 (SCC)	EU委員会が制定した個人データの越境移転に関する標準契約条項
SOC報告書	SSAE 16 基準に基づく業務受託組織内部統制報告書 (Service Organization Controls Report)
SOX	サーベンス・オクスリー法 (Sarbanes-Oxley Act)

	の略で、米国における上場企業が遵守すべき要件を規定する米国連邦法
SSAE 16	業務受託組織およびこれを利用する法人の内部統制に関する監査基準
米国愛国者法 （Patriot Act）	2001年テロリズムの阻止と回避のために必要かつ適切な手段を提供することによりアメリカを統合し強化するための法律（Uniting and Strengthening America by Providing Appropriate Tools Required to Intercept and Obstruct Terrorism Act of 2001）の略で、テロリズムと戦う目的で制定された米国連邦法であり、米国自由法（USA Freedom Act）により改廃（第2.16項および5.15項参照）
ZIPコード	1963年より米国郵便公社（USPS）が使用する配達区域番号制度（Zone Improvement Plan）の郵便番号

あとがき

　データ保護という用語から、日本の読者がまず思い浮かべるのは、改正個人情報保護法に基づく規制かもしれませんが、本書は、特定の国や地域の法律のみに限定して記述されたものではなく、国際的に事業活動をする企業の担当者がしばしば国や地域毎に異なるデータ保護規制に悩まされている状況に鑑み、具体的な国や地域にかかわらず、共通して検討すべき主な課題について、横断的な解決方法の枠組みやポイントを示すことにより、進むべき方向性を見誤ることのないよう、いわば船の沈没を防ぐ羅針盤のような役割を果たすことを想定しています。そのため、日本の改正個人情報保護法に基づく用語例や概念とは厳密には同一ではない記述や、国際取引に伴うデータ移転やグループ企業間での適切なデータ管理において悩まされることも多いであろう2018年5月に施行されたGDPRに基づく厳格な規制も視野に入れ、データ保護の分野で早くから法規制に取り組んできたEUのデータ保護法を想定した記述も多く含まれています。

　このような本書の意図を理解した上で、実務上直面する様々な課題について、本書内に散りばめられている各種ヒントを活用して、解決の糸口を摑む助けとしていただければ幸甚です。

渡邊由美

事項索引

■英数字

APEC　86, 87, 235
BYOD　169
CAPTCHA　184, 235
CBPR　36, 86, 87, 235
CFAA　235
Cookie（クッキー）　6, 204
COPPA　189, 190, 235
DMCA　184
DNT　206, 207
Do Not Track（DNT）　206
DRM　208
EU データ保護指令　21, 60, 202, 231, 236
EU 一般データ保護規則（GDPR）　12, 21, 29, 31, 33, 38, 44
EU-米国間プライバシー・シールド　1, 36, 59-61, 64, 65, 67, 69, 70, 72, 84, 75-77, 82-84, 86, 95, 97-99, 102, 133, 134, 136, 143, 145, 151, 152, 158, 187
FOIPPA　151
GDPR　1, 12-14, 21, 29, 31, 33, 38, 44, 45, 67, 68, 70, 71, 77, 83, 95, 106-108, 132, 133, 142-144, 162, 186, 188, 190, 198, 231, 236, 239
HIPAA　34, 47, 97, 99, 110, 115, 130, 145, 158, 181, 188, 216, 219, 232, 237
IoE　182
IoT　182, 183, 208
IP アドレス　15, 16, 196, 204, 223-225, 237
ISO　237

M&A、合併、買収　37, 69, 90, 98, 133, 136-139
M2M　182, 208
NSA　21, 60, 148-150, 182, 237
PCI　97, 145, 176, 176
PCI 基準　158, 188
PrivacyVille　121
RFID　102, 167, 168, 189, 209, 237
SCC（標準契約条項）　58, 61, 63, 77, 78, 97, 143, 237
SOC　158, 237
SSAE 16　158, 237, 238
X 線　218
ZIP コード　223, 224, 238

■ア 行

アクセス権　25, 38, 60, 130, 145, 149, 154, 155, 157, 190, 221
アクセス制御　40, 50, 147, 158, 194, 227, 228
アドネットワーク　104, 207
アドサーバー　208
アンケート　94, 103, 131, 132, 196, 215, 216
暗号化　11, 16, 26, 35, 40, 50, 130, 139, 176, 190, 194, 223, 228
維持管理　79, 136
委託先　19, 20, 71, 123, 127, 139, 144, 191, 215
位置情報　120, 168, 188, 189
移転　7, 18, 54, 63, 65, 71, 80, 81, 107, 113, 129, 145, 229

遺伝情報　　219
ウェブ・クローラー　　183
ウェブ・スクレイピング　　183, 184
ウェブ・スパイダー　　183
越境移転　　54, 61, 63, 65, 77, 81, 85, 113,
　　130, 143, 148, 164, 237
越境プライバシールール（CBPR）　　86
オプトアウト　　37, 66, 115, 117, 132, 137,
　　142, 143, 196, 204, 205, 210-215
オプトイン　　37, 115, 116, 143, 196, 205,
　　212-214
主な概念　　6, 8, 9, 143
主な用語　　6, 7

■カ　行
外部委託、アウトソーシング　　21, 30, 38,
　　67, 71, 75, 92, 100, 104, 130, 139, 144,
　　146, 147, 150, 157
顔認識　　183, 208, 218
家庭、世帯　　15, 42, 202
カナダスパム対策法（CASL）　　209
監査　　25, 50, 98, 136-140, 157-159, 194,
　　215, 216, 237, 238
勧誘電話　　209, 211
機微情報　　190, 201, 219
救済手段　　6, 197
許諾　　94, 139
共同市場　　44
寄与責任　　195-197, 202, 221, 235, 236
クラウド・コンピューティング　　6, 65,
　　100, 144-149, 151, 154, 155, 157, 158,
　　179, 181, 190, 201, 216
グラム・リーチ・ブライリー法（GLB）
　　47, 177
契約　　48, 62-65, 71, 80-83, 94, 124-130,
　　152-153, 237
契約書　　63, 94, 130, 145, 153, 158, 167,

　　179, 181, 187, 188, 209, 215, 230
健康情報　　11, 47, 105, 110, 130, 151, 158,
　　180, 182, 190, 196, 225
検索エンジン　　183, 184, 232
権利・救済手段　　6, 197
広告　　122, 132, 141-142, 174, 189, 195-
　　196, 204-215, 229, 235
公正信用報告法（FCRA）　　236
拘束的企業準則（BCR）　　36, 61, 70, 73,
　　77, 85
行動規範（Code of Conduct）　　36, 61
個人データ、個人情報　　7, 15-18, 38, 45,
　　46, 76, 180, 184, 189, 204, 219, 223, 237
個人的・家庭内での利用　　202
国家安全保障局（NSA）　　148
コロケーション提供者　　20
コンピュータ干渉に関する法律　　174,
　　183
コンピュータ詐欺　　174, 183, 235

■サ　行
サービス提供者　　47, 94, 105, 106, 120,
　　123, 127-129, 152, 153, 206, 208, 224
再委託先、再処理者　　19, 63, 64, 81, 127-
　　129, 140, 145, 146, 155, 157, 158
再移転　　59, 60, 66, 70-73, 78, 83, 134, 145
最高個人情報保護責任者（CPO）　　28,
　　29, 34, 35, 84, 135, 227
サイバーセキュリティ　　183, 195
裁判外紛争処理　　84
裁判管轄、管轄　　12, 43, 85, 185
財務情報　　42, 50, 176, 215, 216
作業工程表　　23, 24, 35-37, 53, 227
自己認証　　59, 70, 76, 79, 83-85, 95, 98
事業提携者　　20, 42, 47, 181, 216
執行　　74, 186, 187, 197-200, 220, 232
実施要領　　36, 37, 91, 92, 94-97, 130, 131,

137, 191, 194
私的利用　97, 167
自動運転車　182
指紋　218, 219
従業員　41, 91-94, 96-100, 163-176, 191, 202-203, 217, 230, 237
従業員による善意のアクセス　190
出向　58, 62, 165
障壁規則　178
所有権　194
侵害　10, 11, 50, 147, 156, 190-196, 198, 200-202, 217, 220-223, 228, 232
人事情報システム（HRIS）　36, 149, 164
身上調査　163
スパムメール、迷惑メール　209, 214, 217, 221
スマートフォン　120, 121, 167, 169, 189, 195, 209
制御　40, 50, 147, 158, 194, 227, 228
生体データ　218, 219
正当な利益の例外　165, 184, 219
政府機関による監視　65, 149
政府機関による開示請求　177-179
政府機関への届出　19, 46, 52, 56, 98, 99, 133, 140
セーフ・ハーバー　1, 59, 60, 64, 65, 70, 74, 75, 79, 83, 86, 143
説明責任　13, 180, 182, 237
善意のアクセス　190
相互運用　45, 76, 86, 144, 237
ソーシャルネットワーク　127, 184, 201-203
ソーシャルメディア　120, 174, 175, 179, 183, 201-203, 210, 215
ソン・ビバリー・クレジットカード法（Song-Beverly Credit Card Act）

46

■タ 行

対象事業者　41, 42, 47, 130, 181, 216
第29条作業部会　231, 232, 235
タグ　102, 167, 168, 189, 204, 209, 237
単なる導管　20, 181
チェックリスト　5, 83, 181, 216, 227
調査　18, 171-173, 177, 180
通信品位法（CDA）　202, 235
通知　99, 133, 190
ディスカバリー　72
データセキュリティ侵害通知　6, 11, 50, 190, 232
データの完全性　51, 56, 132, 147, 164
データプライバシー法　7, 9, 10, 18, 29, 45, 46, 111, 159, 171, 189, 199
データブローカー　184, 230
データルーム　139
データ移転契約　35, 36, 52, 63, 64, 68, 69, 73, 75-77, 82, 94, 133, 134, 140, 145, 198, 200, 229
データ管理者　7, 20
データ取扱者　20
データ処理の記録　52, 132
データ処理者　7, 20
データ保護監督機関　21, 198-200, 236
データ保護監督機関への通知　21, 32, 228
データ保護責任者　21, 28-35
データ保護法　8-11, 42-46, 185-188
データ保有　56, 98, 159, 160, 227
デジタル著作権管理（DRM）　208
デューデリジェンス　6, 70, 95, 98, 133, 137-140, 157, 215, 216, 230
チェックリスト　5, 83, 181, 216, 227
テレマティクス　208

同意　62, 71, 80, 94, 110–130, 164, 228
統計化、統計　16, 209, 219
盗聴　6, 170, 195, 200, 217
匿名、匿名化　18, 148, 172, 173, 175, 196, 203, 219
トラッキング　6, 142, 202–204, 206, 208, 209, 228, 229

■ナ 行
内部通報ホットライン　36, 96, 99, 134, 161, 164, 172, 173, 196, 227, 229
なぜデータプライバシーを守らなければならないのか？　221
二重のオプトイン　212
認証　82–87, 152

■ハ 行
パレートの法則（80：20の法則）　40
ビーコン　204
ビッグデータ　8, 182–184
フィルタリング　168, 170, 217, 218, 229
標準契約条項、SCC（モデル契約条項）　61, 63, 77, 97, 143, 237
プライバシー・オフィサー　34
プライバシー・シールド　59, 65, 72, 82, 142
プライバシー・バイ・デザイン　6, 26, 121, 195
プライバシーポリシー　89, 124
プライバシーポリシーにおける宣伝広告の常套句　91, 96, 109, 201
プライベート・クラウド　148
ブラウザ設定　207
プラットフォーム　64, 120, 121, 127, 155,

174, 175, 189, 202, 209, 215
文書化、文書の作成　56, 59, 70, 83, 88, 96, 99, 115, 132, 136, 137, 230
米国愛国者法　60, 148–151, 238
ベストプラクティス　90, 223
ヘッセン　9, 10
編集　3, 16, 18, 139
ホットライン　36, 96, 100, 134, 161, 164, 172, 173, 196, 227, 229
保有　159–161

■マ 行
マルチテナント　148
未承諾の勧誘電話、迷惑メール　209, 211
モデル契約条項（標準契約条項、SCC）　237
モニタリング、監視　6, 10, 21, 25, 32–34, 41, 50, 59, 60, 65, 84, 96, 99, 102, 103, 110, 112, 116, 117, 133, 149, 150, 155, 163, 164, 166–172, 176, 195, 202, 208, 217, 218, 220–222, 227–229
モバイル　49, 108, 121, 189, 204

■ヤ 行
輸出管理規制　18

■ラ 行
リティゲーション・ホールド　98, 160, 169
ロボット　183, 184

■ワ 行
忘れられる権利　162

〔著者略歴〕
ロタ・ディターマン（Lothar Determann）
国際的なデータプライバシー、取引および知的財産法に関する実務を行うとともに、教鞭も執る。米国カリフォルニア州パロアルトにある Baker & McKenzie LLP のパートナーであり、ドイツおよびカリフォルニアで法律実務を行う資格を有する。1999 年より Association of German Public Law Professors のメンバーであり、Freie Universität Berlin（1994 年〜）、University of California, Berkeley School of Law（Boalt Hall）（2004 年〜）、Hastings College of the Law（2010 年〜）、Stanford Law School（2011 年〜）および University of San Francisco School of Law（2000 年〜2005 年）にて、データプライバシー法、コンピューター法、インターネット法について講義している。「California Privacy Law - Practical Guide and Commentary（2nd E. 2017）」を含む、100 以上の記事および論文寄稿並びに 4 冊のその他の書籍を執筆。

〔訳者略歴〕
渡邊由美（わたなべ・ゆみ）
2000 年よりベーカー＆マッケンジー法律事務所（外国法共同事業）東京オフィスの弁護士として、個人情報保護、電子商取引、IT 事業分野の企業結合・組織再編等の企業法務に従事。ベーカー＆マッケンジー法律事務所入所前に、米国系 IT 企業での勤務経験もあり、IT 事業分野の造詣も深い。2006 年にノースウェスタン大学ロースクール（LL.M.）卒業後、2007 年 7 月までベーカー＆マッケンジーのシカゴオフィスに駐在し、米国での実務経験もある。2017 年 4 月から 2018 年 9 月まで個人情報保護委員会事務局にて上席政策調査員（非常勤）として行政実務も経験。

井上乾介（いのうえ・けんすけ）
アンダーソン・毛利・友常法律事務所弁護士、カリフォルニア州弁護士。一橋大学法学部卒業、慶應義塾大学法務研究科（法科大学院）修了、カリフォルニア大学バークレー校ロースクール卒業（LL.M., Certificate in Law and Tech-

nology)。

久保田寛也（くぼた・ひろや）
広島地方裁判所判事補。京都大学法学部卒業、京都大学大学院法学研究科法曹養成専攻（法科大学院）修了、カリフォルニア大学バークレー校ロースクール卒業（LL.M., Certificate in Law and Technology）、同ロースクール客員研究員（〜2016年7月）。

データ保護法ガイドブック
――グローバル・コンプライアンス・プログラム指針

2019年1月20日　第1版第1刷発行

著者　ロタ・ディターマン

　　　渡　邊　由　美
訳者　井　上　乾　介
　　　久　保　田　寛　也

発行者　井　村　寿　人

発行所　株式会社　勁　草　書　房
112-0005　東京都文京区水道 2-1-1　振替 00150-2-175253
（編集）電話 03 3815-5277／FAX 03-3814-6968
（営業）電話 03-3814-6861／FAX 03-3814-6854
理想社・牧製本

©WATANABE Yumi, INOUE Kensuke, KUBOTA Hiroya 2019

ISBN978-4-326-40357-8　　Printed in Japan

JCOPY 〈出版者著作権管理機構　委託出版物〉
本書の無断複製は著作権法上での例外を除き禁じられています。
複製される場合は、そのつど事前に、出版者著作権管理機構
（電話 03-5244-5088, FAX 03-5244-5089, e-mail: info@jcopy.or.jp）
の許諾を得てください。

＊落丁本・乱丁本はお取替いたします。

http://www.keisoshobo.co.jp

ウゴ・パガロ　新保史生 監訳
ロボット法　　　　　　　　　　　　　　　　　4,500 円

ダニエル・J・ソロブ　大島義則ほか 訳
プライバシーなんていらない!?　　　　　　　2,800 円
――情報社会における自由と安全

キャス・サンスティーン　伊達尚美 訳
＃リパブリック　　　　　　　　　　　　　　　3,200 円
――インターネットは民主主義になにをもたらすのか

シーラ・ジャサノフ　渡辺千原＝吉良貴之 監訳
法廷に立つ科学　　　　　　　　　　　　　　　3,500 円
――「法と科学」入門

宮下　紘
EU 一般データ保護規則　　　　　　　　　　　4,000 円

クリス・フーフナグル　宮下紘ほか 訳
アメリカプライバシー法　　　　　　　　　　　5,000 円
――連邦取引委員会の法と政策

リチャード・J・ピアース・Jr.　正木宏長 訳
アメリカ行政法　　　　　　　　　　　　　　　5,200 円

松尾剛行
最新判例にみるインターネット上の
プライバシー・個人情報保護の理論と実務　　　3,700 円

――――――――――――――――――――――勁草書房刊

＊表示価格は 2019 年 1 月現在。消費税は含まれておりません。